图书在版编目(CIP)数据

中国国家象征法律制度:国旗、国歌、国徽/董立新著.—北京:中国民主法制出版社,2023.11

(国家象征法律制度中外比较研究)

ISBN 978 - 7 - 5162 - 3075 - 6

Ⅰ.①中… Ⅱ.①董… Ⅲ.①国家表征—法律—研究—中国 Ⅳ.①D921.3

中国版本图书馆 CIP 数据核字(2023)第 018675 号

图书出品人/刘海涛

策 划 编 辑/贾萌萌

责 任 编 辑/贾萌萌 袁 月 董 理

装 帧 设 计/宗 沅 林青野

书 名/ 中国国家象征法律制度——国旗、国歌、国徽

作 者/ 董立新 著

出版·发行/ 中国民主法制出版社

地 址/ 北京市丰台区右安门外玉林里 7 号(100069)

电 话/ (010)63055259(总编室) 63058068 63057714(营销中心)

传 真/ (010)63055259

http: //www.npcpub.com

E-mail: mzfz@ npcpub.com

经 销/ 新华书店

开 本/ 16 开 710 毫米 ×1000 毫米

印 张/ 16.5 **字 数**/ 290 千字

版 本/ 2024 年 1 月第 1 版 2024 年 1 月第 1 次印刷

印 刷/ 河北松源印刷有限公司

书 号/ ISBN 978 - 7 - 5162 - 3075 - 6

定 价/ 59.00 元

很多内容可以说弥补了国家象征法律制度的空白,对实践具有很强的指导价值。

　　二是突出制度梳理。三册书首次从不同角度针对国家象征主要制度作了很多有价值的探索,如国旗优先原则及其例外情形,国旗竖挂、倒挂规则等,涉及纹章学、旗帜学、符号学等诸多领域,有助于深入了解掌握国家象征制度的主要制度精髓。

　　三是突出理论探索。作者尝试分析梳理了国家象征法作为宪法部门法的基础理论,对国家象征的概念、功能、宪法地位,以及国家象征保护与保障公民言论自由、艺术自由、宗教自由等基本权利关系进行了开拓性的研究。

　　本书以实践为基础,将制度梳理与案例研究相结合,为国家象征法律制度研究提供基础性资料,也为实务部门解决实际问题提供思路,有很强的可操作性、针对性,对于实务操作、法学研究都有一定的积极意义。

焦洪昌

中国政法大学法学院教授　博士生导师

　　国家象征，象征主权国家，体现国家尊严，是国家希望与向往的浓缩。通过国家象征的日常使用将国家与公民联系起来，能够潜移默化地激发公民的爱国之情。

　　新中国成立之际，我国国家象征伴随我国政权的建设而同步确立，并逐渐开启了法治化进程。改革开放以后，我国陆续制定了国旗法、国徽法、国歌法。三部法律构成了我国国家象征法律制度的主体。

　　我国国旗、国歌、国徽均由宪法所明确，并由法律明确规定为国家象征和标志。三者的法律制度具有同质性，但是三者在构成、使用情形、使用规则等领域具有差异性。这种差异性是由于三者具有不同的属性，国旗是旗帜、国歌是音乐、国徽是纹章，因此必然需要分开梳理。

　　本书主要是对我国象征法律制度的主要内容进行概述性介绍，梳理我国国旗、国歌、国徽法律的基本概念、基本制度，并就实践过程中的部分具体法律适用问题作了详细释疑等。

　　导读部分介绍我国国家象征法律制度的基本内容。第一编至第三编分别介绍国旗法、国歌法、国徽法具体制度，包括概论、构成、使用情形、使用规则、特殊领域、监督管理、法律责任。

　　本书在每一编中都尝试用体系化的方式阐释国旗、国歌、国徽作为国家象征所特有的法律制度。同时，基于实践情况，对每一项国家象征法律制度的实践问题和解决办法进行了阐释。考虑到很多内容是首次系统性整理分析，而作者水平有限且时间仓促，书中疏漏错误之处在所难免，敬请广大读者批评指正。

CONTENTS 目录

第二编　国歌法律制度 ▶

第三编　国徽法律制度 ▶

在古代,《周易·系辞上》提出"圣人立象以尽意";在现代,国家也通过确立象征以表达国家的精神与品质、国家的追求和旨意。

国旗、国歌、国徽是现代国家法定化的象征,代表着国家的权威与尊严。在现代国家,国家象征的象征意义逐渐丰富,对国家象征的保护日益增强,各国普遍制定专门法律明确国旗、国徽、国歌等国家象征的构成、使用、保护等内容,形成了国家象征法律制度。在我国,宪法以"国旗、国歌、国徽、首都"专章对国家象征作出规定。同时,我国先后通过国旗法、国徽法、国歌法,落实宪法规定、维护国家象征。立足我国实践,经过几十年的发展,我国逐步形成了系统完备、结构合理、特色鲜明的国家象征法律制度。

一、国家象征法律制度的基本理念

国家象征法律制度的主要内容是规范国家象征的使用、管理,其基本理念主要体现在以下两个方面。

一是维护国家象征的尊严。国家象征经由国家确立,成为国家、政权合法性的象征。国家、政权为了维护其自身合法性,必然要维护国家象征的尊严。与其他部门法律规范一般事务不同,国家象征法律专门规定在一国的标志物、象征物体系中居于最高法律地位的国家象征。各国在对国旗、国歌、国徽立法的主要目的之一,是从法律上正式确认国家象征,规范其使用、管理,维护国家象征的尊严,维护国家的形象和构成。

二是鼓励公民正确合理使用国家象征。国家象征代表国家,但只有公民的广泛使用才能使国家象征具有充分的价值和意义。随着近年来各国日益重视爱国主义教育,各国在制定、修改国家象征法律时十分强调鼓励、倡导更多公民使用国家象征,增强公民的国家观念,培养公民的爱国主义情感。我国国家象征法律制度是坚持以人民为中心,以便利人民以更加适宜的方式使用国家象征为准则。以此为出发点,放宽公民使用国家象征的界限,合理限定不适当使用国家象征的范围。

上述理念是国家象征法律制度的核心,也是我国国家象征法律制度的重要组成部分。从宪法理论角度分析,两者的关系实质上是限制国家权力和保障公民权利之间的关系。妥善处理两者关系,才能建立健全完善的国家象征法律制度,促进弘扬爱国主义精神,推动宪法实施。

二、国家象征法律制度的主体内容

从国家象征法律制度的主体内容分析,我国与其他国家的国家象征制度存在很多共性,这构成了国家象征法律制度的主体内容。从比较法的角度分析,国家象征法律制度的主体内容一般包括以下内容。

(一)国家象征的性质、地位

国家象征的性质、地位是国家象征法律制度的重要内容。不同国家的法律对国家象征的性质作了不同的表述。一是明确为国家象征。例如《俄罗斯国徽法》规定,俄罗斯国徽是俄罗斯联邦正式国家象征。《俄罗斯国旗法》规定,俄罗斯国旗是俄罗斯联邦正式国家象征。《墨西哥国徽、国旗和国歌法》规定,国徽、国旗和国歌是墨西哥合众国的国家象征。二是赋予更多丰富的象征内容。如《新西兰旗帜、标志和名称保护法》规定,新西兰国旗是新西兰领土、政府和人民的象征。1980年《苏联国徽法》规定,苏维埃社会主义共和国联盟国徽是苏联国家主权,工人、农民和知识分子牢不可破的联盟,所有加盟国和民族劳动人民的友谊和兄弟情谊,苏联人民的国家统一,建立共产主义社会的象征。当然也有一部分国家象征法律没有就国家象征的性质作出规定。

(二)国家象征的具体构成

国旗国徽的图案尺寸、国歌的歌词曲调是国家象征的具体构成。通常情况下,法律法规对国家象征有两种规定方式:一是在正文对国旗、国徽、国歌进行简要描述;二是在附件中对国家象征的具体制法、具体样式、尺寸等进行详细说明。

(三)国家象征的使用情形

国家象征是表达公民国家观念和爱国意识的重要载体。国家象征的使用情形是国家象征法律制度的主体内容之一。为了使国家象征使用更加明确化,国家象征法律往往规定应当使用国家象征的场合、情形;同时为了鼓励国家象征的使用,也往往规定可以使用国家象征的场合、情形。例如,国旗法律中往往会区分每日升挂国旗、节假日升挂国旗、重大活动升挂国旗的地点的不同,国歌法律中规定有必须奏唱国歌的场合等。

(四)国家象征的使用规则

为了维护国家象征的尊严,为了增强使用国家象征的仪式感,给予国家象征尊荣地位,一些法律制度为国家象征的使用建立专门的规则、礼仪。为了体现国家象征的严肃性和权威性,保证国家象征区别于其他物品,需要专门明确国家象征禁止使用的特定情形、不适宜的方式等。例如,明确国家象征不得用于商标、商业广告、外观设计专利等。有些国家还较为笼统地规定禁止的情形,如《韩国国旗法》规定,不得以令人反感的方式使用国旗。我国国歌法规定,奏唱国歌,应当按照本法附件所载国歌的歌词和曲谱,不得采取有损国歌尊严的奏唱形式。

（五）国家象征的监督管理

国家象征的监督管理主体、方式是维护国家象征的重要内容。各国由于国体、政体不同,分别明确了不同的主管主体,如国家元首、政府首脑,内政部门、司法部门、外交部门等。很多国家还根据领域不同,分别确定军事、船舶、体育等专业部门监管本领域国家象征的使用。国家象征的知识产权保护也属于国家象征的监督管理范围内,各国通常对国家象征的知识产权持保守态度,禁止或者限制企业、个人注册或者使用。

（六）国家象征的法律责任

大部分国家基于维护国家象征的尊严,明确规定了涉及亵渎国家象征的法律责任。对涉及损毁、侮辱等行为根据情形不同,明确不同的行政责任、刑事责任。例如,我国国歌法第十五条规定,在公共场合,故意篡改国歌歌词、曲谱,以歪曲、贬损方式奏唱国歌,或者以其他方式侮辱国歌的,由公安机关处以警告或者十五日以下拘留;构成犯罪的,依法追究刑事责任。

三、我国国家象征法律制度的体系架构

目前,我国已经基本形成了以宪法关于国家象征条款为基础,专门性国家象征法律为骨干,法规、规章、规范文件为支撑的国家象征法律体系架构。

一是宪法相关条款为基础。我国宪法第四章"国旗、国歌、国徽、首都",共三条四款,明确了我国的国旗、国歌、国徽的宪法地位,构成了我国国家象征法律制度体系的宪法基础。

二是三部国家象征法律为骨干。国旗法、国歌法、国徽法三法分别以专门性法律的方式规定了国家象征的地位、使用情形和场合、宣传教育、监督管理和法律责任等,较为全面地概括了我国国家象征法律制度的基础制度,为我国国家象征法律制度形成健全的体系奠定了坚实的基础。

三是法规、规章、规范性文件为国家象征法律制度的重要支撑。三部国家

象征法律制度规定了国家象征法律制度的基本框架,许多制度的具体落实需要下位阶的规范作出配套性规定,将法律规定的基本制度细化落地。特别是国旗法、国歌法明确,外交、军事、船舶等领域国家象征的使用办法由相关部门规定,上述部门制定了本领域的专门性规范,很大程度上拓展和细化了国家象征使用的领域和情形。

新中国成立后,经过七十余年的发展完善,特别是进入新时代以来,我国先后制定国歌法、修改国旗法和国徽法,国家象征法律制度逐渐完善,形成了较为系统完备、科学规范、操作性强的国家象征法律制度体系,为保障我国公民和组织积极稳妥地使用国家象征表达爱国情感,维护我国国家象征的尊严提供了坚实的法律基础。

四、我国国家象征法律制度的特色

由于不同的历史文化传统、立法体制等因素,各国确立的国家象征大相径庭,但是各国关于国家象征法律的规定(如国旗的图案、色彩、象征意义和使用方法)大同小异。我国国家象征法律制度参照了国际上国家象征法律制度的普遍制度规范,但有独特的中国特色,因其是基于我国的实践经验制定,聚焦于解决中国问题,立足于中国实践,故具有很强的中国实践逻辑。

(一)我国国家象征法律制度的发生逻辑

从历史演变的角度来看,我国国家象征法律制度的独特历史经验,受到西方现代国家观念的深刻影响。清末以来,源自西方意义的国家象征及其法律制度开始了逐步中国化的历程。我国国家象征法律制度受到清末国门打开以来西方国家象征理论和实践的影响,同时也深深扎根于新中国成立以来国家象征制度的实践。

从借鉴国外情况来看,我国国家象征法律制度的构建和完善,前期主要学习苏联等社会主义国家,改革开放以后,博采世界范围内各国所长。同时,我国总结吸纳各国经验教训,如美国焚烧国旗案、俄罗斯公民使用国徽案等,推动我国国家象征法律制度逐渐完善。

从国内实践中,基于国旗、国歌、国徽确立以来七十余年的本土实践,特别是国旗法、国徽法实施以来的实践情况,我国逐步构建具有中国特色的国家象征法律制度。

(二)我国国家象征法律制度的特色

"为国也,观俗立法则治,察国事本则宜。"治理国家,只有在充分考察本国本地风俗的基础上,才能制定合适的法律。我国国家象征法律制度根植于我国国情和现实需要,突出中国特色、中国制度、中国元素,主要体现在以下方面:

一是宪法专章明确国家象征的性质和地位。我国1954年宪法和现行宪法均单列一章专门规定国家象征,这是1954年制定宪法时受到苏联等社会主义国家宪法普遍单章规定国家象征的影响。从目前世界范围内宪法规定情况看,单章规定也是比较少见的。

二是国家象征的构成凸显中国元素。国家象征本身的构成具有充分的中国因素。国旗法第二条第一款规定,中华人民共和国国旗是五星红旗。国歌法第二条规定,中华人民共和国国歌是《义勇军进行曲》。国徽法第二条第一款规定,中华人民共和国国徽,中间是五星照耀下的天安门,周围是谷穗和齿轮。五星、义勇军、天安门都是革命年代中国的重要象征物,具有深刻的寓意。

三是国家象征使用具有鲜明中国特色。国旗法、国歌法、国徽法等关于国家象征使用的规定充分体现中国特色,如国旗法规定的升挂地点,包括中国共产党的机构、各级政协、各民主党派、各人民团体。基于长期以来,中国共产党和各民主党派、各人民团体的代表大会或者全体会议奏唱国歌的实践,国歌法第四条规定的应当奏唱国歌的场合,除了包括全国人民代表大会会议和地方各级人民代表大会会议的开幕、闭幕;还包括中国人民政治协商会议全国委员会会议和地方各级委员会会议的开幕、闭幕及各政党、各人民团体的各级代表大会等。

四是国家象征法律实施突出强调爱国主义。我国国家象征法律制度特别强调运用国家象征加强爱国主义教育,推动公民用于国家象征表达爱国情感。国旗法第九条第一款规定,国家倡导公民和组织在适宜的场合使用国旗及其图案,表达爱国情感。国歌法第五条规定,国家倡导公民和组织在适宜的场合奏唱国歌,表达爱国情感。国旗法、国歌法、国徽法均规定,将国旗、国歌、国徽作为爱国主义教育的重要内容。中小学要加强国家象征教育,新闻媒体要加强国家象征宣传。

第一编

国旗法律制度

"美丽的旗/庄严的旗/革命的旗/团结的旗/四颗金星/朝向一颗大星/万众一心/朝向人民革命/我们爱五星红旗/像爱自己的心/没有了心/就没有了生命/我们守卫它/它是我们的尊严/我们跟随它/它引我们前进/革命的旗/团结的旗/旗到哪里/哪里就胜利。"1949年9月27日,中国人民政治协商会议第一届全体会议通过了五星红旗图案为中华人民共和国国旗的决议。诗人艾青参加国旗评选工作,在确定国旗后,于当日作《国旗》一诗,这成为新中国国旗的第一首赞美诗。

第一章　国旗概论

第一节　国旗概述

国旗寓意深刻,内涵丰富。国旗象征着国家的主权、统一和人民的团结,成为最清晰、最显著、最广泛应用的国家象征和标志。国旗对于增强国家和民族的认同感、增强集体凝聚力发挥着巨大的影响作用。国旗法治化程度较高,形成了较为成熟的制度体系,是国家象征法律体系的重要内容。

一、国旗的诞生

国旗(national flag)从旗帜演变而来。在古代、近代和现代,旗帜对于个人、部落和国家都有着不同的作用和意义。在古代社会,旗帜作为标识使用,表达不同的含义,如表达特定命令、传递特定信息、表明特定族群等。从起源的角度来看,国旗起源于战斗旗、船旗。旗帜早期主要运用于军事领域,是为了满足战场辨别敌我的需要,如早在公元 1 世纪罗马军团就在战场上使用旗帜用于识别。随后经过演变,旗帜开始逐渐象征神灵、宗教、国王,最后演变成为一个国家的象征。

二、国旗的演变

人们普遍认为,近现代意义的国旗源于中世纪的欧洲。据相关研究,国旗的诞生演变分为三个时期。

(一)第一阶段:11 世纪至法国大革命前,国旗萌芽时期

很多国家国旗的确立时间都没有明确的历史记载,确定最古老的国旗较为困难。在欧洲,人们普遍认为,国旗源于 11 世纪欧洲的十字军东征中的军旗,其后通用于航海的商船旗。1219 年在战场上诞生的丹麦国旗被认为是目前最古老且仍继续使用的国旗。由于受中世纪欧洲十字军东征的影响,参与

十字军东征的国家开始在象征国王、军队的图案上采用基督教世界的十字架,但在颜色、设计上有所区别,包括法兰西、英格兰等。此外,瑞士、瑞典、荷兰、西班牙等国家也在这一时期确立了国旗。在这一时期,欧洲王室将国旗主要用于所属的城堡、领地及船舶军舰,普通公民和组织很少使用。在当时各国封建王权势力强大,并没有现代国家的主权意识,国旗并没有广泛被各国使用。

(二)第二阶段:法国大革命后,现代意义国旗诞生时期

"国旗"概念直接来源于美国独立战争、法国大革命。美国独立战争、法国大革命带来近现代意义上民族国家的诞生,相对应的现代意义国旗就此诞生。此时,国旗代表国家及其人民的理念才开始出现。以 1789 年法国大革命确立法国三色旗为标志,"现代意义国旗"诞生,将旗帜明确为民族国家正式的政治象征开始出现。随着欧洲近代资产阶级革命的展开,公民意识和主权意识高涨,大量国旗应运而生。法国国旗红白蓝三色象征着革命者平等、自由、博爱的信念,直接影响周边国家的革命进程和国旗设计。主权国家建立之后,纷纷制定本国的旗帜。19 世纪帝国主义掠夺殖民地时,在占领地方悬挂殖民者所属国旗,以示主权。同时新航路开辟促进了世界各国的交流,海上信号旗作为军舰和商船的重要通信手段,被各国广泛采用。海上信号旗设计理念被吸收后用于设计现代国旗。在这一时期,比利时、希腊、意大利、德国、匈牙利、芬兰、罗马尼亚、保加利亚、挪威等国确立了本国的国旗。很多国家开始将国旗视为国家的象征物,并赋予价值意义,普通公民也开始使用。随着民族国家大量出现,国旗开始成为国家的象征和标志,代表着国家的主权和民族尊严,是国家的历史传统和民族精神的体现。

以美国为例,19 世纪前,国旗使用的情形很少;自 19 世纪末开始,国旗从国家舞台走向全民使用。据记载,在 1888 年之前,美国国旗通常只出现在部分联邦政府建筑、军事基地和海上船舶上,而十年之后,美国国旗已经成为无处不在的象征,完全融入美国的大众文化、商业广告、政治运动和爱国主义活动。其中的主要原因有:一是市民社会积极开展升旗活动,其中最重要的是内战退伍军人协会,该协会大量捐赠国旗,提出制定要求学校升挂国旗的法律,敦促教会升挂国旗。二是升国旗仪式、宣誓仪式在此期间出现并得到部分爱国人士大力推广。三是媒体的推广,当时美国发行量最大的流行出版物《青年同伴》也极力推广国旗宣誓、升挂国旗等。在多方努力下,国旗使用得越来越普遍。作为主要国家象征的国旗的兴起始于热情的爱国主义情怀,随后很快升挂国旗变成了正式的仪式。最终在 20 世纪初,美国国会通过要求政府机构升挂国旗,推广国旗宣誓仪式等相关决议。

（三）第三阶段：第一次世界大战后，国旗全面普及时期

第一次世界大战后，一些国家放弃原来带有王室痕迹的国旗，确立新的国旗，包括冰岛、捷克、立陶宛等国家。20世纪以来，特别是"二战"后亚非拉国家独立的高潮到来，大批国旗随着新独立的国家诞生。

三、国旗的功能

国旗、国歌、国徽都运用于国家仪式中，但国旗使用便捷，运用广泛，国旗的礼仪、教育、社会动员功能更加突出。

（一）礼仪功能更加突出

国旗经常用于许多重大事件如体育竞赛等场合，如在体育竞赛前，举行升国旗仪式，奏唱国歌。这些仪式的盛况和环境使得使用国旗更能激发爱国主义情感。阅兵游行、节日游行以及重大庆祝活动等往往使用飘动的国旗或者行进的国旗。游行中挥舞国旗可以超越庆祝活动之外，增强人民的爱国热情。与国旗相关的礼仪包括升国旗仪式、下半旗仪式、国旗宣誓仪式、覆盖国旗仪式等。有的国家，如巴西还专门建立了国旗退役的仪式。在上述仪式中使用国旗，以表明国家的认可、支持，或者将国旗作为活动整体氛围装饰等。通过生动、多样的国旗使用方式，使得仪式在政治教化中发挥着更为微妙、隐蔽和潜移默化的作用，促进国家认同。而其他国家象征往往没有上述仪式。

（二）教育功能更加突出

由于国旗易于识别，并具有易于理解的价值内涵，在公众中使用更为普遍，对于促进公民理解、认同国旗所象征的国家有着重要的教育意义，对于公民的爱国主义教育更具有直接性、实用性。很多国家都将国旗作为宣传爱国主义的重要载体。例如，我国国旗法第十四条第四款规定："学校除假期外，每周举行一次升旗仪式。"

（三）社会动员功能更加突出

在现代国家政治生活中，国旗是国家实现对社会有效动员的一种重要象征资源。这不仅是因为国旗表征国家权力，使国家权力具象化和合法化，而且也因为国旗广泛运用于各类国家活动，赋予国家动员正当性，尤其是赋予国家动员情感力量的能力。相较而言，国徽多运用于静态的建筑物，较少用于国家活

动之中,社会动员功能使用的较少。

当然,上述国旗功能的发挥,是国旗、国歌、国徽在使用过程中自然分化出来的,是由于国旗本身简洁、易于制作等原因带来的。

第二节　我国国旗的演变

在我国古代,帝王、军队拥有专属旗帜。清末以来,随着同世界各国交流的增多,出于对外交往的需要,清朝政府开始使用国旗。自清末至中华民国时期一共使用过三种国旗,分别为黄龙旗、五色旗和青天白日满地红旗。国旗的接连变化,象征着政权的快速更迭。

一、古代旗帜

在我国古代,封建王朝以天下之中心自居。"普天之下,莫非王土"(《诗经·小雅·北山》),我国历代王朝自然没有使用国旗的需要。但在古代,旗帜作为一种识别用途的工具广泛使用,有帝王之旗,而无国家之旗。《周礼·春官·司常》:"司常掌九旗之物名,各有属以待国事。"周朝时专设司常,以管理旗帜,其中"天子建常旗,上绘以日月"。常旗成为等级最高的旗帜,供天子使用。也有人认为,在我国古代,旗帜也有代表诸侯国的含义。《左传》中记载有"均服振振,取虢之旗""卫侯不去其旗,是以甚败",其中"旗"分别表示虢国和卫国的旗帜。

二、清末国旗的诞生

19世纪末,晚清政府与西方列强密切接触,受西方国家观念影响,发现在外交场合无旗帜代表中国,在窘迫的情况下于1862年确立了第一面中国国旗——黄龙旗。1862年10月17日,总理衙门上奏《请我国师船一律添设黄龙旗折》,称"如我处师船亦一律竖立黄色龙旗,外国果能望而知为官船,不敢轻举妄动,未始非豫事防维之一法;即或不然,我亦可执彼国之例与之辩论,彼自不能再行曲意狡展"。[①] 奏折建议以黄色三角尖式龙旗为中国官船旗号,随后奏折获得允准,并照会英法美俄四国公使,请其转致各路水师及各船只。黄色三角

---

① 姜鸣:《清末龙旗研究——以文献、图像和实物为中心》,载《中国国家博物馆馆刊》2022年第4期,第75页。

尖式黄龙旗,颜色呈黄色,画龙,龙头向上。考虑到方形龙旗与八旗中正黄旗接近,因此削去一角为三角形以避免僭越。[①] 但是三角旗的设计与国际上通行的国旗设计有较大不同,实际使用中也不便于识别。黄龙旗最初为清朝的非正式的海上政府船旗,主要为政府船只和海军使用,民船不得悬挂。但黄龙旗并没有大规模推广使用,得到认同的也很少。其后,由于实践的需要,一些涉外官方机构也开始悬挂三角黄龙旗。

1888 年,清末政府批准的《北洋海军章程》提出:"应将兵船国旗改为长方形,照旧黄色,中画青色飞龙,各口陆营国旗同式。"[②] 随后,国旗逐渐改为长方形。清末国旗黄龙旗起源于军旗。实际用途上,也适用于对外交往的船舶、军舰中。

清末国旗的诞生是在学习借鉴国外国旗基础上产生的,从三角旗的出现到长方形的采用,反映了清末国旗设计逐渐与国际上的国旗设计接轨。从国旗样式的确立过程来看,与国外通过颁布决议、决定的方式确立不同,清政府主要通过批准章程的方式确立,这是仍处于封建时期的国情导致的。

三、民国国旗的变化

1912 年 1 月 10 日,当时新成立的南京临时参议院通过专门决议案,拟将五色旗作为临时国旗。红、黄、蓝、白、黑五色分别表示汉族、满族、蒙古族、回族、藏族,所选用的五色为五个民族传统上所喜爱的颜色,象征着五族共和。1912年 1 月 11 日,孙中山在"复参议院论国旗书"中指陈五色旗的弊端,坚决搁置了"国旗案"。1912 年 6 月 8 日,袁世凯发布"临时大总统令",明确"参议院议决以五色旗为国旗,商旗适用国旗"。此后,五色国旗一直沿用至北洋政府结束。

民国政府青天白日满地红旗是在 1928 年北伐成功之后,由当时国民政府通过《中华民国国徽国旗法》确定的。该旗帜以青天白日旗为蓝本,加上红色为底色,而形成"青天、白日、满地红"的国旗。其寓意为:青色代表光明纯洁、民族和自由,白色代表坦白无私、民权平等,红色代表不畏牺牲、民生和博爱。白日的 12 道光芒,代表着一年 12 个月,一天 12 个时辰。1946 年制定的《中华民国宪法》第六条规定:"中华民国国旗定为红地,左上角青天白日。"

此外,从清末至中华人民共和国成立前,局势动乱,一些割据或傀儡政权也自称为"中央政府",亦设有各自的"国旗"。但是使用时间较短、使用范围较窄,早已在历史长河中销声匿迹。

---

① 施爱东:《哀旗不幸,怒旗不争:大清龙旗 50 年》,载《民族艺术》2011 年第 1 期,第 8 页。
② 姜鸣:《清末龙旗研究——以文献、图像和实物为中心》,载《中国国家博物馆馆刊》2022 年第 4 期,第 75 页。

第三节　中华人民共和国国旗的法治化

一、新中国成立初期确立国旗

1949 年 6 月 15 日，全国政协会议筹备会议在北平正式召开，该会指定由筹备会的第六小组负责制定国旗、国徽、国歌。1949 年 7 月 14 日至 8 月 15 日，《人民日报》《解放日报》《新华日报》等报刊刊登了中国人民政治协商会议筹备会征求国旗图案的启事。征集启事要求国旗设计反映出中国的国家特征、政权特征，色彩以红色为主，反映新中国是一个革命政权的特点。经过反复协调讨论，最终选中曾联松投稿设计的五星红旗方案。1949 年 9 月 25 日，毛泽东同志在国旗国徽国歌纪年国都协商座谈会上指出五星红旗"表现我们革命人民大团结""现在要大团结，将来也要大团结"[①]。红色既象征革命，也是中国人民所共同爱好的喜庆而尊贵的颜色，是血脉和生命的象征。旗上的五颗五角星及其相互关系象征共产党领导下的革命人民大团结。

1949 年 9 月 27 日，中国人民政治协商会议第一届全体会议通过的《关于中华人民共和国国都、纪年、国歌、国旗的决议》第四条规定："全体一致通过：中华人民共和国的国旗为红地五星旗，象征中国革命人民大团结。"此次决议正式通过了新中国的国旗。1949 年 9 月 28 日，中国人民政治协商会议第一届全体会议主席团公布《国旗制法说明》。国旗反映了一国的历史传统、民族精神，甚至国体和政体等，有利于增强国民的民族自豪感和爱国主义感情。新中国成立伊始，中央人民政府就着手开始研究制定国旗使用办法，虽然拟定了草案，但最后因故未颁布实施。

1954 年宪法正式使用"五星红旗"表述，并明确五星红旗是中华人民共和国的国旗，以后的三部宪法都作了同样的规定。1954 年宪法第四章"国旗、国徽、首都"中第一百零四条规定："中华人民共和国国旗是五星红旗。"1975 年宪法第四章"国旗、国徽、首都"中第三十条第一款规定："国旗是五星红旗。"1978 年宪法第四章"国旗、国徽、首都"中第六十条第一款规定："中华人民共和国国旗是五星红旗"。1982 年宪法第四章"国旗、国徽、首都"中第一百三十六条规定："中华人民共和国国旗是五星红旗。"

---

① 中央档案馆编：《中华人民共和国国旗国徽国歌档案》（上卷），中国文史出版社 2014 年版，第 292 页。

二、改革开放以后制定国旗法

1984 年,中央宣传部制定《关于中华人民共和国国旗升挂的暂行办法》,明确国旗的升挂机关、地点、仪式、禁止情形及注意事项。虽然我国历次宪法对国旗都有专门规定,但对国旗的悬挂或使用,国旗图案的具体布局等事项,则一直没有具体法律规定。实践中,国旗的使用比较混乱,国旗的制作也不统一。为了维护国家的主权和尊严,增强公民的国家观念和爱国意识,加强爱国主义教育,制定一部专门的国旗法,完善国旗方面的法律规定,是非常必要的。为此,1990 年 6 月 28 日,第七届全国人民代表大会常务委员会第十四次会议审议通过了《中华人民共和国国旗法》,这是新中国成立以来我国颁布的第一部国旗法。国旗法制定实施后,我国国旗使用、管理规范化开始健全。根据国旗法,1991 年 4 月 15 日,外交部发布《关于涉外升挂和使用国旗的规定》。1991 年 10 月 10 日,原交通部发布《船舶升挂国旗管理办法》。一些地方也开始制定国旗相关条例,如 1997 年 7 月 7 日上海市人民政府发布《上海市升挂使用国旗管理办法》等。

为更好实施国旗法,相关国旗国家标准开始制定,中国国家标准《国旗》(GB 12982 - 91)(1991 年制定,1996 年、2004 年进行了修改)规定了国旗的外观质量(形状、旗面图案、制版定位、标准尺寸、旗面颜色)、染色牢度、国旗缝制、旗面评定、试验方法、检验规则、包装、标志的技术要求。《国旗升挂装置基本要求》(GB/T 18302 - 2001)规定了国旗升挂装置的技术要求、标志、标签和包装。中国国家标准《国旗用织物》(GB/T 17392 - 2008)规定了加工制作国旗用的棉、丝、涤纶、晴纶、棉纶类织物的技术要求、试验方法、检验规则、包装和标志。《国旗颜色标准样品》(GB 12983 - 1991)(2004 年修改)规定了以化学纤维织物(不含人造纤维织物)、丝绸、棉布为材质制作的国旗颜色标准样品的尺寸、色度的技术要求。

三、进入新时代修改国旗法

国旗法颁布施行三十年来,对保障国旗的正确使用,维护国旗的尊严,增强公民的国家观念,弘扬爱国主义精神,发挥了重要作用。同时,随着我国政治和社会的发展,国旗的使用越来越广泛,成为人民群众表达爱国情感的重要方式,国旗法实施中也遇到一些新情况、新问题,如国旗的通用尺度已不能满足实践中国旗使用多样化的需求;国旗升挂和使用的场合已不适应国家政治和社会发展的需要;国旗升挂和使用中存在一些不规范的情况;国旗制作、销售、升挂、回收的监督管理部门还不够明确等。针对实践中存在的突出问题,为落实习近平总书记重要批示精神,全国人大常委会法制工作委员会经过广泛征求意见,充分调研论证,起草了国旗法修正草案。2020年10月17日,全国人大常委会通过修改国旗法的决定,进一步完善国家国旗使用和管理制度,对于增强公民的国家观念、弘扬爱国主义精神、培育和践行社会主义核心价值观起到重要作用。

主要修改内容如下:

一是完善国旗尺度。1990年国旗法所附的《国旗制法说明》对国旗的样式和五种通用尺度作出了规定。目前,手持国旗、桌用国旗和车载国旗等使用广泛,国旗法规定的五种通用尺度已不能满足实践中使用国旗多样化的需求。此次修改,增加了对非通用尺度国旗的原则要求,同时对国旗与旗杆的尺度比例提出要求,规定"国旗的通用尺度为国旗制法说明中所列明的五种尺度。特殊情况使用其他尺度的国旗,应当按照通用尺度成比例适当放大或者缩小","国旗、旗杆的尺度比例应当适当,并与使用目的、周围建筑、周边环境相适应"。

二是增加升挂国旗的场合。国旗法对不同国家机关、单位、场所在每日、工作日和节假日升挂国旗作了规定。本次修改从以下几个方面进一步完善:其一,为体现中国共产党在国家中的领导地位,增加规定"中国共产党中央委员会"每日升挂国旗,"中国共产党中央各部门和地方各级委员会"在工作日升挂国旗。其二,为体现国家监察体制改革后国家机构的新变化,增加规定"中国共产党中央纪律检查委员会、国家监察委员会"每日升挂国旗,"中国共产党地方各级纪律检查委员会、地方各级监察委员会"在工作日升挂国旗。其三,增加规定各民主党派、各人民团体在工作日升挂国旗。其四,增加中央人民政府驻香港、澳门特别行政区有关机构在工作日升挂国旗。其五,增加了非全日制学校、有条件的幼儿园和公共文化设施升挂国旗的规定。其六,根据实践发展,增加规定宪法宣誓场所悬挂国旗,增加国家宪法日升挂国旗的要求,并对公共场所、居民小区在重要节日、纪念日升挂国旗作出规定。

为了鼓励公民和组织使用国旗和国旗图案,此次国旗法修改,增加规定国家倡导公民和组织在适宜的场合使用国旗及其图案,表达爱国情感。同时明确公民和组织在网络中使用国旗图案,应当遵守相关网络管理规定,不得损害国旗尊严。

三是完善升挂国旗的礼仪和使用规范。此次修改国旗法,规定举行升旗仪式时,应当奏唱国歌。在国旗升起的过程中,在场人员应当面向国旗肃立,行注目礼或者按照规定要求敬礼,不得有损害国旗尊严的行为。考虑到北京天安门广场每日举行的升旗仪式,已经成为国家的一项重要日常仪典,国旗法修改确认这一制度。为加强国旗及其图案使用的规范化,规定不得倒挂、倒插或者以其他有损国旗尊严的方式升挂、使用国旗,不得随意丢弃国旗,大型群众性活动结束后,活动主办方应当收回或者妥善处置现场使用的国旗。

　　四是完善使用国旗志哀相关制度。修改前的国旗法第十四条对下半旗制度作了规定。本次修改,规定举行国家公祭仪式或者发生严重自然灾害、突发公共卫生事件以及其他不幸事件造成重大伤亡的,可以在全国范围内下半旗志哀,也可以在部分地区或者特定场所下半旗志哀。同时,明确"由国务院有关部门或者省、自治区、直辖市人民政府"报国务院决定。此外,为了完善国家仪典制度,增加国家领导人等逝世、烈士遗体、灵柩或者骨灰盒可以覆盖国旗,同时规定覆盖国旗时,国旗不得触及地面,有关仪式结束后应当将国旗收回保存。

　　五是增加国旗教育宣传的规定。为了加强国旗教育,增强公民的国家观念,弘扬爱国主义精神,本次国旗法修改,增加规定,国旗应当作为爱国主义教育的重要内容,中小学应当教育学生了解国旗的历史和精神内涵,遵守国旗升挂使用规范和升旗仪式礼仪。新闻媒体应当积极宣传国旗知识,引导公民和组织正确使用国旗及其图案。

　　六是明确国旗的监管部门。修改前的国旗法规定国旗的监督管理主体为地方各级人民政府,没有明确具体部门。在实践中出现监管不到位的情况。为进一步加强国旗的监督管理,此次修改,增加规定由国务院办公厅统筹协调全国范围内国旗管理有关工作,地方各级人民政府统筹协调本行政区域内国旗管理有关工作。同时,规定地方各级人民政府市场监督管理部门对本行政区域内国旗的制作和销售,实施监督管理;县级人民政府确定的部门对本行政区域内国旗的升挂、悬挂、使用和回收,实施监督管理。

第二章　国旗的构成

第一节　国旗的图案

一般认为,旗帜图案主要有以下几个构成要素:图形、颜色、比例。其实,在实际使用过程中,还需要包括尺寸。国旗图案的构成是指国旗图案物本身的构成要素,包括图形、颜色、比例。

一、国旗与国旗图案

在实践中,有"国旗""国旗图案""国旗及其图案"不同的表述。"国旗"既可以代指国旗实物,也可以代指国旗图案。如我国国旗法第五条、第六条规定的"升挂国旗的"场所、机构,第九条中"国家倡导公民和组织在适宜的场合使用国旗及其图案",指的是升挂国旗实物;同时国旗法第二十二条(明确国务院办公厅统筹协调全国范围内国旗管理有关工作)中的"国旗",既包括国旗实物,还包括国旗图案。为了使用的便利性,本书的"国旗"一词包括国旗实物、国旗图案。在少数情形下,即在专门就国旗图案进行研究时,使用"国旗图案"。一些国家专门对国旗图案进行界定。例如,《新加坡国徽、国旗和国歌规则》专门规定,国旗图案是指:(1)旗帜的任何图片或视觉图像(无论是电子生成的还是其他方式的);(2)或者任何其他此类图片或视觉图像,其与国旗非常相似以致能够被误认为是国旗。

国旗因其图案富含深意而神圣。每一个国家都会以本国政治文化历史传统特色为基础,赋予国旗图案充分的象征意义。通过国旗图案的图形、颜色,国旗寓意得以阐释。

二、国旗图案的图形

图形是指在一个二维空间中可以用轮廓划分出若干的空间形状,描画出物体的轮廓、形状或外部的界线。国旗图案的图形是图案内部的构成部分。从各国国旗图案的主要构成要素来看,可以主要分为以下四种类型:(1)三色旗。有的国家国旗采用有且仅有三种颜色的旗帜,每种颜色代表特定的含义,如法国的三色旗中,蓝、白、红三色代表自由、平等与博爱,如荷兰、俄罗斯、卢森堡等国家也采用三色旗。(2)五角星旗,如中国、越南、朝鲜。五角星有"胜利"的意义,也有象征一部分群体的含义。世界第一个社会主义国家苏联的国旗是一面左上角绘有交叉的镰刀和锤子以及一颗金边红星的红旗,其他社会主义国家普遍以苏联国旗为榜样设计国旗。(3)十字架形国旗,主要是在北欧国家以及英联邦。十字架是基督教的象征,北欧国家的国旗使用十字架代表着基督教的庇护。英联邦的国旗很多带有英国国旗的十字架,如澳大利亚、新西兰等国家。(4)伊斯兰国家的星月旗。星月是伊斯兰教的象征,信奉伊斯兰教的国家采用星月旗,如土耳其、巴基斯坦、马来西亚等。此外,还有一些其他形式的国旗,如菱形、X十字、Y十字、等腰三角形图形的国旗。

我国国旗是典型的五角星旗。[1] 1949年9月27日,中国人民政治协商会议第一届全体会议通过《关于中华人民共和国国都、纪年、国歌、国旗的决议》,明确"中华人民共和国的国旗为红地五星旗,象征中国革命人民大团结"。1949年9月28日,中国人民政治协商会议第一届全体会议主席团公布《国旗制法说明》,明确国旗的形状、颜色两面相同,旗面为红色,旗面左上方缀黄色五角星五颗。1949年11月15日,国旗图案的寓意通过《人民日报》得到进一步阐释,"中华人民共和国国旗旗面的红色象征革命。旗上的五颗五角星及其相互关系象征共产党领导下的革命人民大团结。星用黄色是为着在红地上显出光明,黄色较白色明亮美丽,四颗小五角星各有一尖正对着大星的中心点,这是表示围绕着一个中心而团结,在形式上也显得紧凑美观。"[2]

新中国成立初期,一些地方对于国旗图案的内容不是很重视。1951年10月8日,《人民日报》"文化生活简评"指出了第四十期《山西画报》刊登的《在毛主席领导下胜利前进》的宣传画中,在国旗上少画了两个五角星的错误。原因在于将涉及国旗图案的图片缩小后,印刷过程中出现了错误。"当时又正忙于赶制年画,勾线时非常粗心,印刷时也没有发现。个别同志在出版后仅感到线勾得不美,少了两个五角星,不大好,但是,又以为谁还不知道国旗是五个星?就没有改过来。当时我们并未觉悟到去掉两个星,便是更改了国旗,是政治上的原则错误。"[3]随着国旗的使用日益广泛,人们对国旗的图案认识也逐渐深刻。

1990年制定国旗法时,再次对国旗图案的制法作了明确规定。考虑到中华

---

[1]　中央档案馆编:《中华人民共和国国旗国徽国歌档案》(上卷),中国文史出版社2014年版,第292页。

[2]　新华社信箱:《关于国旗国歌和年号》,载《人民日报》1949年11月15日,第1版。

[3]　山西画报社:《山西画报社检讨画错国旗的错误》,载《人民日报》1951年10月16日,第2版。

人民共和国国旗是 1949 年 9 月中国人民政治协商会议第一届全体会议通过的,会议主席团同时公布的《国旗制法说明》是国旗的法定制法,现在国旗仍应按照这个说明制作,国旗法可以不再具体规定。[①] 因此,国旗法第二条中规定,中华人民共和国国旗按照中国人民政治协商会议第一届全体会议主席团公布的《国旗制法说明》制作,还将该制法说明作为附件载入国旗法。

三、国旗图案的颜色

很多国家根据不同的历史传统、社会政治文化,确立各自的国旗颜色。不同的颜色代表不同的含义,蓝色象征着天空和海洋、黄色代表着太阳以及温暖和繁荣,绿色代表着绿地和农业,橙色代表着佛教,红色代表着革命、胜利,黄色代表着革命光芒。据统计,在目前世界各国国旗的颜色中,出现红色的占 77%,白色的占 58%,绿色的占 40%,蓝色的占 37%,黄色的占 29%,黑色的占 17%。[②] 很多国家通过法律法规规定标准颜色,意大利宪法规定,国旗为三色旗:绿色、白色和红色;意大利政府制定的政府公务礼节和程序规则规定,三种颜色的具体色号。实践中也曾出现因国旗图案的颜色引起争议,如 2012 年韩国出现一公民向韩国宪法法院提出,韩国国旗法规定的太极外的四卦为黑色是错误的,应当为蓝色,请求确认《韩国国旗法》违宪。韩国宪法法院判决认为,《韩国国旗法》对国旗颜色的规定不存在侵犯基本权利的可能,因而驳回了原告的起诉。[③]

针对我国一些市场上销售的国旗存在不规范的情况,如红色有深有浅,黄色有明有暗,颜色参差不齐,升挂不规范的国旗将损害国旗尊严的情况,1991 年原国家质量监督检验检疫总局、国家标准化管理委员会发布《国旗颜色标准样品》(GB 12983 – 1991)(2004 年修改),规定了以化学纤维织物(不含人造纤维织物)、丝绸、棉布为材质制作的国旗颜色标准样品的尺寸、色度的技术要求。该标准的全部技术为强制性的。企业在制作国旗时必须按照该标准规定的国旗颜色色度。

国家标准《国旗》(GB 12982 – 2004)规定“国旗红”(在色度图上特定红色范围内的红色),用化学纤维织物、丝绸制作的国旗中的红色,分别以 GB 12983 中化学纤维织物、丝绸制作的国旗颜色标准样品的红色为准。“国旗五星黄”,

---

① 项淳一:《全国人大法律委员会对〈国旗法(草案)〉审议结果的报告》,载武增主编:《中华人民共和国国旗法、国歌法、国徽法导读与释义》,中国民主法制出版社 2021 年版,第 254 页。
② [法]米歇尔·帕斯图罗:《色彩列传·红色》,张文敬译,生活·读书·新知三联书店 2020 年版,第239 页。
③ 헌 재 2012. 12. 11. 2012 헌 마 941, 결 정 문[각 하(4 호)].

是在色度图上特定黄色范围内的黄色。用化学纤维织物、丝绸制作的国旗中的五星黄色,分别以 GB 12983 中化学纤维织物、丝绸制作的国旗颜色标准样品的五星黄色为准。

四、国旗图案的比例

国旗的比例是国旗图案的重要组成要素,是国旗内部长与宽的比例关系。国际上,通行的国旗长宽比为 3∶2,如法国、韩国、中国等。有的国家也有特殊尺度,如英国国旗比例是 2∶1,德国国旗长宽比例是 5∶3,美国国旗长宽比例是 19∶10。

如何处理不同比例国旗同时使用的问题,在实践中已经得到基本解决。国际上通行的规则是,仍按其本国规定的比例制作,但在大小上尽量保持一致。1991 年外交部制定的《关于涉外升挂和使用国旗的规定》第十二条规定,中国国旗与外国国旗并挂时,各国国旗应该按照各国规定的比例制作,尽量做到旗的面积大体相等。在举行奥运会时,国际奥委会要求所有参赛国国旗长宽比例均设定为 3∶2,且这一要求已经取得所有参赛国(地区)奥委会的同意。如需对旗帜比例作出改变,应由国际奥委会批准。

第二节　国旗的尺寸

与国旗图案的比例是国旗内部长与宽的比例关系不同,国旗的尺寸涉及国旗与外部实物的对比关系,是国旗实物呈现的大小。

一、国旗的尺寸

国旗的尺寸是在国旗升挂时需要考虑的实际问题。有的国家规定了通用的尺度,如意大利政府规定,用于室外的国旗通用尺寸为 300 厘米×200 厘米,或者 450 厘米×300 厘米;用于室内的通用尺度为 150 厘米×100 厘米。德国关于国旗的法令,没有明确升挂国旗的通用尺度,但明确了国旗用作车旗时,联邦总统、联邦参议院和联邦众议院、联邦总理府、联邦法院四类主体使用不同规格的联邦政府旗(专用于联邦政府的国旗)的尺寸。有的国家通常在法律中仅明确国旗的长宽比例,对于通用尺度不作规范。实践中国旗往往按照长宽规定的比例放大或者缩小制作,如俄罗斯、新加坡。

在我国,1949 年 9 月 28 日中国人民政治协商会议第一届全体会议主席团公布的《国旗制法说明》中明确,"国旗之通用尺度定为如下五种,各界酌情选用:甲、长 288 公分,高 192 公分。乙、长 240 公分,高 160 公分。丙、长 192 公分,高 128 公分。丁、长 144 公分,高 96 公分。戊、长 96 公分,高 64 公分"①。1990 年 6 月 28 日第七届全国人民代表大会常务委员会第十四次会议通过国旗法时,将《国旗制法说明》作为附件,沿用了国旗的通用尺度。

国旗法制定后,1991 年原国家质量监督检验检疫总局、中国国家标准化管理委员会公布了国家标准《国旗》(GB 12982－91),明确了国旗法所确定的五种国旗标准尺寸和允许误差;并且明确"因特殊需要制作不同尺寸国旗时,均按通用尺寸和允许误差成比例地放大或缩小"。由于实践中,手持国旗、桌旗、车旗等国旗尺寸使用也很普遍,1996 年该标准进行了修改,增加了车旗、签字旗、桌旗的各项尺寸。根据国旗生产厂家的国旗生产情况,非通用尺度的国旗需求也大量存在。

国旗法所附的《国旗制法说明》对国旗的样式和五种通用尺度作出规定。但是,这五种通用尺度已不能满足实践中使用国旗多样化的需求。"考虑到《国旗制法说明》是 1949 年 9 月 28 日中国人民政治协商会议第一届全体会议主席团公布的,已成为一份重要历史性文献,不宜对《国旗制法说明》进行直接修改。"② 为适应实践需要,2020 年修改国旗法,增加了对非通用尺度国旗的原则规定,同时对国旗与旗杆的尺度比例等提出要求,规定:"国旗的通用尺度为国旗制法说明中所列明的五种尺度。特殊情况使用其他尺度的国旗,应当按照通用尺度成比例适当放大或者缩小。"

二、国旗旗杆的尺寸

国旗升挂需要专门的旗杆。为了维护国旗的尊严和国家的形象,规范各单位及个人升挂、使用的国旗装置,2001 年原国家质量技术监督局发布国家标准《国旗升挂装置基本要求》(GB/T 18302－2001),该标准规定了国旗升挂装置的技术要求、标志、标签和包装。国旗升挂装置是指升挂国旗时所需的配套器材和设施,包括旗杆、旗冠、旗座等辅助装置。该标准适用于以金属、金属塑料复合材料、玻璃纤维增强塑料和竹木类天然材料等制作的国旗升挂装置。其他旗帜的升挂装置也可参照执行。

国家标准《国旗升挂装置基本要求》根据使用升挂位置的不同,将国旗分为不同类型:(1)广场旗,为在广场或建筑物前升挂的旗帜。(2)建筑物外墙墙面

---

① 公分是厘米的旧称,现在统称为厘米。

② 武增:《关于〈中华人民共和国国旗法(修正草案)〉的说明》,载武增主编:《中华人民共和国国旗法、国歌法、国徽法导读与释义》,中国民主法制出版社 2021 年版,第 263 页。

旗,为升挂在建筑物外墙墙面上某一部位,并与建筑物墙面有一定夹角的旗帜。(3)建筑物顶旗,为升挂在建筑物顶部的旗帜。(4)门楣旗,为竖立在建筑物正门门楣的旗帜。(5)行进旗,为在行进队列中所持举的旗帜。(6)室内立式旗,为办公室、会议室、厅堂地面上竖立悬挂的旗帜。(7)桌旗,为置放于桌面上的旗帜,包括单杆单旗、单杆双翼旗(又称签定旗)。

国家标准《国旗升挂装置基本要求》对升挂装置的材质、颜色等作了要求。制作升挂装置(除广场旗旗座外)可采用金属、金属塑料复合材料、玻璃纤维增强塑料、竹木类天然材料等。广场旗旗杆材质的物理性能应考虑设计强度、安全系数、弯曲应力、耐腐蚀、耐气候等项。应能保证在旗杆设置地的地理位置和环境气候条件下不倒、不弯、不折。

国家标准《国旗升挂装置基本要求》对于升挂装置的颜色作了要求。该标准中所规定的颜色以俗称命名。升挂装置中,室外用旗杆应为银白色、白色,或木本色,室内用旗杆应选用银白色、金黄色、木本色、灰色系列。广场旗旗座颜色必须与升挂装置其他部位颜色相和谐。关于升挂装置的外观。各种材质旗杆必须经过表面处理,外观达到平直、光洁、无污损。广场旗旗杆所配置的绳和滑轮在强度、颜色上应与升挂旗杆相适宜,用轴承滑轮时的技术要求参照 88J9《室外工程建筑构造通用图集》。此外,物理性能、外观要求达到或超过上述规定要求的其他材质,也可用于制作国旗升挂装置。该标准中的旗杆的横截面为圆形,旗冠为旗杆顶部的装饰,一般为球形。

其中,广场中升挂国旗的,旗杆与国旗的对应为:旗杆高度 5 米—7 米,旗面尺寸为 1.44 米×0.96 米;旗杆高度 7 米—9 米,旗面尺寸为 1.92 米×1.28 米;旗杆高度 9 米—12 米,旗面尺寸为 2.4 米×1.6 米;旗杆高度 12 米—15 米,旗面尺寸为 2.88 米×1.92 米。国家标准《国旗升挂装置基本要求》还对建筑物外墙墙面旗、建筑物顶旗、行进旗、立式旗、桌旗的旗杆高度、旗杆直径、旗冠直径、旗杆间距和所升挂的国旗旗面尺寸配置等作了要求。

1991 年国旗法修改后,重新确定天安门广场国旗、旗杆尺寸,天安门广场国旗为长 5 米、宽 3.3 米,旗杆高度为 32.6 米,已经是国内最大尺寸。该尺寸是根据天安门城楼、人民英雄纪念碑、毛主席纪念堂、人民大会堂、国家博物馆的高度,天安门广场的环境和北京中轴线各建筑物整体景观等多种因素确定的,具有整体的协调性和一致性。

三、国旗与旗杆的尺度比例

1991 年国旗法没有对国旗旗杆的高度作出具体要求。2020 年修改国旗法,增加规定:"国旗、旗杆的尺度比例应当适当,并与使用目的、周围建筑、周边环境相适应。"在国旗旗杆升挂使用的过程中,需要注意国旗与旗杆的尺度比例。尺度与尺寸不同,尺寸是事物的长度单位,尺度是一个事物与另一个事物形成的数比关系,也特指人与物形成的数比关系。[①] 国旗与旗杆的尺度比例影响国旗展现效果,是国家形象塑造的重要内容。尺度设计是调整和控制人与环境审美目标的有效手段和工具,尺度设计是依据人们不同的审美尺度、心理需要进行的,如获得亲切的审美尺度,获得崇高或宏大的审美尺度等。但同时,尺度比例也是通过主观的心理过程起作用,尺度设计需要与人的身心取得良好匹配,满足人们的正常心理需求。

　　国旗、旗杆的尺度比例关乎国家形象,涉及政治、历史、审美、心理、技术和安全等多方面因素。国旗、旗杆的尺度比例适当,包括三层含义:一是国旗的尺度比例适当,是指国旗的尺度要与使用目的、周围建筑、周边环境相适应;二是旗杆的尺度比例适当,是指旗杆的尺度比例要与使用目的、周围建筑、周边环境相适应;三是国旗与旗杆的尺度比例适当,是指两者之间的比例要与使用目的、周围建筑、周边环境相适应。这样将有利于国旗展现效果。确定国旗、旗杆的尺寸既需要用于桌面、车载或者室外使用的目的,还需要考虑周边建筑物的整体性、象征性、协调性,以及考虑所使用的国旗所在地的规划、气候等周边环境因素。同时符合使用目的、周围建筑、周边环境,才能通过悬挂适当尺寸的国旗,产生较大对比度,以强化国旗的醒目度和觉察度,提升国旗的尊严。

---

① 郑宏:《天安门广场国旗旗杆高度设计研究》,载《北京规划建设》2012 年第 6 期,第 174 页。

第三章　国旗的使用情形

第一节　应当升挂国旗的地点

　　国家象征在特定的空间使用具有特殊的政治意义。特定的空间包括具有政治象征意义的国家机构所在地、公众集会所在地等。国旗是具有重要政治意义的国家象征和标志,在国家机构以及具有重要政治意义的机构、场所都应当升挂国旗。

一、法定应当升挂国旗的地点

（一）国家机构所在地

1. 国外情况

　　国家机构是国家为实现其职能建立的国家机关体系的总称。国旗是象征国家的,同时在实践中也可以用来表示国家机构。国家机构升挂国旗使其区别于其他机构、组织。各国普遍规定国家机构升挂国旗,具体包括:立法机关、司法机关、行政机关、军事机关以及驻外机关的建筑物、官邸,如《俄罗斯国旗法》规定得非常详细,具体分为:一是全天升挂的场所,包括总统府、联邦委员会、国家杜马、联邦政府、宪法法院、最高法院、最高仲裁法院、联邦检察长办公室等。二是始终悬挂的办公室地点:联邦委员会、国家杜马及联邦政府会议厅,法庭,联邦主体立法(代表)机关、最高行政机关及地方自治代表机关会议厅等。三是俄罗斯外交使团、领事馆、外交使团团长和领事机构的住所等,按特殊规定升挂。也有一些国家规定得较为笼统,如《美国国旗法》规定,国旗每天应在所有公共机构的主要行政大楼上或附近升挂。《韩国国旗法》规定,国家机关、地方政府和公共机构的办公楼应全年悬挂国旗。《德国联邦建筑物国旗规定》明确,柏林和波恩的联邦最高当局大楼应每天升挂国旗。一些国家还对政府建筑物悬挂国旗作出特殊要求,如英国议会通过的《旗帜规则(北爱尔兰)2000年》第九条规定,在北爱尔兰,除本规则规定的旗帜外,政府建筑物不得悬挂其他任何旗帜。该规则规定的旗帜包括英国国旗、女王旗帜、来访国家元首旗帜。作此规定,是为了防止个别地方分裂势力悬挂分裂旗帜。

一些国家延续历史早期只有王室和国家机构才能使用国旗的传统,同时也为了避免公民不规范使用国旗损害政府的权威,明确区分了民用国旗和政府专用国旗。在欧洲 40 多个国家中,有 20 多个国家在关于国旗的法律法规中规定政府专用国旗,如德国、西班牙、瑞典、挪威、芬兰、奥地利、立陶宛、波兰、冰岛、爱沙尼亚、摩尔多瓦、圣马力诺等。这些国家将政府专用国旗等同于国旗使用,政府专用国旗的使用场合通常由国旗法律法规明确,或者由专门机构批准。政府专用国旗有两种样式:一是长方形,在国旗中心或者左上角添加国徽图案,如德国、芬兰等;二是燕尾形,即国旗右侧部分分叉,国旗图案中间不添加特殊图案,如挪威、瑞典、丹麦等。通过区分政府专用国旗、民用国旗,有利于规范政府专用国旗的使用,也有利于以更加宽松的规定鼓励公民使用民用国旗,表达爱国主义情感。

2. 我国相关情况

我国国旗法将国家机构升挂国旗的情况区分为每日升挂国旗、工作日升挂国旗。每日升挂国旗的国家机构主要包括:中国共产党中央委员会,全国人大常委会,国务院,中央军事委员会,中国共产党中央纪律检查委员会、国家监察委员会,最高人民法院,最高人民检察院;中国人民政治协商会议全国委员会;以及外交部等所在地。工作日升挂国旗的机构包括:中国共产党中央各部门和地方各级委员会,国务院各部门,地方各级常委会、人民政府、监察委员会、人民法院、人民检察院等所在地。

关于党的机构所在地。根据宪法规定,中国共产党领导是中国特色社会主义最本质的特征。十三届全国人大一次会议通过的宪法修正案,在序言确定党的领导地位的基础上,进一步在总纲中增写"中国共产党领导是中国特色社会主义最本质的特征"。明确党的机关升挂国旗,"遵循了宪法精神,于宪有据","进一步体现了中国共产党在国家中的领导地位"。[①] 按照《中国共产党中央委员会工作条例》的规定,党的最高领导机关是党的全国代表大会和它所产生的中央委员会。在全国代表大会闭会期间,中央委员会领导党的全部工作,对外代表中国共产党。为体现中国共产党在国家中的领导地位,2020 年修改国旗法增加规定"中国共产党中央委员会"所在地每日升挂国旗,并且明确"中国共产党中央各部门和地方各级委员会"所在地应当在工作日升挂国旗。

关于国家机关所在地。宪法规定,全国人大常委会是我国最高国家权力机

---

① 兰琳宗:《完善国家标志制度 增强公民国家观念 专家解读国旗法国徽法修正草案》,载中央纪委国家监委网站,http://www.ccdi.gov.cn/toutiao/202008/t20200811_223632.html。

关的常设机关,行使宪法解释权、国家立法权、监督权、任免权等重要的国家权力。国务院,即中央人民政府,是最高国家权力机关的执行机关,是最高国家行政机关,统一领导全国地方各级行政机关工作。中央军事委员会领导全国武装力量。国家监察委员会是最高监察机关,领导地方各级监察委员会的工作。最高人民法院是最高审判机关,监督地方各级人民法院和专门人民法院的审判工作。最高人民检察院是最高检察机关(法律监督机关),领导地方各级人民检察院和专门人民检察院的工作。上述机构各自代表着国家权力的最高地位,理应每日升挂国旗。

国旗法还专门规定外交部每日升挂国旗。外交部主管外交事务,负责执行我国外交方针政策,代表国家维护国家主权、安全和利益,代表国家和政府办理外交事务,承办党和国家领导人与外国领导人的外交往来事务。在外交部所在地,需要进行大量与外交事务有关的工作,包括召见有关国家大使、发布重要外交信息等。因此,在外交部每日升挂国旗是十分必要的。

考虑到"驻外外交机构"的概念在《中华人民共和国驻外外交人员法》第二条中有规定,是指"中华人民共和国驻外国的使馆、领馆以及常驻联合国等政府间国际组织的代表团等代表机构"。按照这一定义,驻港澳的派出机构并不属于"驻外外交机构"的范围。2020年修改国旗法明确规定,中央人民政府驻香港特别行政区有关机构、中央人民政府驻澳门特别行政区有关机构应当在工作日升挂国旗。

关于政协机关和人民团体所在地。国旗法第五条中规定,中国人民政治协商会议全国委员会应当每日升挂国旗。中国人民政治协商会议是中国人民爱国统一战线的组织,是中国共产党领导的多党合作和政治协商的重要机构。根据政协章程,政协全国委员会在政协组织体系中处于最高地位,对地方委员会有指导关系。虽然全国政协不是国家机构,但它在我国政治体系中具有重要地位。因此,应当在其所在地每日升挂国旗。为了进一步体现政协地方各级委员会、各民主党派、各人民团体的地位,2020年修改国旗法增加规定,中国人民政治协商会议地方各级委员会,各民主党派、各人民团体所在地,应当在工作日升挂国旗。有的意见提出,进一步明确各民主党派、各人民团体的中央机关还是地方机关升挂国旗。由于各民主党派、各人民团体的情况不一样,各民主党派、各人民团体的地方机关可能没有条件升挂国旗,所以法律没有作严格的规定。在实践中,各民主党派、各人民团体的地方机关可以根据自身情况升挂国旗。

(二)教育机构

教育机构,特别是中小学校在公民成长中占据重要地位。在教育机构升挂国旗,有助于潜移默化地增强公民的国旗意识、国家观念,推动爱国主义教育。

各国普遍重视教育机构升挂国旗。例如,《俄罗斯国旗法》规定,国旗始终悬挂于任何所有权形式的普通教育机构所在建筑或置于所在地。美国国旗法规定,国旗应在学校上课期间的学校校舍内或/及附近升挂。《墨西哥国旗、国徽和国歌法》规定,全国的所有教育机构,无论是官方的还是私人的,都必须升挂国旗,并教育学生尊重国旗。

1990 年我国国旗法规定:"全日制学校,除寒假、暑假和星期日外,应当每日升挂国旗。"1990 年至 1991 年国家教委为了严格中小学、各级师范院校升降国旗制度,使学生通过升降国旗这一具有教育意义的仪式受到深刻的爱国主义教育,先后发布了《关于施行〈中华人民共和国国旗法〉严格中小学升降国旗制度的通知》《关于施行〈中华人民共和国国旗法〉严格各级师范院校升降国旗制度的通知》。

实际上,目前我国中小学均为全日制,没有非全日制;高校则区分非全日制、全日制。2020 年修改国旗法,明确规定:"学校除寒假、暑假和休息日外,应当每日升挂国旗。有条件的幼儿园参照学校的规定升挂国旗。"将"全日制学校"修改为"学校"是进一步规范表达。增加规定有条件的幼儿园参照学校的规定升挂国旗,是因为幼儿园是公民成长接受教育之始,应教育他们从小尊重和爱护国旗,从小进行爱国主义教育。

(三)重要政治意义场所

在很多国家,一些场所、建筑物在政治上起到重要标志性的作用。在这些场所应当升挂国旗,有利于体现宣扬国家观念,加强爱国主义教育。如《巴西国家象征法》规定,巴西联邦共和国首都巴西利亚的三权广场每天升降国旗;《美国国旗法》规定,国旗于选举日在每个投票站内或附近悬挂等。

我国国旗法第五条中规定,北京天安门广场、新华门应当每日升挂国旗。天安门广场,位于北京市中心。天安门广场见证了中国人民一次次争取自由民主,反抗外国侵略和反动统治的斗争,记载了中国人民不屈不挠的革命精神和大无畏的英雄气概。天安门还被设计入国徽,成为国家象征的一部分。在天安门广场中每日升挂国旗,具有重大的历史意义和现实意义。新华门坐落在北京西长安街西段路北,朝向长安街,是中南海的南门,也是正门,为中南海的标志,门口一面五星红旗高高飘扬。中南海是中共中央和国务院的办公地点,是中国政治生活的心脏,也是中国国家权力的象征。因此,在新华门外,也应当每日升挂国旗。

(四)代表主权的场所

很多国家规定,在标识国家界限、显示国家主权的场所、设施等处升挂使用国旗。我国国旗法第五条中规定,出境入境的机场、港口、火车站和其他边境口岸,边防海防哨所,应当每日升挂国旗。口岸是一个主权国家根据自己的政策需要和具体的地理条件而指定的对外交往门户。对外贸易的货物、进出境人员及其行李物品、邮件包裹等,可以通过铁路、公路、航空、内河航运直达一国腹地。各类口岸,包括出境入境的机场、港口、火车站和其他边境口岸,是国家边界和领土主权的象征。在这里每日升挂国旗,是对国家行使行政管制权的一种宣示。边防海防哨所位于国家边界的最前线,是保卫国家主权和领土完整的第一站。哨所官兵每日在边境线上站岗巡逻,维护界碑,履行着戍守祖国边疆、维护边境安全的光荣使命和职责。在每一个哨所每日升挂国旗,是对国家主权的宣示,表明国家和军队捍卫国家领陆、领海神圣不可侵犯的决心,具有十分重要的意义。

(五)公共文化体育设施

2020 年修改国旗法,第六条中增加规定:"图书馆、博物馆、文化馆、美术馆、科技馆、纪念馆、展览馆、体育馆、青少年宫等公共文化体育设施应当在开放日升挂、悬挂国旗。"按照 2016 年通过的公共文化服务保障法的规定,公共文化设施是指用于提供公共文化服务的建筑物、场地和设备,主要包括图书馆、博物馆、文化馆(站)、美术馆、科技馆、纪念馆、体育场馆、工人文化宫、青少年宫、妇女儿童活动中心、老年人活动中心、乡镇(街道)和村(社区)基层综合性文化服务中心、农家(职工)书屋、公共阅报栏(屏)、广播电视播出传输覆盖设施、公共数字文化服务点等。国旗法规定的公共文化体育设施不仅包括公共文化服务保障法所指的设施,还包括体育馆等设施。公共文化体育设施是由政府主导、社会力量参与,以满足公民基本文化、体育需求为主要目的。公共文化体育设施在开放日升挂、悬挂国旗,有利于扩大国旗展示的范围,进一步加强爱国主义教育。

二、应当升挂国旗地点的注意事项

在 2020 年国旗法修改的过程中,有的意见提出,要求中国共产党中央各部门和地方各级委员会、地方各级人民政府所在地都升挂国旗,但实践中合署办公的情况可能比较多,难以做到上述单位各自均升挂一面国旗。从实际出发,多个部门在同一建筑物内,按照法律规定均必须升挂国旗,只在合适的地方升挂一面国旗也是可以的。1984 年中央宣传部《关于中华人民共和国国旗升挂的暂行办法》(中宣通〔1984〕20 号)明确,两个以上机关、单位同处一座建筑物或一座院子时,只升挂一面国旗。1991 年外交部发布的《关于涉外升挂和使用国旗的规定》第四条规定,各省、自治区、直辖市人民政府外事办公室,如与省、自治区、直辖市人民政府不在同一建筑物内办公,可以在工作日升挂国旗。

第二节　应当升挂国旗的节假日

一、节假日升挂国旗的意义

节假日是一国根据本国国情、本民族的风俗习惯或纪念需求,确定的国家、集体、公民集体进行纪念、庆祝或者休息的日期。节假日是政治、经济、文化的重要反映,往往具有丰富的文化内涵,是民俗文化的重要组成部分。在节假日升挂使用国旗,对于弘扬本民族传统文化、满足公民休闲需求与进行爱国主义教育起到相得益彰的促进作用。

除日常升挂外,很多国家还对特殊节假日、纪念日升挂国旗作了专门要求。比如,《美国国旗法》第六条特别规定,国旗应每天悬挂,特别在以下节日悬挂:元旦、总统就职日、全国越战退伍军人日,复活节、母亲节、武装部队日、阵亡将士纪念日(中午之前须下半旗)、国旗日、独立日、劳动节、宪法日、海军日、感恩节等节日以及美国总统宣布的其他日期,各州生日(加入联邦的日期),各州节假日。德国规定,在劳动节、欧洲日、基本法颁布周年纪念日、东柏林游行事件周年日、1944 年纳粹失败周年日、德国统一日、德国联邦议会选举当天、欧洲议会选举当天,联邦建筑物、军队的设施没有特别情况应升挂国旗。要求公民、组织在特定节假日升挂国旗,是因为在这些节假日,人们往往聚集参加庆祝、纪念活动,在人员比较集中,又经常出入的场所升挂国旗,有利于培养公民的爱国主义情感。

二、我国节假日升挂国旗的演变

新中国成立之初,在节假日升挂国旗就开始受到重视。1950 年 7 月 30 日,政务院发出关于纪念八一建军节的通令,全文如下:"为了纪念八一建军节,决定全国各级政府、各机关、各企业、各学校、各界人民团体于八月一日悬挂国旗一天,以资庆祝。"[①] 1950 年 8 月政务院起草的《中华人民共和国国旗悬挂办法(草案)》第一条规定,国旗悬挂的日期包括:"星期日;国定纪念日;国际性的集

---

① 《政务院通令全国悬挂国旗庆祝八一》,载《人民日报》1950 年 7 月 30 日,第 1 版。

会日;公共集会日。"该规定还注明:"驻各国外交机关,得每日悬挂,一般机关于星期日及国定纪念日悬挂,商号住户于国定纪念日悬挂。"1952 年 7 月 16 日,中央政府委员会办公厅就国旗悬挂办法原则复河北省人民政府办公厅函时,明确了国旗升挂"可照以下原则办理"的几条原则,其中"国旗悬挂的日期为:星期日,国定纪念日,国际性的集会日,公共集会日"。

国庆节、国际劳动节、元旦和春节是我国重要的法定节日,每个节日都承载着不同的文化内涵和民众的情感。升挂国旗是公民国家观念和爱国意识的一种表现。在这些重要的法定节日里,升挂国旗,既有利于增强公民的国家观念,发扬爱国主义精神,也有利于烘托国庆节、国际劳动节、元旦和春节这四个节日的节日气氛。结合实践情况,1990 年国旗法第七条规定,国庆节、国际劳动节、元旦和春节,各级国家机关和各人民团体应当升挂国旗;企业事业组织、村民委员会、居民委员会,城镇居民院(楼)以及广场、公园等公共活动场所,有条件的可以升挂国旗。

1990 年国旗法第七条规定,不以春节为传统节日的少数民族地区,春节是否升挂国旗,由民族自治地方的自治机关规定。民族自治地方在民族自治地方成立纪念日和主要传统民族节日,可以升挂国旗。考虑到少数民族地区均已经具备了升挂国旗的条件,且目前在少数民族地区春节期间升挂国旗已经十分普遍,为进一步增强在少数民族升挂国旗,2020 年修改后的国旗法删除"不以春节为传统节日的少数民族地区,春节是否升挂国旗,由民族自治地方的自治机关规定";并将"民族自治地方在民族自治地方成立纪念日和主要传统民族节日,可以升挂国旗"修改为"民族自治地方在民族自治地方成立纪念日和主要传统民族节日应当升挂国旗"。

2014 年 11 月 1 日,十二届全国人大常委会第十一次会议表决通过决定,将 12 月 4 日设立为"国家宪法日"。设立国家宪法日是为了增强全社会的宪法意识、弘扬宪法精神、加强宪法实施、全面推进依法治国。1982 年 12 月 4 日,第五届全国人民代表大会第五次会议通过了现行宪法。现行宪法是对 1954 年制定的新中国第一部宪法的继承和发展。宪法是国家的根本法,是治国安邦的总章程,具有最高的法律地位、法律权威、法律效力。"决定"要求"国家通过多种形式开展宪法宣传教育活动"。2020 年修改国旗法增加规定"举行宪法宣誓仪式时,应当在宣誓场所悬挂国旗"。

三、我国节假日升挂国旗的两个问题

2020 年修改后的国旗法第七条规定,国庆节、国际劳动节、元旦、春节和国家宪法日等重要节日、纪念日,各级国家机关、各人民团体以及大型广场、公园

等公共活动场所应当升挂国旗;企业事业组织,村民委员会、居民委员会,居民院(楼、小区)有条件的应当升挂国旗。

(一)关于"重要节日、纪念日"的范围

1990年6月28日,第七届全国人民代表大会常务委员会第十四次会议审议通过国旗法,按照当时《全国年节及纪念日放假办法》(1949年通过,当时仍然有效的)的规定,全国普遍放假的节日有国庆节、国际劳动节、元旦、春节。国旗法草案第五条曾规定:"国庆日、元旦和国际劳动节,社会团体和企业、事业单位应当升挂国旗;国家鼓励公民以家庭为单位升挂国旗。"在1990年国旗法草案审议和征求意见过程中,许多委员和地方、部门提出,升挂国旗的节日应当增加春节;规定鼓励以家庭为单位升挂国旗,难以执行。国旗法按照上述意见进行了修改,国家规定全国普遍放假的国庆节、国际劳动节、元旦、春节,各级国家机关和各人民团体应当升挂国旗,对家庭升挂国旗未作规定。

《全国年节及纪念日放假办法》已经经过1999年、2007年、2013年三次修改,增加了一些重要节日、纪念日,为了适应实践发展的需求,法律作了开放性规定,增加兜底规定,以便在适合的时候,根据实际情况需要,确定具体节日、纪念日升挂国旗。

(二)关于有条件的应当升挂国旗的主体范围

同时考虑到广场、公园等公共活动场所或者企业事业组织等办公场所、城镇居民院(楼)等,是人民群众比较集中,又经常出入的场所,在这些地点升挂国旗,有利于培育人民群众的爱国主义情感。考虑到目前很多大型广场、公园等公共活动场所已经具备升挂国旗的条件,且已经在升挂国旗,2020年修改后的国旗法明确大型广场、公园等公共活动场所应当在特定节假日升挂国旗。

在2020年修改国旗法的过程中,有的意见认为,"有条件"内涵不清,存在有条件但声称自己没条件的情况。有的认为,村民委员会、居民委员会虽然是基层群众自治组织,但也属于国家治理体系的有机组成部分,目前,各地普遍加强村民委员会、居民委员会建设,不少地方把基层党群服务中心(为民服务中心)与村委会、居委会合并在一起,行使一些政府授权的为民服务职能,要求有条件的村民委员会、居民委员会在工作日升挂国旗,以增强基层群众的国家观念。有的认为,增加升挂国旗的节假日、场合,可能加重基层人民群众的负担。考虑到我国各地经济文化等方面发展得不太均衡,同时为了进一步强化特定组织、场所升挂国旗,将国旗法对企业事业组织,村民委员会、居民委员会、城镇居民院等公共活动场所在特定节假日,未作硬性要求,仅将"有条件的可以"进一步明确为"有条件的应当"升挂国旗。

第三节　可以使用国旗的情形

国旗是国家的象征和标志,也是每一个公民表达爱国情感的重要载体。鼓励公民和组织使用国旗及其图案也是很多国家的做法。

一、国家鼓励公民使用国旗

在国旗诞生初期,主要是由国家机构及其认可的建筑物、船舶等使用。随着国旗所蕴含的爱国情感得到越来越多的重视,国家开始日益重视鼓励公民使用国旗。例如,《俄罗斯国旗法》规定,国家节日期间,国旗悬挂于任何所有权形式的社会团体、企业、机构和组织所在建筑(或升挂于立式、落地旗杆)及居民楼。在不侮辱国旗的情况下,公民、社会团体、企业、机构和组织可在其他场合使用国旗及其图案。还有一些国家的国旗法鼓励公民在各种场合升挂国旗,如《加拿大国旗法》规定,鼓励所有加拿大人在遵守国旗规则的情况下升挂国旗。

2020 年我国修改国旗法增加规定,国家倡导公民和组织在适宜的场合使用国旗及其图案,表达爱国情感。明确"适宜的场合"彰显法律的引导功能,促进公民在更多情形下使用国旗,使国旗成为公民爱国主义教育的重要载体。体育赛事中在脸上或手上画国旗图案,或者是有些运动员拿到奖杯以后,披着国旗在运动场上奔跑,都是合适的,是爱国情感的一种表达方式。

二、重大活动使用国旗

在大型活动中升挂国旗是大型活动礼仪程序的重要组成部分,对于激发参与大型活动人员爱国主义情感起到重要的推动作用。很多国家法律规定了一些特定活动升挂国旗,如《俄罗斯国旗法》规定,俄罗斯联邦国家权力机关、联邦主体国家权力机关和地方自治机关举行官方仪式或其他庆典活动时,升挂(放置)俄罗斯联邦国旗。任何所有权形式的社会团体、企业、机构和组织举行庆祝活动时或家庭庆典期间,可升挂(放置)俄罗斯联邦国旗。任何所有权形式的教育机构举办大型活动时(包括运动和体育健身活动),升挂(放置)俄罗斯联邦国旗。

1949 年,中央政府委员会组织起草的《国旗制造及悬挂办法(草案)》就曾经明确规定,国际性的集会、公众集会等应当悬挂国旗。1984 年,中央宣传部《关于中华人民共和国国旗升挂的暂行办法》(中宣通〔1984〕20 号)明确,纪念性、庆祝性公共集会可以升挂国旗。2006 年,国务院办公厅印发《关于国庆节期间升挂国旗的通知》要求,国旗的升降办法仍按中央宣传部《关于中华人民共和国国旗升挂的暂行办法》执行。我国国旗法第八条规定,举行重大庆祝、纪念活动,大型文化、体育活动,大型展览会,可以升挂国旗。重大庆祝、纪念活动,大型文化、体育活动,大型展览会等重大活动具有参与人员多、覆盖面广、影响力强的特点和优势。在重大活动升挂国旗,有利于弘扬爱国主义精神。对于"重大""大型"的理解,可以根据实际情况做不同理解,包括活动规格重大,如 2014年 9 月 3 日,在中国人民抗日战争纪念馆举行中国人民抗日战争暨世界反法西斯战争胜利 69 周年纪念日向抗战烈士敬献花篮仪式等,在现场升挂国旗。一些基层单位组织的活动,庆祝和纪念的事项本身重大,如国庆节庆祝活动、国家公祭活动等,也是可以升挂国旗的。对于举行重大庆祝、纪念活动的主体没有加以限制,如果是商业性较强的一些庆祝活动,不宜在现场升挂国旗。

三、网络使用国旗图案

随着信息技术的发展,国旗图案日渐深入人们生活、工作的方方面面,国旗图案也开始在互联网中运用,成为互联网信息传播的重要内容之一。"实践中,国旗和国旗图案不断从机关走向社会,从实际生活走向网络空间,成为人民群众表达爱国情感、增强国家观念的重要方式。"[①]国旗法规定国家倡导公民和组织在适宜的场合使用国旗及其图案,表达爱国情感,也包括在互联网中、在适宜的情形中使用国旗图案。

2020 年修改国旗法,增加规定,"公民和组织在网络中使用国旗图案,应当遵守相关网络管理规定,不得损害国旗尊严"。网络管理规定,既包括网络安全法等法律,也包括国家互联网管理办公室制定的各类规定。网络安全法第十二条第二款规定,任何个人和组织使用网络应当遵守宪法法律,遵守公共秩序,尊重社会公德,不得危害网络安全,不得利用网络从事危害国家安全、荣誉和利益,煽动颠覆国家政权、推翻社会主义制度,煽动分裂国家、破坏国家统一,宣扬恐怖主义、极端主义,宣扬民族仇恨、民族歧视,传播暴力、淫秽色情信息,编造、传播虚假信息扰乱经济秩序和社会秩序,以及侵害他人名誉、隐私、知识产权和其他合法权益等活动。《网络音视频信息服务管理规定》《互联网跟帖评论服务管理规定》等规定要求,网络音视频信息服务者、互联网跟帖评论服务者和管理者等网络使用、运营者必须尊重法律法规,尊重公序良俗,不得发布法律法规和

---

① 武增:《关于〈中华人民共和国国旗法(修正草案)〉的说明》,载武增主编:《中华人民共和国国旗法、国歌法、国徽法导读与释义》,中国民主法制出版社 2021 年版,第 261 页。

国家有关规定禁止的信息内容。公民和组织在网络中使用国旗图案时不得违反包括以上网络管理规定,不得损害国旗尊严。

在网络中使用国旗不得损害国旗尊严,与在现实世界中不得损害国旗尊严的要求是一样的,主要包括以下方面。

一是遵守国旗图案优先原则。与实物国旗升挂时保持优先原则一样,国旗图案在网络中也应使用遵守国旗升挂的优先原则。在网络中使用国旗图案时,应当置于显著的位置。国旗与其他图案并列时,应将国旗图案置于中心、较高或者突出的位置。

二是不得不当使用国旗图案。国旗法第十九条第一款规定:"不得升挂或者使用破损、污损、褪色或者不合规格的国旗,不得倒挂、倒插或者以其他有损国旗尊严的方式升挂、使用国旗。"同理,不得在网络上使用破损、污损、褪色或者不合规格的国旗,不得展示倒挂、倒插的国旗图案或者其他有损国旗尊严的图案。

三是不得将国旗图案用于商业用途。国旗法第二十条规定,国旗及其图案不得用作商标、授予专利权的外观设计和商业广告,不得用于私人丧事活动等不适宜的情形。同理,国徽图案不得在网络中用于商标图案、授予专利权的外观设计图案、商业广告等不适宜的情形。

国旗法第九条第三款规定:"网络使用的国旗图案标准版本在中国人大网和中国政府网上发布。"公民在网络中使用国旗图案时,可以使用中国人大网和中国政府网发布的国旗图案标准版本。

四、对外援助物品使用国旗图案

一些国家在对外援助的物品上标注本国国旗、国徽等国家象征,起到了宣传该国的作用。美国在"二战"期间,已经制定法令明确对外援助物品可以使用国旗图案。1944年2月18日,美国总统颁布第2605号命令《美国国旗》(已于1957年修改),其主要内容是,美利坚合众国国旗被公认为代表美利坚合众国人民享有的正义、自由和民主原则;全世界人民都将美国的国旗视为美国的象征。要有效地控诉战争,就需要其他国家的人民适当理解美国政府提供的物质援助。现宣布如下:一是在美国国旗或任何其表示形式(如果经外国经济管理委员会批准)旨在作为出口的美国物品或产品的标签、包装、纸箱、箱子或其他容器上的使用,租赁援助,作为救济和复兴援助,或作为美国领土和财产的紧急补给,或类似目的,应被视为对美国国旗的正确使用,并符合国旗的荣誉和尊严。二是上述商品因形势所迫转移进入本国国内流通时,不应被视为违反与美国国旗展示有关的规则和习俗。

近年来,我国对外援助物资使用了国旗图案,树立了我国良好的形象。

2016年5月，商务部颁布《对外援助标识使用管理办法（试行）》，第二条规定，援外标识是中华人民共和国对外提供援助的标志。援外标识可以根据需要与中华人民共和国国旗图案一同使用。国旗图案的印制和使用应当符合《中华人民共和国国旗法》。其第九条规定，援外标识载体上除标识图案外，还可以包括国旗图案、项目信息等。

五、民用航空器使用国旗图案

民用航空器是否喷涂国旗图案在很多国家都有特别规定管理。很多国家规定特定公司的民用航空器或者特定航线的民用航空器可以使用本国国旗图案。1997年国务院颁布的《民用航空器国籍登记条例》第十八条规定，任何单位或者个人不得在民用航空器上喷涂、粘贴易与国籍标志和登记标志相混淆的图案、标记或者符号。1998年中国民航局制定的《民用航空器国籍登记规定》第二十七条进一步规定，任何单位或者个人不得在民用航空器上喷涂、粘贴易与国籍标志和登记标志相混淆的图案、标记或者符号。未经民航总局批准，不得在民用航空器上喷涂中华人民共和国国旗、民航总局局徽、"中国民航"字样或者广告。

实践中，1987年中国民航局发文通知，飞国际航线的航空器要在航空器前部适当位置绘制五星红旗。但1990年中国民航局再次发文，除中国国际航空公司仍在航空器前部适当位置绘制五星红旗以外，其他航空公司的航空器均取消国旗图样。目前，民航局明确中国国际航空公司为我国唯一被批准在航空器上绘制国旗图案的公共航空运输企业。

六、汽车使用国旗

国家领导人以及特定人员汽车上使用国旗在各国普遍通行。在我国，汽车能否使用国旗，随着时代的变化，也存在观念的转变。1950年11月，中央人民政府公安部为取缔汽车随便悬挂国旗事宜向各大行政区公安部，华北五省公安厅，京、津二市公安局发出通令如下：

"国旗是国家的标帜，代表着中华人民共和国的无上尊严。近来发现有不少汽车随便悬挂国旗，既无必要亦极不严肃。经奉政务院总理指示特规定如下：除我国外交官员及驻外使节之公务汽车可以悬挂国旗外，其余一切公私汽车，一律不准悬挂国旗。望各地公安机关即遵照执行，并责成交通警察严格检查取缔为要。"[1]

---

[1] 《中央公安部通令 取缔汽车随便悬挂国旗》，载《人民日报》1950年11月25日，第1版。

然而,改革开放以后,国旗及其图案仍然在汽车上出现。1999年澳门回归,澳门出租车挂上国旗成了爱国的象征。"澳门宏益电召的士有限公司的上百辆黄色出租车,16日开始在车前的旗杆上分别挂上了国旗和区旗,穿行在大街小巷,格外引人注目。司机林先生说:盼望回归,提前把旗帜挂上了。"①

同时,一些观点认为,不应当在小汽车上使用国旗。《人民日报》曾于1999年报道:"去冬以来,我在兰州市区看到许多小汽车里摆挂着小国旗。我曾问过一位司机此举何意,司机也说不出个所以然来,只是看别人车里摆挂挺神气,也就效仿起来。他们摆挂国旗很不庄重,有的挂在旗杆的中间成了挂半旗。""国旗是国家的象征,在人民心目中有极其神圣和崇高的地位,用国旗来赶时髦,不按规定摆挂,是对国旗的亵渎,是对《国旗法》知之甚少的表现。希望有关方面加大《国旗法》的宣传力度,制止随意摆挂国旗行为,切实维护国旗的尊严。"②可见,当时实践中仍有公民出于爱国心理或者从众心理在小汽车上摆挂国旗,但是社会仍对于小汽车是否悬挂国旗有争议。

实践中,一些公民将国旗图案贴在汽车的适当位置,起到了很好的效果,彰显了爱国之情。因此,在汽车适当位置粘贴国旗图案也是可以的。不过,通常情况下,政府相关部门的公务用车可在汽车外部前方位置悬挂国旗,普通公民在汽车外部四周任一位置摆放一面是不合适的。

第四节　国旗的禁止使用情形

尊重和爱护国旗,是法律规定的每个公民和组织的神圣义务。在任何时候,都要庄重、严肃地对待国旗,尊重和爱护国旗,依法使用国旗。在不适宜的场合、以不适宜的方式使用国旗及其图案,会对国家的尊严和形象造成负面影响,各国一般都规定了具体禁止的场合、行为等。从使用主体上看,通常情况下,各国对国家机构使用国旗及其图案没有明确的限制,但是对于除国家机关之外的组织和个人使用国旗及其图案专门规定了禁止使用的情形。

一、历史沿革

在新中国成立初期,已经考虑就国旗不适宜适用的场合作规定。1950年政务院讨论的《中华人民共和国国旗悬挂办法(草案)》,其中第三条规定,国旗不

---

① 竞若:《"的士"挂上国旗》,载《人民日报》1999年12月19日,第3版。
② 毛力:《要维护国旗的尊严》,载《人民日报》1996年3月25日,第9版。

得用于下列场合:"1.私人婚丧庆吊礼节中的点缀(礼堂悬挂除外);2.工商业品的标记、装饰、广告、图案;3.机关、学校、团体的证章纪念章及其他徽章;4.日常生活的陈设布置。"当时,国旗使用出现一些不当的地方,有一些人对尊敬和爱护国旗还缺乏应有的注意,出现滥用国旗和国旗图案的现象。"把国旗作为装饰品、窗帘或幕布等,或把国旗图案用作商标""北京北新桥某照相馆以国旗及军旗作为照相背景""有些文具店还把国旗图案加以篡改印在出售的笔记本上",扑克牌上印制国旗图案等情形均有出现。① 实践中,对于国旗不得使用的场合,政务院、国务院是按照国旗悬挂办法草案掌握的。

改革开放后,对于国旗及其图案不得使用的情形进一步明晰化。1984年《中央宣传部关于中华人民共和国国旗升挂的暂行办法》延续了国旗升挂办法草案的规定,第四条明确,国旗和国旗图案不得作下列使用:"1.工商业品的标记,装饰,广告,图案;2.机关、学校、团体的证章、纪念章及其徽章;3.私人婚丧庆悼礼节的点缀;4.日常生活的陈设布置。"1990年制定国旗法,对国旗不得使用的情形进一步作了规范,第十七条规定,不得升挂破损、污损、褪色或者不合规格的国旗。第十八条规定,国旗及其图案不得用作商标和广告,不得用于私人丧事活动。2020年修改国旗法,第十九条进一步规定,不得升挂或者使用破损、污损、褪色或者不合规格的国旗,不得倒挂、倒插或者以其他有损国旗尊严的方式升挂、使用国旗。不得随意丢弃国旗。第二十条规定,国旗及其图案不得用作商标、授予专利权的外观设计和商业广告,不得用于私人丧事活动等不适宜的情形。

在2019年国庆节前,在微信朋友圈,"请给我一面国旗@微信官方"刷屏,引起众多网友关注。微信用户可以申请微信程序生成右下角带有一面国旗的头像。带有国旗的头像引起大量用户关注,被很多新闻网站报道,引起了一些争议。有的意见指出,用户头像使用国旗是一种营销手段,从国旗法和广告法的角度看,有涉嫌违法的可能。有的认为,头像中的国旗图案,改变了国旗的长宽比,可以视为破损的国旗。实际上,用户这种使用国旗头像的方式是为了表达对祖国的热爱,属于尊重和爱护范围,不违反法律规定。但是,如果相关企业利用可以生成带有国旗图案的方式大肆宣传,用作商业广告,如有多个公众号利用微信国旗头像教程将用户导流到另一个公众号造成诱导关注,则属于违反国旗法规定的行为。

笔者曾参加某第三方鉴定机构召开某网站传播国旗图片审读鉴定会。鉴定机构对该网站传播的100多张涉及国旗的网络图片是否违反国旗法及相关法律法规进行审读。与会人员根据图片涉嫌侮辱国旗的程度和感官差别将其分为三类:侮辱国旗、不适当使用国旗和不尊重国旗。第一类主要表现为在国

---

① 人民日报社论:《应该尊敬与爱护国旗国徽国歌》,载《人民日报》1951年8月29日,第6版。

旗图案上添加脚印、污渍等,与会专家均认为明显带有侮辱成分,属于国旗法规定的侮辱国旗的行为。第二类主要表现为将国旗图案部分裁剪、涂划,易引起争议等不适当使用国旗的行为。第三类主要表现为在国旗图案上添加其他图形、图案及用于帽子、抱枕等不尊重国旗的行为。其中一部分图片将国旗部分或者整体图案用于短裤、帽子等服装。对于短裤使用国旗图案,多数认为寓意不佳,给人以不适感,但又不具有侮辱的严重性,认定为不适当使用国旗图案的行为。对帽子、皮带使用国旗图案,多数认为给人不舒适的程度低,属于不尊重国旗的行为。

二、不得使用国旗的方式

(一)不得使用破损、污损、褪色的国旗

升挂破损、污损、褪色的国旗损害了国旗的尊严。一些国家专门规定,不得损坏国旗以及升挂、使用损坏的国旗。例如,《美国国旗法》规定,旗帜不得以任何容易撕裂、弄脏或损坏的方式固定、升挂、使用或存放。《新加坡国徽、国旗和国歌规则》规定,任何人不得展示或者造成展示毁损的国旗,或者致使其处于不适宜和不干净环境的情形。《韩国国旗法》规定,不得使用已刺破、涂划以及以任何其他方式毁损的国旗及图案。我国国旗法规定,不得升挂或者使用破损、污损、褪色国旗。升挂国旗时使用的国旗要符合法定要求,即不得使用破损、污损或者不合规格的国旗。遵循这一规定,使用完整、洁净、符合规格的国旗,是尊重国旗的表现,是维护国家尊严的需要。

2009 年 10 月 15 日,国务院办公厅颁布《关于做好破损污损褪色或者不合规格国旗回收处理工作的通知》,要求各地建立健全对国旗升挂、使用、回收处理的长效管理机制,按照单位管理与属地管理相结合的原则组织实施。破损、污损、褪色或者不合规格的国旗回收后,由县级以上人民政府指定单位集中放置,定期统一处理。

(二)不得使用不合规格的国旗

不合规格的国旗是指由于主观或者客观的原因导致不符合标准的国旗。不合规格的国旗损害了国旗的尊严。新中国成立之初,国旗确定不久,国旗的具体规格宣传还未深入普及,一些地方制作的国旗参差不齐,"当地有很多国旗制作得不合标准:有的是正方形的,有的五颗星都用白色,还有的竟是五颗同样大小的星分列在红底的中心和四角"①。为了维护国旗的尊严,避免实践中出现

---

① 人民日报社论:《应该尊敬与爱护国旗国徽国歌》,载《人民日报》1951 年 8 月 29 日,第 6 版。

国旗的制作不统一,国旗尺寸不一、颜色偏差、旗面污损等问题,我国 1990 年国旗法第十七条规定,不得升挂不合规格的国旗。为了维护国旗的尊严,保证国旗的制作质量,1991 年 5 月 25 日,由原国家技术监督局发布了《国旗》和《国旗颜色标准样品》两项国家标准,作为贯彻国旗法、确保国旗质量的配套技术标准,规定了国旗的形状、颜色、图案、制版定位、通用尺寸、染色牢度等技术要求。升挂的国旗,应当依法使用符合上述规格、由指定企业制作生产的国旗,以体现对国旗的尊重,维护国旗的尊严。

1990 年国旗法第四条第三款专门作出规定:"国旗由省、自治区、直辖市的人民政府指定的企业制作。"1992 年,《国务院办公厅关于贯彻国旗法和执行国家有关技术标准确保国旗质量问题的通知》(国办函〔1992〕112 号)指出,未经指定的企业不能制作国旗。近年来,随着我国国旗使用得日益普遍,指定企业制作的国旗的数量、规格等越来越难以满足实践的需求;根据实地调查,大量政府指定制作国旗的企业将其国旗的生产任务委托其他未经指定的企业生产,指定国旗生产制度执行不严;市场上存在大量国旗符合国旗相关标准,也符合实践使用需求。为了进一步简政放权,充分运用事后监管的方式,满足群众对于国旗各种规格的需求,2020 年国旗法修改时,取消了指定企业生产国旗的制度。

2016 年 8 月,里约热内卢奥运会期间,在一场颁奖仪式中中国国旗升挂出错事件引起人们关注。根据 1949 年 9 月 28 日中国人民政治协商会议第一届全体会议主席团公布的《国旗制法说明》规定,五星红旗上的四颗小五角星均各有一个角尖正对大五角星的中心点。然而,很多网友在观看颁奖仪式时却发现,里约热内卢奥运会颁奖所用的中国国旗,上面的四个小五角星为平行分布,明显错误。中国奥运代表团第一时间发现颁奖仪式上中国国旗错误,当场就此向里约奥组委提出抗议。中国驻巴西使领馆立即向巴方提出交涉。里约奥组委对颁奖仪式上中国国旗出现错误深表歉意,立即联系制作公司,责令其纠正错误。

(三)不得用于不适当位置

国旗及其图案不适当的放置有损国旗的尊严,一些国家根据日常生活、工作的实际情形,细化各类不适当的放置情形。例如,《美国国旗法》规定:(1)除非在对生命或财产造成极端危险的情况下发出严重窘迫的信号,否则不得倒挂国旗。(2)国旗不得触及其下方的任何物体,如地面、地板、水面或商品。(3)国旗不应平铺地面或水平放置。2012 年 10 月 12 日,英国住房、社区和地方政府部发布新的《升挂旗帜:简明指南》对升挂旗帜(包括国旗)的注意事项作了要求:(1)必须保持不损害场所整体视觉效果;(2)保持安全状态;(3)获得地点所有权的许可(如何在高速公路上升挂,则需要获得公路管理局许可);(4)不模糊或者阻碍官方的道路、铁路、水路或者飞机标志的说明。根据国旗法的原则和精神,在使用我国国旗的过程中,不得将国旗用于不适当的位置。

1990 年国旗法通过之初,出现电子电器产品经理部用国旗做商品盖布一事,后该经理部停业整顿两天,学习国旗法,责令经理、门市负责人作出书面检查,扣发当事人两个月奖金。① 实践中,一些地方升挂国旗的位置不适当,如某饭店悬挂的国旗是用铁丝扎束在烧烤炉的上方;某单位升挂国旗的旗杆最高处比国旗高出一米多,远远望去更像是"挂半旗";某酒店则将国旗与企业旗帜悬挂于同一高度等。这些不适当的位置都损害了国旗尊严。

(四)不得不适当地改变或者添加其他图案

随意改变国旗图案或者在国旗图案上添加文字、图案,将给人带来不适感,因而被禁止。例如,《美国国旗法》规定,国旗不应放在任何性质的标记、徽章、字母、文字、图形、图案或图画上面,也不得构成上述的任何部分,也不得将上述标记等添加到国旗中。《巴西国家象征法》规定,禁止更改国旗的形状、颜色、比例、徽章或添加其他文字。但在一些国家,经相关部门许可后可以在国旗及其图案上添加文字、图案。《墨西哥国徽、国旗和国歌法》规定,如获得内政部的事先授权,政府当局、机构或团体和教育机构可以在国旗上标明其名称,但前提是有助于对国家象征的崇拜。禁止在国旗上做任何其他标记。

(五)不得倒挂、倒插国旗

国旗法第十九条规定,不得倒挂、倒插或者以其他有损国旗尊严的方式升挂、使用国旗。在本书关于国旗使用规则部分,对国旗不得倒挂、倒插作了重点介绍。

三、不得用于不适当用途

国旗作为国家象征不得用于不适当用途,以免损害国旗尊严。国旗的不适当用途包括注册商标、外观设计专利、商业广告,以及日常生活用途等。其中,关于国旗不得用于注册商标、外观设计专利、商业广告等,将在下一节"国旗图案的商业使用"中解读。

---

① 1992 年 12 月 17 日,《人民日报》刊登题为《滥用》的照片及来信,反映某区三山电子电器产品经理部用国旗做商品盖布一事,某区政府办公室、法制局、经委、机电局当即组成查处小组进行了调查处理,责令其立即改正。参见胡诚本:《用国旗当盖布一事已查处》,载《人民日报》1992 年 2 月 22 日,第 5 版。

（一）不得用于日常生活用途

国旗及其图案被用于生活、工作不适当的用途，也会损害国旗的尊严，一些国家也作了专门规定。例如，《美国国旗法》规定：（1）不得将国旗用作服装、床上用品或帷幔。（2）不得将旗帜用作天花板的遮盖物。（3）不得将国旗用作接收、放置、携带或运送任何物品的容器。《巴西国家象征法》规定，不得将国旗及其图案用作帷幔、床单、桌布、讲台背景墙面，或用作将要落成的标志、肖像、展板或纪念碑的覆盖物。《新加坡国徽、国旗和国歌规则》规定，国旗及其图案不得作为任何家具、装饰、覆盖物或者容器或者其组成部分。《马来西亚国家象征（控制升挂）法》笼统规定不得侮辱国旗。2016 年 10 月 4 日，9 名澳大利亚男子在马来西亚一度假胜地观看 F1 赛事时，酒后脱衣服露出以马来西亚国旗图案设计的泳裤，当天被警方逮捕，并扣留 4 天协助调查。为了维护国旗的尊严，根据国旗法的原则和精神，不得将国旗用于日常生活用途。

（二）不得用于其他旗帜、纹章的组成部分

一些具有纹章学传统的国家往往在法律法规中明确，国旗图案不得用作其他旗帜、纹章。例如，《俄罗斯国旗法》规定，任何所有权形式的俄罗斯联邦主体、市政机关、社会团体、企业、机构和组织的旗帜不得与国旗相同。国旗不得用作任何所有权形式的地方市政机关、社会团体、企业、机构和组织旗帜的徽章基础。为了维护国旗的尊严，根据国旗法的原则和精神，不得将国旗用于其他旗帜、纹章的组成部分。

（三）不得用于欺诈

一些国家规定，国旗不得用于欺诈情形，使他人误以为使用者是国家机构及其工作人员，或者得到政府认可。例如，《法国消费法》规定，不得在商品上或者服务中使用国旗欺诈。为了维护国旗的尊严，不得将国旗用于欺诈。

四、不得用于不适当场合

在私人丧事活动中使用国旗及其图案，不严肃。为了体现国旗的严肃性和权威性，我国国旗法规定国旗及其图案不得用于私人丧事活动。但是非私人丧事活动，按照相关规定可以使用国旗。党和国家领导人，以及其他生前为国家作出卓越贡献的人士，由国家成立的治丧机构举行丧葬活动，不属于私人丧事活动，根据场合布置的需要，可以使用国旗及其图案。此外，按照《烈士安葬办法》第四条的规定，烈士骨灰盒或者灵柩应当覆盖中华人民共和国国旗。需要覆盖中国共产党党旗或者中国人民解放军军旗的,按照有关规定执行。国旗、党旗、军旗不得同时覆盖,安葬后由烈士纪念设施保护单位保存。按照2020年修改后的国旗法,下列人士逝世,举行哀悼仪式时,其遗体、灵柩或者骨灰盒可以覆盖国旗:(1)中华人民共和国主席、全国人民代表大会常务委员会委员长、国务院总理、中央军事委员会主席;中国人民政治协商会议全国委员会主席;对中华人民共和国作出杰出贡献的人;(2)烈士;(3)国家规定的其他人士。上述人士逝世时允许使用国旗,是对其生前作出的巨大贡献的褒奖,与国旗所要传达出的精神内涵是一致的。

实践中,对于私人丧事能否使用国家象征仍有一定的争议。有的认为,国旗是国家的象征和标志,为国家作出卓越贡献的人士的丧葬活动中允许使用国旗,是对其生前作出的巨大贡献的褒奖,与国旗所要传达出的精神内涵是一致的。而为了体现国旗的严肃性和权威性,国旗法规定,国旗及其图案不得用于私人丧事活动。私人丧事活动属于私人行为,在私人丧事活动中使用国旗及其图案,不严肃。而有的认为,为了表达爱国主义情感,可以允许公民使用国旗覆盖。例如,美国法律仅规定覆盖国旗的礼仪,但没有明确限定范围。为表达爱国情感一般公民逝世后也可以覆盖国旗。

国旗图案代表国家,国旗的图案也不宜随意使用,国旗法第二十条规定,国旗及其图案不得用于商标、授予专利权的外观设计和商业广告,不得用于私人丧事活动等不适宜的情形。实践中,除了国旗图案不得用于上述方式、用途、场合,也不得用于其他不适宜的情形。不适宜的情形,包括以引起反感的方式,甚至损害国旗尊严、侮辱国旗等国旗禁止使用情形。

第五节　国旗图案的商业使用

国旗不仅具有重要的爱国主义教育作用,而且具有宣传引导作用。为适应国旗使用的社会化趋势,引导社会公众合法合理使用国旗,特别是鼓励有助于爱国教育的使用情形,需要对国旗图案的商业使用认真界定。商业使用国旗、国徽图案的情形,包括商品的外观、包装、广告、知识产权用途(商标、版权、外观设计专利)等用途。各国通常对国旗、国徽图案的知识产权用途进行限制,但对于国旗、国徽图案是否能用于商品的外观、包装、广告等,情况不一。按照商业使用国旗图案是否经过批准,主要分为无须批准和需要批准两种情形。此外,也有国家直接明确部分商品可以使用国旗图案。

我国历来严格控制国旗用于商业用途。1984年中央宣传部《关于中华人民共和国国旗升挂的暂行办法》,明确国旗和国旗图案不得用作下列使用:工商业品的标记、装饰、广告、图案。如需作特殊使用,应报国务院批准。1990 年国旗法规定,国旗及其图案不得用作商标和广告。2020 年修改国旗法,进一步规定"国旗及其图案不得用作商标、授予专利权的外观设计和商业广告"。

一、国旗图案禁止使用的商业用途

(一)不得用于注册商标

商标是用以识别和区分商品或者服务来源的标志。任何能够将自然人、法人或者其他组织的商品与他人的商品区别开的标志,包括文字、图形、字母、数字、三维标志、颜色组合和声音等,以及上述要素的组合,均可以作为商标申请注册。[1] 国旗法明确规定"不得作为商标使用"是指除了禁止这些标志作为商标注册外,还禁止上述标志作为商标使用。[2] 如注册或者使用的商标与国旗、国歌、国徽相同或者相似,使得商标具有一定的欺骗性,容易使公众对商品的质量等特点或者产地产生误认,也会造成不良影响。对与上述标志有关的商标与国家尊严密切相连。因此,商标注册审查审理机构应当严格审查审理,原则上禁止上述标志的注册和使用。

商标法规定,同中华人民共和国的国家名称、国旗、国徽、国歌、军旗、军徽、军歌、勋章等相同或者近似的,以及同中央国家机关的名称、标志、所在地特定地点的名称或者标志性建筑物的名称、图形相同的标志不得作为商标使用。"不得作为商标使用"在实际商标注册申请判断中,为了维护国家尊严,应当从严掌握标准,具体而言有两层含义:一是不得与上述标志"相同或者相似",即标志整体上与国家象征相同或者相似。二是对于含有国家象征的,但整体上并不相同或者相似的标志,如果该标志作为商标注册可能损害国家尊严的,可以认定属于商标法第十条第一款第(八)项"有害于社会主义道德风尚或者有其他不良影响的"规定的情形。[3]

(二)不得用于授予专利权的外观设计

外观设计,是指对产品的整体或者局部的形状、图案或者其结合以及色彩与形状、图案的结合所作出的富有美感并适于工业应用的新设计。国旗法、国徽法修改,增加国旗、国徽不得用于专利权的外观设计,没有将发明、实用新型列入其中,主要是考虑到一般情况下,国家象征用于专利权时多是指用于外观

---

[1] 《商标审查审理指南》(2021 年版),第 157 页。
[2] 《商标审查审理指南》(2021 年版),第 173 页。
[3] 《商标审查审理指南》(2021 年版),第 174 页。

设计。为了更有针对性,国旗法、国徽法增加不得用于授予专利权的外观设计。例如,带有人民币图案的床单的外观设计,因违反中国人民银行法,不能被授予专利权。人民币图案也带有国徽图案。生活用品上使用国徽图案,不仅违反国家象征相关法律,也违反专利法、中国人民银行法等法律。

同时,考虑到一些公益物品上可能使用国家象征,为了避免一律禁止所有物品的外观设计不得使用国家象征,国旗法、国徽法修改时,专门强调的是国旗、国徽及其图案不得用于授予专利权的外观设计,而非所有的外观设计。按照《专利审查指南》(2020 年版)的规定,构成外观设计的是产品的外观设计要素或要素的结合,其中包括形状、图案或者其结合以及色彩与形状、图案的结合。

此外,根据国旗法第二十条规定,也不得将国旗图案用于注册发明、实用新型。我国专利法第二条规定,发明创造是指发明、实用新型和外观设计。发明,是指对产品、方法或者其改进所提出的新的技术方案。实用新型,是指对产品的形状、构造或者其结合所提出的适于实用的新的技术方案。根据专利法第五条第一款的规定,对违反法律、社会公德或者妨害公共利益的发明创造,不授予专利权。

（三）不得用于商业广告

商业广告是指由商品经营者或者服务提供者承担费用,通过一定媒介和形式直接或者间接地介绍自己所推销的商品或者所提供的服务的商业广告。商业广告的目的就是希望通过广告活动,让观者对广告、品牌及企业产生良好的态度、印象,让观者产生购买欲和购买行为。当国旗用于商业广告,以推广商业产品时,会损害国旗尊严,损害国家尊严。各国通常要求国旗不得用于商业广告。1990 年国旗法规定,国旗及其图案不得用于广告。广告法第九条进一步规定,广告不得使用或者变相使用国旗（该条情形仅适用于商业广告）。变相使用是指没有直接使用国旗及其图案,而是对国旗及其图案做了变形,又能明显看出国旗及其图案的全部或部分元素,从而在广告中加以使用。此外,行政法规对广告中不得使用国旗也作了规定,国务院发布的《广告管理条例》第八条规定,广告有中国国旗、国徽、国歌标志、国歌音响的,不得刊播、设置、张贴。考虑到公益广告的目的是弘扬社会主旋律、宣传正能量,不以营利为目的,可以使用国旗及其图案。2017 年制定国歌法,明确国歌不得用于商业广告。2020 年修改国旗法,明确规定国旗及其图案不得用于商业广告。

对于在广告、电影中非故意展示国旗,是否违反法律规定,1991 年香港地区临时立法会起草国旗及国徽条例草案时明确,国旗、国徽或其图案均不得展示或使用于商标或广告。"如广告、电影的背景并非蓄意展示国旗、国徽,而且证实国旗、国徽并不构成有关广告、电影的重要部分,则不会构成此等法案的条文所订的罪行。"[1]

(四)不得用于产品包装

产品包装既是为了保护产品、方便储存促进销售,也是产品个性的直接和主要传递者,是企业形象定位的直接表现。产品包装具有建立品牌认知的作用,也具有宣传产品功效。因此,为了维护国旗尊严,国旗图案不得用于商业广告,也不得用于有商业宣传性质的商品包装。1994 年,内蒙古伊利实业股份有限公司向呼和浩特市人民政府请示在产品包装上使用国旗。1994 年 6 月 8 日,呼和浩特市人民政府批复认为,国旗是中华人民共和国的象征和标志,体现着国家的尊严,国旗法对哪些场所和机构所在地应当升挂国旗作出了明确规定。为防止国旗使用不当,损害国家尊严,该法规定:"国旗及其图案不得用作商标和广告,不得用于私人丧事活动。"伊利公司为扩大产品影响,积极开拓产品市场的意图应当鼓励,但在产品的包装上使用国旗图案,违反了国旗法规定。批复具体内容如下:"一、立即终止在产品包装上用国旗图案为背景的包装设计工作。二、如有国旗图案为背景的包装材料已经印刷出厂的,务必及时与市政府取得联系,由市政府监督,在封闭的秘密场所进行销毁,以免造成不良影响。"

此外,2002 年 8 月 20 日,原国家工商行政管理总局曾发出通知禁止在商品上使用阿拉伯国家国旗标志。通知指出,近期市场上出现了一些带有阿拉伯国家国旗标志的商品。阿拉伯国家的国旗代表了穆斯林的宗教信仰,国旗上书写的"清真言"受到穆斯林的尊重,经营者在商品上使用上述标志,有损穆斯林的宗教信仰和民族感情。通知要求:一是各地工商行政管理机关要在日常工作中加强宣传和引导,禁止经营者在其商品,特别是体育产品、服装、鞋帽等日用品上使用阿拉伯国家的国旗标志。二是各地工商行政管理机关在市场检查中发现带有阿拉伯国家国旗标志的商品要坚决查禁,对其他损害穆斯林宗教信仰和民族感情的行为,一并予以查处。

二、国旗图案商业用途的例外

1990 年国旗法规定,国旗及其图案不得用作商标和广告,不得用于私人丧事活动。2020 年修改国旗法,将该条修改为:"国旗及其图案不得用作商标、授予专利权的外观设计和商业广告,不得用于私人丧事活动等不适宜的情形。"但

---

[1] 参见香港地区临时立法会:《1997 年 5 月 31 日内务委员会会议文件国旗及国徽条例草案及区旗及区徽条例草案委员会报告》,载香港特区立法会网站,https://www.legco.gov.hk/yr97-98/chinese/hc/papers/h3105322.htm。

该法没有明确规定除商标、广告之外的商业用途,包括商品的包装、外观设计等是否可以使用国旗图案。在修改国旗法时,"之所以国旗法修改时没有明确一般商品上是否可以使用国旗图案,主要是这个问题比较复杂,因为商品种类繁多,千差万别,所以法律只作了原则规定,明确国家倡导公民和组织在适宜的场合使用国旗及其图案。"[1]同时强调指出:"使用国旗图案是否适宜,还需要根据具体场合判断。既不能过多过滥,也不能以容易引起人们反感的方式使用。使用时,要让人感觉这是对国旗的尊重,没有损害国旗的尊严。"有的意见提出,明确经国家机构批准的特定商品、纪念品可以使用国旗图案。考虑到新增该规定特定商品或者纪念品申请一般属于政府内部请示事项,为避免产生新增行政审批事项的误解,同时也避免放宽商品随意使用国旗图案,国旗法修改时也没有增加相关内容。

实践中,也存在申请特许商品使用国旗图案事例。2008 年北京奥运会组织委员会、2022 年北京冬奥会和冬残奥会组织委员会分别于 2007 年、2019 年向国务院办公厅申请在本次奥运会特许商品上使用国旗图案,均获得国务院办公厅批准。两个组委会均是由党中央、国务院同意,并经中央编办批准的独立法人事业单位,是执行国家重大任务成立的临时性机构,任务完成后撤销。在一些电子商务网站上销售的部分商品中也使用了国旗图案或部分图案,如国旗挂件、饰品等,未经相关部门批准。

此外,经国务院办公厅批准,国旗图案也可以用于特定商品、物品中。2003年 11 月 7 日,《国务院办公厅关于同意发行特种邮票时使用国旗国徽图案的复函》明确规定:"同意国家邮政局在 2004 年国庆节发行的《国旗国徽》特种邮票上使用国旗和国徽标准图案。望正确使用,切实维护国旗国徽尊严。"2005 年 8 月 15 日,《国务院办公厅关于同意在国家版图意识教育宣传画上使用国旗、国徽图案的复函》明确:"同意在国家版图意识教育宣传画上使用国旗和国徽图案。宣传画张贴场所、范围等事项,请严格按照《城市市容和环境卫生管理条例》相关规定执行。"[2]

---

① 朱宁宁:《完善国家标志制度 强化爱国主义精神》,载《法治日报》2020 年 10 月 27 日,第 6 版。
② 《城市市容和环境卫生管理条例》第十七条第二款规定,单位和个人在城市建筑物、设施上张挂、张贴宣传品等,须经城市人民政府市容环境卫生行政主管部门或者其他有关部门批准。

第一节 国旗使用仪式的基本类型

一、国旗仪式的重要性

为了尊重和爱护国旗,在使用国旗的过程中演变出了通过特定程序和规则使用国旗的方式方法,主要包括升旗仪式、降旗仪式以及处置国旗的仪式等。在国旗仪式中,往往将声音(主要是国歌)和行为(包括敬礼等)相结合,营造庄重、严肃的氛围。国旗仪式在国家、政治生活中具有重要价值,主要体现在以下几方面。

一是国旗仪式是公民与国家象征性沟通的重要形式。国旗仪式指导者、参与者和所有聆听者,都在围绕国旗展开活动,而这些活动的主要意图是通过仪式性的程序,促进爱国情感以集体、规范、有序的方式表达。

二是国旗仪式是一连串行为、动作,在国旗仪式的过程中,往往伴随着奏唱国歌、向国旗致敬、宣誓等程序,在这个过程中传递出国家意识形态。整个过程已经赋予了价值信息,使这些行为不再仅仅是单纯的动作,而成为爱国的表现。

三是通过广泛开展全国统一的升旗仪式,促进公民爱国感情的抒发。通过国旗仪式,传递政治意义,表达政治情感,进而也在一定程度上维护和巩固了对国家权力所具有的合法性的认同。

国家倡导公民向象征国家的标志物进行致敬,进而体现对政权合法性的认同,使得国旗仪式成为巩固政权合法性、国家认同感的重要途径。在一些地方国旗仪式成为重要标志性景观。例如,从印度和巴基斯坦分治开始,每天晚上在瓦格赫口岸的印巴边境部队就开始了互相较劲般的口岸关闭降旗仪式。该仪式成为当地重要的爱国主义教育活动,同时也因为具有观赏性而远近闻名。

二、国旗相关仪式

作为国家的象征,国旗可以用于多种仪式场景,以国旗为主题的仪式包括升国旗仪式、下半旗仪式、覆盖国旗仪式。在政治社会生活中,还有一些国旗参与的仪式,如宪法宣誓仪式、国旗退役仪式等。

（一）宪法宣誓仪式

宪法宣誓仪式是指国家工作人员就职时依照法律规定手抚宪法公开进行宣誓的仪式。2015 年 7 月 1 日,十二届全国人大常委会第十五次会议通过了《关于实行宪法宣誓制度的决定》,明确“宣誓场所应当庄重、严肃,悬挂中华人民共和国国旗或者国徽”。2020 年修改国旗法,增加规定“举行宪法宣誓仪式时,应当在宣誓场所悬挂国旗”。无论是全国人大常委会,还是国务院、国家监察委员会、最高人民法院、最高人民检察院举行的宪法宣誓仪式中,在宪法宣誓场所都会悬挂国旗。宪法宣誓场所悬挂国旗,有助于增加宪法宣誓仪式的庄重性、严肃性。

此外,一些国家建立了专门的与国旗相关的宣誓仪式,如美国目前的国旗效忠宣誓仪式,其誓词是:“我谨宣誓效忠美利坚合众国国旗及效忠所代表之共和国,上帝之下的国度,不可分裂,自由平等全民皆享。”

（二）成人仪式

成人仪式是指青少年达到成人年龄时举行的象征迈向成人阶段的仪式。1994 年,中共中央印发《爱国主义教育实施纲要》要求:“提倡各地组织年满十八周岁的公民举行对国旗宣誓的成人仪式。”2018 年,共青团中央《关于印发〈全国中学生 18 岁成人仪式规范（试行）〉的通知》,进一步细化明确了对国旗宣誓的成人仪式。成人仪式以学校团组织为主组织实施。成人仪式的参加者是普通中学、中等职业学校（含技工学校）即将或刚刚年满 18 周岁的适龄学生。可根据情况覆盖高三年级的全体学生。现场须悬挂国旗,布置“成人门”,营造庄重严肃的氛围。成人仪式的主要程序包括:一是升国旗、奏唱国歌;二是学习习近平总书记对青年的寄语;三是师长、家长代表致辞等;四是参加学生面向国旗庄严宣誓。宣誓人员宣誓时举起右手。宣誓词内容是:“我是中华人民共和国公民。我将遵守宪法和法律,拥护中国共产党的领导,正确行使权利,忠实履行义务,弘扬社会道德,爱国、励志、求真、力行,做有理想、有本领、有担当的好青年,努力成为中国特色社会主义合格建设者和可靠接班人。”在中学生从未成年向成年转变的关键时期,通过举行对国旗宣誓的成人仪式,将从激发广大中学生内心深处的爱国主义情感、社会责任感,引导和帮助广大中学生树立正确的世界观、人生观、价值观,增强公民意识、宪法和法律意识、责任意识。

（三）国旗退役仪式

国旗象征国家,当国旗不适宜继续使用时需要妥善对待,因此产生了特定的处置国旗仪式,很多国家称之为国旗退役仪式。例如,《巴西国家象征法》第三十二条规定,损坏的国旗应在 11 月 19 日国旗日移交给任何军事单位,以特定的礼仪程序焚烧。巴西国防部《荣誉、敬礼、尊重和军事礼仪规章》第一百六十二条规定了该特定程序:(1)将损坏旗帜放在将要举行"国旗日"升旗仪式旗杆附近的柴堆或金属容器中,在中午前集结部队举行升旗仪式,然后为将要焚烧的国旗浸泡酒精。(2)军事指挥官宣读国旗日的命令,明确国旗日及其仪式的意义。(3)宣读后,由该部队最年长成员和最优秀成员点燃国旗。(4)国旗焚烧伴随着《国旗歌》的演唱而进行。在海军中,奏唱《国旗歌》之前先鸣放 21 响礼炮。国旗焚烧后放在盒子中,埋在军事哨所的适当位置。在船舶上举行该礼仪程序的,将其丢入海中。有的国家没有明确国旗处置仪式,但是要求处置不再使用的国旗,如《韩国国旗法》中规定,举行大型集会活动使用手持国旗的,举办方应以适当的方式对待国旗,以阻止参加者肆无忌惮地丢弃国旗。《韩国国旗悬挂、管理规则》规定,地方政府在民政信访室和社区中心安装国旗收集箱,以使当地居民能够便捷地处置受污损或损坏的国旗。为了确保我国国旗的规范性、严肃性,2020 年修改国旗法,增加规定,不得随意丢弃国旗。破损、污损、褪色或者不合规格的国旗应当按照国家有关规定收回、处置。目前,我国没有规定国旗退役的相关仪式,但建立了专门的国旗收回制度。

第二节　升国旗仪式

升国旗代表对国家的尊重和热爱。第二次世界大战后,伴随着民族解放运动,新成立的国家确立国旗后,为培养本民族爱国主义,纷纷确立了升国旗仪式,并在教育机构广泛推广升国旗仪式,要求所有学生必须参加。与日常升挂国旗不同,升旗仪式是专门为了升国旗举行的遵循一定程序和礼仪要求的特定典礼仪式。我国改革开放后,在全国各地一些学校里,就开始建立升降国旗制度,到国旗法颁布前,中小学已经比较普遍地建立起升降国旗制度。

一、升国旗仪式的程序

升旗仪式的流程通常包括出旗、奏唱国歌、升旗等环节。国旗法通过后,原国家教委于 1990 年 8 月 24 日制定的《关于施行〈中华人民共和国国旗法〉严格中小学升降国旗制度的通知》明确规定,举行升旗仪式时,在校的全体师生参加,整齐列队,面向国旗,肃立致敬。升旗仪式程序是:(1)出旗(旗手持旗,持旗方式可因地制宜。护旗在旗手两侧,齐步走向旗杆,在场的全体师生立正站立）。（2）升旗（奏国歌，全体师生行注目礼，少先队员行队礼）。（3）唱国歌。（4）国旗下讲话（由校长或其他教师、劳动模范、先进人物等作简短而有教育意义的讲话）。内蒙古自治区、长沙市等地国旗升挂使用管理规定均规定，举行升挂国旗仪式时，由 1 人掌旗，2 人护旗，庄重地步向旗杆。

例如具体出旗和升旗的动作规范，可参考中国人民解放军队列条例的规定：国旗由一名掌旗员掌持，两名护旗兵护旗，护旗兵位于掌旗员两侧。掌旗员和护旗兵应当具备良好的军政素质和魁梧匀称的体形。掌持国旗的姿势为扛旗。扛旗要领：右手将旗扛于右肩，旗杆套稍高于肩，右臂伸直，右手掌心向下握旗杆，左手放下。听到"齐步——走"的口令，开始行进。升旗时，掌旗员将旗交给护旗兵，由两名护旗兵协力将国旗套（挂）在旗杆绳上并系紧，掌旗员将国旗抛展开的同时，由护旗兵协力将旗升至旗杆顶。

二、升国旗仪式的具体要求

（一）关于在场人员

1990 年国旗法第十三条规定，举行升旗仪式时，在国旗升起的过程中，参加者应当面向国旗肃立致敬，并可以奏国歌或者唱国歌。在 2020 年国旗法修改审议过程中，有意见提出，升旗仪式不仅涉及参加者，也涉及周边行人。周边行人虽然未参加升旗仪式，但升国旗地点附近，周围人有喧哗、行走等行为也不严肃，所以附近的人也当止步，肃立面向国旗行注目礼。一些规范性文件对途经升旗地点的人员作了要求。例如，《中国气象局升挂使用国旗管理办法》规定，升旗过程中，护旗人员以及途经升旗地点的人员应当肃立致敬，面向国旗行注目礼。但为了体现对升旗仪式的尊重，可以考虑对周边行人的行为作出规范，并参照国歌法第七条的规定："奏唱国歌时，在场人员应当肃立，举止庄重，不得有不尊重国歌的行为。"国旗法修改后将"参加者"修改为"在场人员"。

（二）关于肃立

升国旗仪式是非常神圣庄重的场合，不得嬉笑打闹、随意走动。我国国旗法规定在场人员应当遵守的礼仪是面向国旗，同时肃立致敬。面向国旗是表示对国旗的尊重，肃立是指恭敬严肃地站立。

（三）关于敬礼

敬礼对于一般公众而言，就是行注目礼，要求身体直立，眼睛注视目标。对于军人和其他着制式服装的人员，以及少先队员，则有不同的致敬要求。例如

《中国人民解放军队列条令(试行)》第六十九条明确,升国旗仪式时,听到"向国旗——敬礼——"的口令后,在场军人行举手礼(不便于行举手礼的,行注目礼),注视国旗上升至旗杆顶;国歌毕,听到"礼毕"的口令后,全体人员礼毕。原国家教委《关于施行〈中华人民共和国国旗法〉严格中小学升降国旗制度的通知》规定,升旗时少先队员行队礼。

(四)关于奏唱国歌

1990年国旗法规定,举行升旗仪式"并可以奏国歌或者唱国歌"。2017年国歌法第四条规定升国旗仪式应当奏唱国歌。2020年我国修改国旗法,明确规定"举行升旗仪式时,应当奏唱国歌"。在举行升旗仪式时,应当奏唱国歌,但是可以根据实际情况选择奏国歌或者唱国歌或者同时演奏、演唱国歌。例如,在各地举行人民代表大会开幕式时,现场播放国歌或者演奏国歌,同时在场人员还需要唱国歌。2017年庆祝中国人民解放军建军90周年在内蒙古朱日和阅兵前的升旗仪式,则是同时奏唱国歌。

三、天安门升国旗仪式

1949年10月1日,毛泽东主席在天安门广场宣告中华人民共和国的诞生,亲自按电钮升起第一面五星红旗。1949年至1977年分别由北京公安、北京电力局相关同志负责升旗。1977年底开始由北京卫戍区两名战士担负升国旗。1982年12月,北京武警总队担负天安门广场升挂国旗,开始组建"天安门国旗班",开始建立我国第一套升挂国旗的仪式。[①] 1990年10月1日国旗法实施后,1991年武警北京总队专门成立"天安门国旗护卫队",并于1991年5月1日起实行新的升降国旗仪式。自2018年1月1日起,天安门广场升旗仪式采取新的仪式,伴随"天安门国旗护卫队"由武警部队转隶到解放军,由人民解放军担负国旗升旗仪式。

1990年国旗法第五条规定,北京天安门广场应当每日升挂国旗。天安门广场是我国重要政治场所,发生了五四运动、一二·九运动、五二〇运动等,记载了中国人民不屈不挠的革命精神和大无畏的英雄气概,具有重要的国家象征意义。天安门广场每日升旗,是我国重要的升旗仪式,象征着国家和民族的精神,是进行爱国主义教育的重要场所。2020年修改国旗法进一步明确规定,北京天安门广场每日举行升旗仪式,具有重要法律、政治意义,首次赋予北京天安门广场升旗

① 哈战荣:《新中国成立以来天安门升旗仪式的历史演进及其规整化研究》,载《世纪桥》2019年第3期,第22—27页。

仪式的法律地位,同时明确了北京天安门广场升旗仪式的重要政治地位。

四、学校升国旗仪式

升旗仪式要求在场人员遵循相应的礼仪,在国歌声中注视国旗冉冉升起,在庄重的氛围中进行爱国主义教育,具有很好的效果。1990 年国旗法规定,全日制中学小学,除假期外,每周举行一次升旗仪式。对于中小学作了专门要求,将升旗仪式作为每周必须进行的固定程序,通过反复参加升旗仪式,强化青少年的国家观念和国家意识。

法律要求每周举行一次升旗仪式,没有规定具体时间。原国家教委《关于施行〈中华人民共和国国旗法〉严格中小学升降国旗制度的通知》对此作了进一步规定,要求除了寒暑假和恶劣天气以外,每周星期一早晨举行升旗仪式。除了国歌法明确规定的要求外,1994 年中共中央印发的《爱国主义教育实施纲要》进一步规定,学校在开学典礼、毕业典礼、运动会等大型集体活动中提倡举行庄严、隆重的升旗仪式。

2020 年修改国旗法,将"全日制中学小学"修改为"学校",规定"学校除假期外,每周举行一次升旗仪式",扩大了每周举行升旗仪式的范围。其主要原因:一是目前,我国只有高等教育法规定了高等教育采用全日制和非全日制教育形式。中学小学已经均为全日制学校。二是按照高等教育法,高等学校包括大学和其他教育机构。目前高等学校普遍成立了升旗队,并且每周举行升旗仪式。为加强高等学校爱国主义教育,规定高等学校每周举行一次升旗仪式具有重要意义。需要指出的是,高等学校每周举行一次升旗仪式不需要高校全体学生参加,高校人数较多,没有足够场地容纳;每周举行升旗仪式时部分学生参加也是符合法律要求的。

此外,有的地方政府规章中,对当地比较重要的广场举行升旗仪式的时间作了具体规定。例如,《呼和浩特市新华广场国旗升挂管理规定》要求凡在新华广场进行的全市性庆祝活动、纪念活动及大型文体活动,根据情况可举行升挂国旗仪式。《南宁市广场升挂国旗管理办法》规定,民族广场在国庆节、国际劳动节、元旦和春节等重要节日组织举行升挂国旗仪式。

第三节　下半旗仪式

下半旗是当今世界上通行的一种志哀方式。在重要人物去世、群体性伤亡或者法律规定的哀悼日,在公共建筑物升挂的国旗需要下半旗。下半旗制度的价值是多重的,下半旗成为代表国家的象征,表明向特定公民、集体表示尊崇、敬意、缅怀、致谢的态度,彰显了对个人生命价值的尊重,有助于凝聚人心、攻克难关,也有助于树立国家、政府的良好形象。

一、下半旗制度的历史沿革

1949 年 9 月,中国人民政治协商会议第一届全体会议确定中华人民共和国国旗为五星红旗。1950 年政务院起草了《中华人民共和国国旗悬挂办法(草案)》,其中规定,"遇有应升半旗时须先升至旗杆之顶,然后降落,降落后旗杆至杆顶的距离等于旗杆全长的十分之一。降半旗时亦须先升至旗杆之顶,然后降下"。草案报毛泽东主席后,毛主席批示"缓办",故未公布。后来各方面多次向中央人民政府委员会办公厅请示国旗悬挂办法的相关问题,中央人民政府委员会办公厅回复时多次抄送该草案,并明确"草案尚未批准公布,仅供参考"。1984 年《中央宣传部关于中华人民共和国国旗升挂的暂行办法》中曾对下半旗作了原则规定,规定"遇有国家重大丧事,由国家通告降半旗时,须先升至旗杆之顶,然后降落,降落后旗顶至杆顶的距离等于旗杆全长的三分之一"。上述规定没有对下半旗的情形范围作出明确规定。

1990 年 6 月 28 日,七届全国人大常委会第十四次会议通过国旗法,对于下半旗的情形作了具体规定。1990 年国旗法第十四条第一款规定,下列人士逝世,下半旗志哀:(1)中华人民共和国主席、全国人民代表大会常务委员会委员长、国务院总理、中央军事委员会主席;(2)中国人民政治协商会议全国委员会主席;(3)对中华人民共和国作出杰出贡献的人;(4)对世界和平或者人类进步事业作出杰出贡献的人。第二款规定,发生特别重大伤亡的不幸事件或者严重自然灾害造成重大伤亡时,可以下半旗志哀。第三款规定,依照本条第一款第(三)项、第(四)项和第二款的规定下半旗,由国务院决定。第四款规定,依照本条规定下半旗的日期和场所,由国家成立的治丧机构或者国务院决定。

1991 年 4 月 15 日,外交部根据国旗法制定颁布《中华人民共和国外交部关于涉外升挂和使用国旗的规定》,其中第十条规定,遇中国由国家成立的治丧机构或国务院决定全国下半旗志哀日,外国常驻中国的机构和外国投资企业,凡当日挂旗者,应该降半旗。第十一条规定,中国派驻外国的外交代表机关和领事机关遇下列情况降半旗:(1)中华人民共和国主席、全国人民代表大会常务委员会委员长、国务院总理、中央军事委员会主席逝世;中国国内发生特别重大伤亡的不幸事件或者严重自然灾害造成重大伤亡,国务院决定降半旗;中国外交部通知降半旗。(2)驻在国国家元首和政府首脑逝世,可以根据驻在国的规定降半旗;在驻在国因发生严重自然灾害造成重大伤亡决定降半旗志哀时,可以降半旗。其他驻外机构，凡平日挂旗者，参照上述规定降半旗。1991 年 10 月 10 日，原交通部颁布的《船舶升挂国旗管理办法》第十三条、第十四条规定，遇有国旗法第十四条规定的情形时，港务监督机构应通知或通过船舶代理人、所有人通知船舶下半旗。除前款规定的情况外，船舶非经批准不得将中国国旗下半旗。外国籍船舶根据船旗国的规定需将船旗国国旗下半旗的，应向港务监督机构报告。

2014 年 2 月 27 日，十二届全国人大常委会第七次会议作出决定，每年 12 月 13 日国家举行公祭活动，悼念南京大屠杀死难者和所有在日本帝国主义侵华战争期间惨遭日本侵略者杀戮的死难者。为做好公祭活动，国务院批复，自 2014 年起，每年 12 月 13 日在南京大屠杀死难者国家公祭仪式主会场下半旗。

二、下半旗的对象范围

(一)重要伤亡下半旗

出现重大人员伤亡时，各国普遍下半旗予以志哀。有的国家规定可以下半旗的范围非常具体，如美国、加拿大、印度等国家；一些国家规定得则比较简略，如《新加坡国徽、国旗和国歌法》规定，重要人物逝世或者哀悼影响国家的事件时可下半旗；还有很多国家没有规定下半旗的具体对象，规定举行国葬或者纪念日下半旗，如德国、韩国。

1990 年国旗法规定，发生特别重大伤亡的不幸事件或者严重自然灾害造成重大伤亡时，可以下半旗志哀。国旗法实施以来，因为重大灾难或事故下半旗志哀对象包括：1999 年南联盟大使馆被炸"五八事件"遇难中国记者、2008 年汶川大地震遇难者、2010 年海地地震遇难中国警察、2010 年玉树地震遇难者、2010 年甘肃舟曲特大泥石流遇难者、2010 年香港旅行团在马尼拉被劫持事件遇难者、2012 年香港南丫岛撞船事故遇难者、2018 年香港大巴侧翻遇难者。此外，从 2014 年起，每年 12 月 13 日南京大屠杀死难者国家公祭日，在侵华日军南京大屠杀遇难同胞纪念馆前举行下半旗仪式。

2019 年 4 月 4 日，经四川省政府请示，国务院批准，凉山州西昌市、木里县下半旗，向在扑救木里森林火灾中牺牲的 30 位英雄志哀。为表达全国各族人民对抗击新冠肺炎疫情斗争牺牲烈士和逝世同胞的深切哀悼，国务院决定，2020 年 4 月 4 日举行全国性哀悼活动。在此期间，全国和驻外使领馆下半旗志哀，全国停止公共娱乐活动。4 月 4 日 10 时起，全国人民默哀 3 分钟，汽车、火车、舰船鸣笛，防空警报鸣响。根据实践发展情况，2020 年国旗法修改，将"发生特别重大伤亡的不幸事件或者严重自然灾害造成重大伤亡时，可以下半旗志哀"

修改为"举行国家公祭仪式或者发生严重自然灾害、突发公共卫生事件以及其他不幸事件造成特别重大伤亡的,可以在全国范围内下半旗志哀,也可以在部分地区或者特定场所下半旗志哀"。此次修改进一步细化明确了造成特别重大伤亡的情形,增加了突发公共卫生事件,明确可以在部分地区或者特定场所下半旗。

(二)重要人物逝世下半旗

由于国旗象征国家,下半旗属于具有重要政治影响的仪式,各国一般严格限定下半旗的范围,通常为曾任或者在任的国家领导人、作出重要贡献的人士等。我国国旗法第十五条中规定,下列人士逝世,下半旗志哀:(1)中华人民共和国主席、全国人民代表大会常务委员会委员长、国务院总理、中央军事委员会主席;(2)中国人民政治协商会议全国委员会主席;(3)对中华人民共和国作出杰出贡献的人;(4)对世界和平或者人类进步事业作出杰出贡献的人。

据统计,新中国成立至 2022 年 12 月底,为党和国家领导人逝世全国下半旗 34 次,外国领导人逝世下半旗 17 次。

1. 党和国家领导人逝世下半旗

在国旗法通过前,关于何种情况下下半旗并无明确法律规定。实践中,党和国家领导人逝世或者举行追悼会时下半旗志哀共 20 次,包括任弼时、罗荣桓、谢富治、何香凝、邓子恢、李富春、董必武、康生、周恩来、朱德、毛泽东、郭沫若、罗瑞卿、苏振华、刘少奇、宋庆龄、廖承志、刘伯承、叶剑英和胡耀邦。

1990 年国旗法颁布后至 2022 年 12 月底,因党和国家领导人逝世共下半旗 14 次,包括徐向前、聂荣臻、李先念、邓颖超、王震、姚依林、陈云、邓小平、彭真、杨尚昆、乔石、万里、李鹏、江泽民。上述领导人中,除李先念同志为在任全国政协主席时逝世,其他党和国家领导人逝世时均已卸任领导职务。

2. 外国领导人逝世下半旗

根据《人民日报》统计,在 1990 年国旗法通过前,为外国领导人下半旗共 15 次,频率较高,包括:苏共中央总书记斯大林(1953 年)、捷克斯洛伐克总统克莱门特·哥特瓦尔德(1953 年)、蒙古国家大呼拉尔主席团主席冈奇金·布曼增迪(1953 年)、斯大林逝世一周年悬挂半旗纪念(1954 年)、波兰统一工人党中央委员会第一书记贝鲁特(1956 年)、捷克斯洛伐克总统安托宁·萨波托斯基(1957 年)、罗马尼亚大国民议会主席团主席彼特鲁·格罗查(1958 年)、保加利亚国民议会主席团主席格奥尔基·达米扬诺夫(1958 年)、德意志民主共和国总统威廉·皮克(1960 年)、刚果民主共和国首任总理帕特里斯·卢蒙巴(1961 年)、罗马尼亚部长会议主席、国务委员会主席格奥尔基·乔治乌－德治(1965 年)、索马里共和国总统舍马克(1969 年)、越南劳动党中央委员会主席暨越南民主共和国主席胡志明(1969 年)、法兰西第五共和国总统戴高乐(1970 年)、南斯拉夫总统铁托(1980年)。

1990年国旗法实施以后,为外国领导人下半旗2次,包括朝鲜国家主席金日成(1994年)和柬埔寨西哈努克亲王(2012年)。

在1969年之前,我国为外国领导人(主要是社会主义阵营国家领导人)下半旗频率高,下半旗地点绝大多数为"我国各地下半旗",即"全国各省、自治区、直辖市人民委员会和各省辖市人民委员会所在地的机关、部队、厂矿、企业、学校、人民团体和停泊在港口内的我国轮船"。1969年后下半旗的频率明显降低,其地点范围也不再是"全国各地",而主要为天安门广场、国务院所在地新华门前和外交部。

(三)重要纪念日下半旗

一些国家规定在国家哀悼日及相关纪念日下半旗,如《韩国国旗法》规定,在国家哀悼日,如阵亡将士纪念日和举行国葬的哀悼日下半旗。《德国联邦建筑物升挂国旗规定》则明确,在纳粹遇难者纪念日、阵亡将士纪念日、联邦总统确定的国家哀悼日下半旗。在我国,从2014年起,每年12月31日南京大屠杀死难者国家公祭日,在侵华日军南京大屠杀遇难同胞纪念馆前举行下半旗仪式。根据实践发展情况,2020年国旗法修改,增加规定举行国家公祭仪式,可以下半旗志哀。

(四)个人逝世下半旗

对于一般公民是否下半旗有争议。例如,《美国国旗法》关于下半旗的对象并未涉及一般公民。实践中,也没有联邦限制性规定或者法院判决限制个人将自己的国旗下半旗。实践中民众为任何非政府的公民降半旗并不需要得到政府的授权。只有在政府或公共设施范围内国旗法才应被遵循。地方机构、普通公民和企业团体可以自行决定是否将其升挂的国旗降一半。例如,美国苹果公司联合创始人史蒂夫·乔布斯离世后,美国苹果公司就曾下半旗志哀。有观点认为,应该扩大下半旗范围,为更多有贡献的一般公民的逝世下半旗,有的观点认为,下半旗的范围越小越好,这样有利于维护下半旗的权威性。实际上,升挂国旗的场所、地点主要是国家机构所在地以及具有政治意义的场所,普通公民逝世时在国家机构所在地下半旗,不必要也不妥当。

三、下半旗的批准程序

明确下半旗的人员范围、决定程序是为了防止下半旗仪式的随意性,消解其礼仪本身的重要性、权威性。下半旗的人员范围与决定程序密切相关,很多国家的法律中规定,下半旗的人员范围由国家元首、政府首脑或者相关行政机关确定。有些国家还赋予地方行政首长在本地区可以决定下半旗的人员范围,如美国、印度。通常情况下,各国下半旗的对象包括:现任或者卸任国家元首、政府首脑;王室成员;造成重大伤亡的重大灾难;国外的国家元首、政府首脑。

按照我国国旗法的规定,对中华人民共和国作出杰出贡献的人、对世界和平或者人类进步事业作出杰出贡献的人以及特别重大伤亡的下半旗,由国务院有关部门或者省、自治区、直辖市人民政府报国务院决定。有的提出,授权地方人民政府和一定级别的军事单位可以对其管辖范围内相关情况作出下半旗决定。考虑到下半旗在我国的庄重性,可以由国务院有关部门或者省、自治区、直辖市人民政府提出申请,由中央人民政府国务院确定下半旗更为合适。

按照国旗法的规定,中华人民共和国主席、全国人大常委会委员长、国务院总理、中央军事委员会主席、全国政协主席逝世后下半旗,属于法律直接规定的情形,不需要再由国务院决定下半旗。除此以外,对中华人民共和国作出杰出贡献的人、对世界和平或者人类进步事业作出杰出贡献的人逝世,以及发生特别重大伤亡的不幸事件或者严重自然灾害造成重大伤亡时下半旗,都需要由国务院决定。同时,不论是哪一种情形下半旗,都需要由国家成立的治丧机构或者国务院决定具体下半旗的日期和场所。

由国家成立的治丧机构决定的情况主要适用于国家领导人逝世。例如,1997年邓小平同志逝世后国家成立了邓小平同志治丧委员会。1997年2月19日,邓小平同志治丧委员会公告(第一号)规定:“自《告全党全军全国各族人民书》发布之日起到邓小平同志追悼大会举行之日止,首都天安门、新华门、人民大会堂、外交部和我驻外使领馆、新华社香港分社、新华社澳门分社下半旗志哀!”1997年2月20日,邓小平同志治丧委员会公告(第二号)规定:“2月25日,全国党政军机关,各边境口岸、海、空港口,企业、事业、学校等单位,我驻外使领馆、新华社香港分社、新华社澳门分社下半旗志哀。”

由国务院决定的情形相对更多,包括:(1)由国务院直接发布公告,如2008年汶川大地震后,国务院决定2008年5月19日至21日为全国哀悼日,在此期间,全国和各驻外机构下半旗志哀。(2)由某个地方或者部门上报国务院后,由国务院批准,如2010年香港特别行政区为向菲律宾人质劫持事件中遇难的香港同胞志哀,是由香港特区政府接到国务院通知后发布公告。2019年4月4日四川省凉山州西昌市木里县下半旗,向在扑救木里森林火灾中牺牲的30位英雄志哀。此次下半旗经四川省政府请示,国务院批准决定。

四、下半旗的具体时间、地点

通常情况下,下半旗时间的长短、地点范围大小,通常取决于事件的重要程度或者受尊敬的已故国家官员或者重要贡献人士的级别。很多国家在法律法规中规定根据人员的不同职位确立不同的下半旗时间和地点。通常职位越高，下半旗持续的时间越长、地点越广；一般人员则是逝世当天和葬礼当天下半旗。还有一些国家规定在纪念特定事件或人物的节日必须下半旗。《德国联邦建筑物升挂国旗规定》明确，在所有联邦政府机构、组织以及联邦国防军、边防卫队的建筑及其办公室在纪念纳粹受害者纪念日、阵亡将士纪念日应下半旗。加拿大下半旗规则还专门规定，以下特殊纪念日当天从日出到日落所有联邦建筑物和公共机构必须下半旗：工人哀悼日、国家恐怖主义受害者纪念日、消防员牺牲纪念日、警察和安全官员牺牲纪念日、国家纪念日、暴力侵害妇女行为日。

关于下半旗的地点，按照国旗法的规定，由国家成立的治丧机构或者国务院决定。近年来形成了一定的惯例，国家领导人逝世的下半旗的地点包括：北京天安门、新华门、人民大会堂、外交部，各省、自治区、直辖市党委、政府所在地，香港特别行政区、澳门特别行政区，各边境口岸，对外海空港口，中国驻外使领馆。国外领导人下半旗地点为天安门广场、新华门、外交部。国内重大自然灾害的下半旗地点为全国和驻外机构。香港重大事故的下半旗地点为香港特区政府及中央驻港机构。海地地震中国警察遇难的下半旗地点为中国常驻联合国代表团、公安部。

依照国旗法第十五条的规定，下半旗的日期和场所，由国家成立的治丧机构或者国务院决定。每次下半旗志哀的具体地点范围并不确定：（1）党和国家领导人逝世，一般在天安门、新华门、人民大会堂，外交部，各省、自治区、直辖市党委、政府所在地，香港特别行政区、澳门特别行政区，各边境口岸、对外海空港口，中国驻外使领馆下半旗。（2）外国领导人逝世或悼念在境外遇难（1999 年南联盟大使馆被炸牺牲的三名记者）烈士等，一般在天安门、新华门、外交部等特定场所下半旗。（3）发生特别重大伤亡的不幸事件或者严重自然灾害造成重大伤亡时，在全国和驻外机构下半旗。（4）个别地区出现重大伤亡时在所在相关地下半旗，如 2010 年、2012 年、2018 年涉及香港遇难者的三次下半旗地点均在香港特区。

根据实践的不同情形，下半旗志哀的时间既包括具体某一天，如 2010 年 4 月 21 日为玉树地震遇难者下半旗、2010 年 8 月 15 日为甘肃舟曲县特大泥石流遇难者下半旗，也可以包括一段时间，如 2008 年 5 月 19 日至 21 日为悼念汶川地震遇难者下半旗。

五、下半旗的特定仪式

由于风俗习惯不同，一些国家还结合本国文化规定了特殊的下半旗礼仪。

在很多国家,下半旗作为哀悼时,往往在国旗旁固定一条或者两条黑色旗条,如德国、意大利、俄罗斯、印度、哥伦比亚。《俄罗斯国旗法》规定,在国家哀悼日,在俄罗斯联邦国旗旗杆上端固定与国旗旗面等长的黑色绸带,升挂于立式旗杆(落地旗杆)的国旗降至立式旗杆(落地旗杆)一半处。《印度国旗法》规定,在游行或者行进过程中举行哀悼,国旗悬挂时,两个黑色旗条应固定在旗杆顶部,同时允许旗条自然下垂。以此方式使用黑色旗条仅适用于政府法令规定的情形。

1950 年 8 月,政务院审议的《中华人民共和国国旗悬挂办法(草案)》中规定,遇有应升半旗时须先升至旗杆之顶,然后降落,降落后旗杆至杆顶的距离等于旗杆全长的 1/10。降半旗时亦先升至旗杆之顶,然后降下。我国在实践中形成了降至旗顶与杆顶之间的距离为旗杆全长的 1/3 处,在 1990 年制定国旗法,在法律中对此进行了明确,明确为下半旗为旗杆的 1/3 处。

六、国旗和其他旗帜下半旗的处理规则

在下半旗实践中,还可能出现一些特殊情况,需要特殊对待。

(一)下半旗时遇到应当升国旗时如何处理

在特殊情况下,应当下半旗时,也会出现需要升挂、使用国旗的情况。新中国成立初期曾处理过类似问题。1960 年 9 月 9 日,北京市人民委员会根据国务院指示,特作如下通知:(1)几内亚共和国总统塞古·杜尔于 9 月 10 日来我国进行友好访问,从 10 日上午到下午 4 时前,首都各机关、部队、厂矿、企业、学校、人民团体一律悬挂国旗,表示热烈欢迎。(2)德意志民主共和国总统威廉·皮克同志于 9 月 10 日殡葬,在 10 日下午 4 时后,首都各机关、部队、厂矿、企业、学校、人民团体,一律下半旗志哀。①

此外,一些国家规定了下半旗的例外情形。有一些国家规定在特定节日必须下半旗,但是有些节日是不固定的,如果同时遇到喜庆的节日或事件时则不下半旗,如国庆日、独立日,以及新国王登基、外国元首或政府首脑访问等。《美国国旗法》规定,在和平纪念日下半旗,但当天是军人节除外。《加拿大下半旗规则》规定:(1)根据本规则下半旗的日期,但以下法定日期:维多利亚日(庆祝维多利亚女王诞辰)和国庆节除外。(2)根据本规则在位于议会的和平塔下半旗,但外国元首或者政府首脑访问议会时例外。(3)君主、现任总督或现任总理逝世下半旗的,(1)(2)项不再适用,但新国王登基日则不下半旗。《印度国旗

---

① 《北京市人委就今日悬挂国旗办法发出通知》,载《人民日报》1960 年 9 月 10 日,第 1 版。

法》规定,当下半旗日与下列时间重合,如国庆日、独立日、甘地诞辰日、国家纪念周(自 4 月 6 日至 13 日纪念阿姆利则大屠杀遇难者),以及其他印度政府明确的国家特定庆祝日,或者邦已经形成的周年特定事件日,国旗不得下半旗。但逝世者遗体所在建筑物可以下半旗,遗体一旦离开所在建筑物,国旗应立即正常升起,升挂至旗杆顶部。

（二）下半旗时,其他旗帜如何处理

一些国家规定了国旗下半旗与其他旗帜下半旗的处理规则。《加拿大下半旗规则》规定,当省或者地区的官方旗帜非因本规则确定的原因下半旗时,所在省、地区的国旗在同样的范围、同样的时间也下半旗,但如果是多伦多省的省旗下半旗,位于国会的和平塔不下半旗。在上述情况下,涉及的省、地区必须将本地区下省、地区旗的原因、范围和持续时间向加拿大政府文化遗产部通报,国旗才能与地方旗同时下半旗。《葡萄牙国旗使用办法》规定,当举行国家哀悼或者地方哀悼,国旗下半旗时,其他任何旗帜也应下半旗。

第四节　国旗覆盖仪式

一、国旗覆盖仪式概况

国旗是国家的象征和标志。出现重要人物、特定人物、作出突出贡献人物逝世后,在其灵柩上覆盖国旗,是国家机关、社会各界人士寄托哀思、表达崇高敬意和缅怀之情的重要方式。同时,在庄严、肃穆的葬礼或者追悼会等仪式上使用国旗覆盖遗体、灵柩骨灰盒,是宣传逝世人员事迹、抚慰逝世人士遗属、弘扬逝世人士精神的有效时机和形式。国旗覆盖遗体、灵柩、骨灰盒的习俗,据传源于军事葬礼。在 18 世纪末和 19 世纪初的拿破仑战争期间,当时用旗帜盖住从战场上运回来的装有死者遗体的灵柩。[①]

很多国家在国家元首、政府首脑以及军人去世后,举行葬礼时在其遗体或者灵柩上覆盖国旗,如美国、俄罗斯、英国、法国、西班牙、澳大利亚、加拿大、新西兰、巴西、韩国、印度、墨西哥、哥伦比亚等。但也有一些国家没有这种做法,如日本、德国、波兰、沙特阿拉伯等。在日本,天皇、王室成员以及首相去世后,灵柩不覆盖旗帜,但有的首相去世时灵柩上方摆放国旗。在德国,总统去世后,

---

① 　John D. Banusiewicz, *Customs of Military Funerals Reflect History*, *Tradition*, See: U. S. Department of Defense website, https://archive. defense. gov/news/newsarticle. aspx? id = 26292.

覆盖其灵柩的是印有国徽的旗帜;军人去世后,其灵柩覆盖军旗。在波兰,总统去世时覆盖的是印有国徽图案的旗帜。在沙特阿拉伯,因该国崇尚简单葬礼文化,国王去世时仅身裹白布下葬。

有一些国家的法律对覆盖国旗的对象范围、礼仪等作出具体规定,如美国、韩国、印度。有的国家虽然法律没有规定,但相关政府部门制定了相关规范性文件,如加拿大、澳大利亚、新西兰等。通过法律明确规定的方式将能更进一步地褒扬逝世人士的功绩,教育启迪后人。

二、国旗覆盖仪式的基本制度

(一)国旗覆盖的范围

一些国家的国旗相关法规定了可以覆盖国旗的范围。如印度法律对可以覆盖国旗的葬礼范围作出规定,没有明确具体人员。《印度国旗法》第三章中规定,国葬、军队葬礼、中央准军事力量葬礼的棺架或者灵柩可以覆盖国旗。实践过程中,具体人员范围由印度政府根据逝者的身份地位进行确定,既有政治性人物,也有著名社会人士。类似的还有,《哥伦比亚国徽、国旗和国歌法》第十条规定,国旗可覆盖在国家机构、教会和军事机构人员,以及公认知名人士的灵柩上。

也有很多国家法律中对可以覆盖国旗的人员范围没有明确规定,实践中往往是国家元首、政府首脑、军人以及因公遇难的警察等。例如,根据美国相关军人的规定,任何战争的退伍军人或任何在 1955 年之后光荣服役的人都可以由美国政府免费提供葬礼。逝世的美国现役军人、退役军人,其灵柩一般覆盖国旗。实践中,政府官员去世时的灵柩常常覆盖国旗,如美国总统去世时覆盖国旗;国会议员去世时可以覆盖国旗,也可以要求不覆盖国旗。此外,任何人认为自己是爱国的均可以覆盖国旗。英国没有对可以覆盖国旗的范围作出规定。实践中,曾任、在任的英国首相、军人、警察去世时灵柩覆盖国旗,英国王室成员去世时灵柩覆盖的是王室的旗帜。此外,法国、澳大利亚、加拿大、新西兰等国家实践中,国家元首、政府首脑以及军人、警察去世时灵柩覆盖国旗。

(二)国旗覆盖的特定仪式

为了维护国旗的尊严,国旗覆盖遗体、领域或者骨灰盒时,不得触及地面。如《美国国旗法》规定,当国旗用于覆盖灵柩时,其应确保国旗的联盟部分位于前部并覆盖另一侧。国旗覆盖时不应低于灵柩或接触地面。《印度国旗法》规定,国家、军队、中央准军事力量的葬礼,国旗的橙色部分应朝着棺架或者灵柩前部的方向,覆盖在棺架或者灵柩上。国旗不应接触地面或者埋葬在坟墓里。《韩国国旗法》规定,国旗覆盖在灵柩上,不得触及地面,也不得与灵柩一起埋葬。

有的国家还规定覆盖的具体方式,如英国、澳大利亚、加拿大国旗规则规定,如果要在棺材上使用国旗,则应将其放置在旗帜的左上角位于死者的左肩上方。在葬礼或火化之前应移除旗帜并折叠。

关于覆盖后的国旗处理,多数国家规定交由近亲属保留。《俄罗斯国旗法》规定,向俄罗斯已故(牺牲)公民授予军人荣誉的悼念仪式上,装有逝者遗骸的棺椁上覆盖俄罗斯联邦国旗。安葬前将俄罗斯联邦国旗合起转交逝者亲人(亲属)。

三、我国国旗覆盖仪式

在我国,国旗覆盖遗体、灵柩或者骨灰盒的情况早已存在。2013 年,民政部制定的《烈士安葬办法》第四条规定:"烈士骨灰盒或者灵柩应当覆盖中华人民共和国国旗。需要覆盖中国共产党党旗或者中国人民解放军军旗的,按照有关规定执行。国旗、党旗、军旗不同时覆盖,安葬后由烈士纪念设施保护单位保存。"实践中,中国共产党党籍的国家领导人逝世后遗体覆盖的均是党旗;没有加入中国共产党的国家领导人逝世后遗体覆盖的往往是国旗,如原民主促进会创始人,七届、八届全国人大常委会副委员长雷洁琼;原民盟主席,七届、八届全国人大常委会副委员长费孝通等。近年来,从韩国归还的抗美援朝烈士遗骸的棺椁均覆盖国旗。

2020 年,修改国旗法增加第十六条规定,下列人士逝世,举行哀悼仪式时,其遗体、灵柩或者骨灰盒可以覆盖国旗:(1)本法第十五条第一款第一项至第三项规定的人士;(2)烈士;(3)国家规定的其他人士。覆盖国旗时,国旗不得触及地面,仪式结束后应当将国旗收回保存。

一是关于覆盖国旗的范围。按照国旗法的规定,包括以下三类:第一类是中华人民共和国主席、全国人民代表大会常务委员会委员长、国务院总理、中央军事委员会主席;中国人民政治协商会议全国委员会主席;对中华人民共和国作出杰出贡献的人。第二类是烈士,烈士称谓是国家对公民在保卫祖国和社会主义建设事业中牺牲人员给予的崇高政治荣誉,他们身上集中体现的信仰坚定、热爱人民、矢志报国、敢于牺牲的精神,是党、国家和军队宝贵的精神财富。烈士的确定有一定的程序,按照 2011 年 7 月 26 日,国务院公布的《烈士褒扬条例》,公民牺牲符合下列情形之一的,评定为烈士:(1)在依法查处违法犯罪行为、执行国家安全工作任务、执行反恐怖任务和处置突发事件中牺牲的;(2)抢险救灾或者其他为了抢救、保护国家财产、集体财产、公民生命财产牺牲的;(3)在执行外交任务或者国家派遣的对外援助、维持国际和平任务中牺牲的;(4)在执行武器装备科研试验任务中牺牲的;(5)其他牺牲情节特别突出,堪为楷模的。现役军人牺牲,预备役人员、民兵、民工以及其他人员因参战、参加军事演习和军事训练、执行军事勤务牺牲应当评定烈士的,依照《军人抚恤优待条例》的有关规定评定。第三类是国家规定的其他人士,是指根据实践发展需要,国家相关部门进一步细化明确可以覆盖国旗的人士。

二是关于是否可以同时覆盖国旗、军旗、党旗。2003 年 4 月,中共中央组织部印发的《关于全面做好规范中国共产党党徽党旗工作有关问题的通知》专门规定:"党员去世后,经所在单位党组织同意,可以在其遗体或骨灰盒上覆盖党旗,但党旗不得随遗体火化或随骨灰盒掩埋。"① 2013 年 4 月 3 日,中华人民共和国民政部公布《烈士安葬办法》,其规定:"烈士骨灰盒或者灵柩应当覆盖中华人民共和国国旗。需要覆盖中国共产党党旗或者中国人民解放军军旗的,按照有关规定执行。国旗、党旗、军旗不能同时覆盖。"国旗法规定,为相关人士举行哀悼仪式时,其遗体、灵柩或者骨灰盒可以覆盖国旗。相关人士按照其他规范,覆盖党旗、军旗也是可以的,但不得同时覆盖多面旗帜。

三是关于国旗覆盖的后续问题。对于覆盖国旗后的处置问题。国旗法规定,仪式结束后应当将国旗收回保存。对于烈士,可以参考《烈士安葬办法》的规定,国旗、党旗、军旗不能同时覆盖,安葬后由烈士纪念设施保护单位保存。国旗覆盖后,也可以交由烈士纪念设施保护单位保存。对于其他人士,可以交由相关单位或者近亲属收回保存。

---

① 本书编写组:《中国共产党党旗党徽使用规则》,中共中央党校出版社 2009 年版,第 25 页。

第五章　国旗的使用规则

第一节　国旗的升挂时间

升降国旗是爱国主义的具体表现,升降国旗要在适宜的时间,确保升降国旗的严肃性和崇高性,防止任何不尊重国旗的现象发生。

一、国旗升降的具体时间

通常情况下,国旗应在早晨升起,在傍晚落下。在建筑物以及露天的固定旗杆上,国旗日出升起,日落降下。当需要彰显爱国主义时,在有照明的情况下可以每天 24 小时悬挂。遇有天气恶劣时不应升挂国旗。一些国家还专门明确早上和晚上的具体升降国旗的时间。如《巴西国旗法》规定,国旗可于白天或者晚上升降。通常情况下,8 时升起,18 时降下。国旗日(11 月 19 日)于 12 时以庄重的仪式升国旗。夜间悬挂时必须照亮国旗。《葡萄牙国旗使用办法》规定,国旗于上午 9 时升起,日落时降下。如有灯光照亮,国旗可在夜间悬挂。《菲律宾国旗、国歌、国家箴言、国徽和其他徽章项目和物品法》还规定,在工作开始时应悬挂国旗,且整天保持飘扬。

早晨,是指每日天明之际,从天将亮到八九点钟的一段时间。早晨为一天之始,往往被视为充满朝气的时刻,因此中国古语亦说"一日之计在于晨"。傍晚,是指日落左右的时间,即日光至晚上的过渡时刻。日落不见而天色未黑,天色先黄后暗。由于冬夏时间差异,所以傍晚一般是指 18:00 至 20:00。

二、我国国旗升降时间

关于国旗升降时间,1950 年 11 月 27 日,中央人民政府委员会办公厅在就群众就国旗的悬挂、升降问题来信时,作了如下答复:"升旗应于晨间日出后(不得过八时)升起,晚间日落前降下(雨天照常升旗,时间与晴天同)。"[1] 1990 年国旗法明确规定,依照本法规定应当升挂国旗的,应当早晨升起,傍晚降下。遇有恶劣天气,可以不升挂。

(一)早升晚降的具体时间

国旗法规定,对于每日升挂国旗、工作日升挂国旗及重大节日升挂国旗的,应早晨升起,傍晚降下。各地关于升降国旗的具体时间只要在上述范围内即可。1990 年国旗法实施后,一些地方根据所处地理位置、工作情况针对行政单位、广场等特殊区域升挂国旗进行了规定。(1)有的根据不同季节确定升降国旗的时间,如《南宁市广场升挂国旗管理办法》第八条规定:广场升挂国旗夏季时间,即每年 5 月 1 日至 11 月 30 日,为北京时间 7:00 升起,18:30 降下;冬季时间,即每年 12 月 1 日至次年 4 月 30 日,为北京时间 7:30 升起,18:30 降下。举行升挂国旗仪式开始时间夏季一般为北京时间 8:00,冬季一般为北京时间 8:30。《阜新市街心广场升挂国旗管理办法》第六条规定:每年 5 月 1 日至 10 月 31 日,为北京时间 6:30 升起,18:30 降下;每年 11 月 1 日至次年 4 月 30 日,为北京时间 7:30 升起,17:30 降下。(2)有的只规定升国旗的时间,如《呼和浩特市新华广场国旗升挂管理规定》第六条规定:国庆节、国际劳动节、元旦、春节及自治区成立纪念日均要按《中华人民共和国国旗法》的规定升挂国旗。具体时间为,夏季早 7:00,冬季早 8:00,特殊情况另定。(3)有的按照上下班时间确定升降国旗的时间,如《丽水市行政中心升降国旗管理办法》第三条规定:无特殊情况,在工作日应升降国旗,国旗应在上午上班前 40 分钟升起,下午下班后 30 分钟降下,双休日不升降国旗。

(二)夜间升挂国旗

对于晚上是否能升挂国旗,一些国家进行了专门明确,并且明确规定,在晚上升挂国旗,如新加坡、菲律宾规定国旗在晚上悬挂时应以适当方式照亮。《美国法典》还规定,为表达爱国感情,在有适当照明时国旗可以 24 小时悬挂。此外,在元旦、圣诞、宪法纪念日、独立日、国旗日、父亲节、母亲节、林肯诞辰纪念日、马丁·路德·金诞辰纪念日等 20 多个重大节日、纪念日应全天悬挂。《韩国国旗法》规定,下列地方应尽可能保持全年悬挂,并在夜间悬挂时给予国旗适当的照明:(1)国际交流场所,如机场和酒店;(2)人流量大的地方,如大型建筑、公园和体育场;(3)主要政府办公大楼周围;(4)安装多个旗杆之处;(5)总

---

① 中央档案馆编:《中华人民共和国国旗国徽国歌档案》(下卷),中国文史出版社 2014 年版,第 558—559 页。

统令规定的其他地方。国旗应仅白天在各学校和军队升挂。我国没有对夜间升挂国旗作出规定。在庆祝活动中,在给予照明的情况下,夜间升挂国旗也是可以的,如 1997 年香港回归、1999 年澳门回归时,于凌晨举行升旗仪式。

（三）天安门升挂国旗时间

关于天安门升降国旗时间,新中国成立初期,对国旗升降仪式及事件并无严格规范。1982 年 12 月 28 日,中国人民武警部队成立,由武警部队取代北京卫戍区官兵执行护卫国旗任务,并很快组建国旗班。新的升旗仪式对时间要求非常严格,为表现祖国与日月同辉之意,每天让国旗与太阳同升同降。

三、每天升降国旗的例外:恶劣天气能否挂国旗

天气恶劣,可能导致国旗毁损,大多数国家和地区规定天气恶劣时可不悬挂国旗。例如,《韩国国旗法》规定,出现大雪、大雨、大风或任何类似原因可能导致国旗损坏,则不得展示国旗。《美国国旗法》规定,天气恶劣时可不悬挂国旗,但可适应各类天气的国旗已经升挂的除外。美国国会研究报告认为,现实中广泛使用合成纤维织物制作国旗,使用该材质的国旗可以经受各类恶劣天气。即使在持续时间较长的恶劣天气,升挂国旗也不能认为是对国旗的不尊重。[1]

新中国成立初期,天气影响国旗升挂的问题得到了注意。1950 年 11 月 27日,中央人民政府委员会办公厅在就群众就国旗的悬挂、升降问题来信时,作了如下答复,"雨天照常升旗,时间与晴天同"。我国国旗法规定,在本法规定的几类场合下,升挂国旗的,如遇到恶劣天气,不利于国旗升挂的,可以不升挂国旗。恶劣天气是气象学上所指的发生突然、移动迅速、剧烈、破坏力大的灾害性天气,根据中国国家气象局制定的《气象灾害预警信号发布与传播办法》关于气象灾害的相关标准,恶劣天气主要包括台风、暴雨、暴雪、大风、沙尘暴、高温、雷电、冰雹、大雾、霾等。[2] 在实践中,《中华人民共和国国旗法》制定后,一些地方明确列明了恶劣天气具体种类。《温州市国旗升挂使用管理办法》《无锡市国旗管理暂行办法》规定,遇有雨雪、台风等恶劣天气,可以不升挂国旗。《上海市升挂使用国旗管理办法》《本溪市升挂使用国旗管理办法》规定,遇到下列恶劣天气,可以不升挂国旗:(1)风暴、台风;(2)雨天、雪天;(3)其他影响国旗正常升

---

① 　John R. Luckey, *The United States Flag : Federal Law Relating to Display and Associated Questions*, Congressional Research Service, at 9, see : www. crs. gov. 然而,该规定规定的是"天气恶劣时",很明显这没有考虑到其他良好天气的情形,如在短暂降雨期间也应该降旗。

② 　我国《气象灾害预警信号发布与传播办法》对各种恶劣天气达到的标准也作了规定。

挂的恶劣天气。《丽水市行政中心升降国旗管理办法》第九条规定,国旗升挂日遇有恶劣天气(台风、10级以上大风、雷暴雨、风雪冰雹等)可以不升挂。

第二节　国旗的使用位置

国旗是国家最重要的象征和标志之一,与其他标志相比,必须保证其优先地位。国旗使用可以分为国旗单独使用、国旗与其他标志共同使用两种情形。在这两种情形下,都必须坚持优先使用的原则。

一、国旗使用优先原则:单独使用

国旗单独使用时坚持优先原则的具体体现是,在国旗所使用的环境中处于显著的位置。单独使用时可以分为两种情况:一是固定升挂,二是行进使用。在这两种情况下,优先原则有不同的体现。

(一)固定时规则

国旗应当升挂于一个显著的位置,一方面显示国旗作为国家象征和标志的崇高性,另一方面也便于人们辨识国旗,发挥国旗宣示国家权力、宣示国家主权、激发人民群众爱国热情的作用。

例如,在天安门广场升挂的国旗,旗杆高32.6米,位于长安街南,广场北部中轴线上,广场和长安街很开阔,国旗升挂后位置十分显眼。对于院落而言,旗杆一般设于院落正中或中轴线位置;对于楼宇而言,旗杆一般设于楼宇顶部正中,或者楼宇正门上方中间位置;对于一些城镇居民院(楼)等不具备树立旗杆的地方,可以设于大门处显眼位置。

我国一些地方关于国旗的规范性文件细化单独使用时坚持国旗优先原则的具体规则。《西安市国旗升挂使用管理办法》第十一条第三款规定:"室外悬挂国旗,应当将国旗置于建筑物门首或者其他显著位置,国旗旗面门幅下沿应当高于地面2.5米以上;室内悬挂国旗,应当将国旗置于醒目区域,室内设有主席台或者讲台的,应当悬挂在主席台或者讲台上方。"第十四条规定:"落地插置国旗,应当将国旗置于室内显著位置,在会场内应当置于主席台正后侧或者主席台两侧;室内有其他旗帜的,国旗应当高于其他旗帜。室内插置式国旗的旗杆可以垂直,也可以倾斜,但倾斜时旗杆与垂直线的夹角应当在20度之内。桌面摆置国旗,不得被其他物品遮挡。"

《温州市国旗升挂使用管理办法》第二十条规定,桌上放置国旗,可以将国旗置于桌面(台面)正中或者两旁,但不得被其他物品遮盖。

《内蒙古自治区国旗升挂使用管理规定》第八条规定,悬挂、插挂或者摆放国旗时,应当将国旗置于所在场所(场地)的中心、较高位置,并且遵守以下规范:(1)国旗不得被其他物品遮挡;(2)不得交叉悬挂、竖挂或者倒挂国旗;(3)不得使国旗与其他旗帜相交,但遇有国际性集会,可以与有关国家的国旗并列悬挂。列队举持国旗和其他旗帜时,国旗应当在其他旗帜之前。

(二)行进时规则

国旗行进时一般分为两种情况:一是有旗杆时行进,此时手举旗杆即可以前进。二是无旗杆手抬国旗时行进。关于国旗手抬行进时,国旗的朝向,法律没有规定。据了解,国际上没有对于手抬国旗礼仪的专门规定,国际奥组委也没有对此进行专门规定。2012年伦敦奥运会、2020年东京奥运会开幕式中,均采用运动员手抬国旗入场的环节。

目前国内没有关于手抬国旗行进的规定,实践中主要分为以下两种情况:(1)通常情况下,当国旗旗杆在主席台左侧时,国旗向左侧进行时,均采用国旗旗杆套在左侧的方式(国旗法所附图案样式)向左行进的方式。(2)当国旗旗杆在主席台右侧时,在国旗行进环节,国旗旗杆位置不统一。根据检索,我国举办的其他全国运动会以及其他大型运动会,大部分采用国旗旗杆套在左侧的方式(国旗法所附图案样式)向右行进,2014年在我国举办的青年奥林匹克运动会也是采取这种方式。也有少部分运动会开幕式采用旗杆套在右侧的方式向右行进。

国旗法所附国旗图案展示的是国旗旗杆套位于国旗的左侧、五星位于国旗左上方的式样。由于仪式设计和现场场地限制原因,在2022年北京冬奥会开幕式国旗入场行进环节中,从主席台视角看国旗,是旗杆套在国旗的右侧、五星位于国旗右上方的式样,这种做法是否符合国旗法的规定引起了争论。

一是关于旗杆套在国旗右侧,五星位于国旗右上方是否合法。我国国旗法所附《国旗制法说明》第一段规定,"国旗的形状、颜色两面相同,旗上五星两面相对。为便利计,本件仅以旗杆在左之一面为说明之标准"。《国旗制法说明》明确旗杆既可以在国旗左侧,也可以在国旗右侧。《国旗制法说明》所附的国旗图案为五星在左上方。根据上述规定,因此当旗杆套位于国旗右侧时,五星位于右上方。也就是说,无论五星位于左侧,还是位于右侧,均位于靠近旗杆套一侧的上方。《国旗制法说明》没有区分五星位于左侧还是右侧为正面,旗杆套在左侧还是右侧,需要根据旗杆在场地的方位确定。北京冬奥会开幕式场地旗杆在主席台右侧,采用的方案是旗杆套在右侧、五星在右上方的方式是可以的,不违反国旗法的规定。

二是关于手抬国旗行进时的礼仪是否合法。国旗法第十九条规定,国旗不得倒挂,是指五星位于国旗图案中的下方,冬奥会所采用的方案不属于这种情况。从礼仪上看,手抬国旗行进时,以五星位于行进方向的前端为宜。国旗旗杆套在右侧,五星在右上方的方式向右进行是合适的。

二、国旗升挂优先原则:同时使用

在许多升挂国旗的地方,国旗往往不是唯一存在的旗帜,如何处理好国旗与其他旗帜的地位和位置,是需要由法律规定和解决的问题。作为国家的一种标志,与其他旗帜同时出现时,国旗处于更优先、更高、更显著的位置,应当是一个基本原则。

(一)固定时规则

国旗与其他旗帜在固定位置升挂时,国旗处于中心、较高或者突出位置是国际通行的规则,如《俄罗斯国旗法》规定,同时升挂(放置)俄罗斯联邦国旗与俄罗斯联邦主体、市政机关、社会团体、企业、机构或组织旗帜时,按面朝旗帜方向,俄罗斯联邦国旗置于另一面旗帜左侧;同时升挂(放置)单数面旗帜时,俄罗斯联邦国旗置于中心;同时升挂(放置)双数面(多于两面)旗帜时,俄罗斯联邦国旗置于中心左侧。《美国国旗法》规定,当国旗与州旗、地方旗、社会组织的其他旗帜并列升挂时,国旗位于中心和最高点。当州旗、城市旗、地方旗或者社会组织的旗帜与国旗在同一绳索上悬挂时,国旗必须始终在最高点。当有许多旗帜在相邻的旗杆悬挂时,国旗应首先升挂并最后降落。其他旗帜不能置于国旗上方或者国旗右侧。

新中国成立初期,就遇到国旗与其他旗帜同时固定升挂的问题。1950年6月,在新中国成立后第一个党的生日即将到来之际,一些地方询问党旗与国旗悬挂事宜。中共中央组织部就此作出规定,党旗国旗同时悬挂时,国旗在右,党旗在左。[①] 1984年,中共中央宣传部制定《关于中华人民共和国国旗升挂的暂行办法》中规定,国旗不得与其他旗帜(如党旗、军旗)相交,但遇有国际性集会,则可与有关国家的国旗并列悬挂。历史上长期形成了将国旗、党旗并列使用、摆放于办公桌的传统。

针对当时一些企业、个人将国旗等同于一般旗帜,不注重维护国旗的尊严,升挂国旗随意的现象,1990年国旗法明确规定:"国旗与其他旗帜同时升挂时,

---

① 王文运、吕潇潇、牛梦岳:《中国共产党党旗演变的几个细节》,载人民网,http://dangshi. people. com. cn/n1/2016/0714/c85037 - 28552426. html。

应当将国旗置于中心、较高或者突出的位置。"但是考虑到升挂与悬挂有所不同,同一个机构、场所可以在适当的位置悬挂或者使用多面旗帜,但升挂旗帜时以一面旗帜为宜,而升挂国旗的机构、场所国旗法有明确的规定。

1997 年 6 月 5 日,国务院颁布《关于在香港特别行政区同时升挂使用国旗区旗的规定》也按国旗法规定的原则作出规定,自 1997 年 7 月 1 日起,在香港特别行政区同时升挂、使用国旗和区旗时,按照下列规定执行:"一、凡国旗和区旗同时升挂、使用时,应当将国旗置于中心、较高或者突出的位置。二、凡国旗和区旗同时或者并列升挂、使用时,国旗应当大于区旗,国旗在右、区旗在左。"

所谓中心位置,即在所有旗帜中位于中心,如有三面旗帜的,位于左起或者右起的第二面,有五面旗帜的,位于左起或者右起的第三面等。所谓较高位置,即如果升挂位置有高低区分的,中国国旗应当升挂于较高的位置。所谓突出位置,是一个需要灵活掌握的规定。有些场合,升挂旗帜的位置不一定有中心或者较高位置,或者虽然有数个升挂旗帜的位置,但中间位置不一定是显著突出的,如一些会议中心主楼前树立有十数根甚至数十根旗杆,中间旗杆就不是突出位置。这就需要综合判断出一个突出位置来升挂我国国旗。有一个基本原则,即在这个场合的绝大多数人,都认为是突出的位置,如进入主入口后第一根旗杆,或者广场主要活动区域人流最为密集的地方等。

在一些重大集会、机构组织所在地,国旗与其他旗帜同时升挂的情形出现较多。例如,在 2008 年北京奥运会的主会场国家体育场,同时升挂中国国旗和奥运会的五环旗,在一些场馆还同时升挂国旗、五环旗和北京奥运会会旗三面旗帜。在一些中外合资公司的总部大楼前,同时升挂中国国旗、外资方所在国国旗和公司标志旗等。在这种情况下,应当将国旗置于中心、较高或者突出的位置。

我国一些地方也针对固定位置升挂国旗的具体规则进行明确。例如,1997 年上海市政府发布的《上海市升挂使用国旗管理办法》规定,单位升挂国旗,应当将国旗置于所属场所的大门入口、操场或者建筑物的制高点。国旗与两面以上其他旗帜同时升挂,其高度一致时,应当做到:(1)并排或者弧形排列时,国旗在中心位置;(2)纵排时,国旗在最前面;(3)圆形排列时,国旗在主席台(或主入口)对面的中心位置。2020 年内蒙古人民政府公布的《内蒙古自治区国旗升挂使用管理规定》进一步明确"一列并排时,以旗面面向观众为准,国旗在最右方"。

（二）行进时规则

同时行进分为两种情形:列队行进、并排行进。第一种情形是列队举持国旗和其他旗帜行进。当列队进行时,旗帜有前后之分,国旗必须处于最前方。

这种情形在很多情况下会出现,如同时举持国旗与军旗、国旗与党旗、国旗与公司旗等。无论同时举持的是什么旗帜,国旗都应当处于其他旗帜之前。当并列行进时,国旗可以在并排的中间或特定一侧。例如,《美国国旗法》规定,当国旗与另外一个旗帜并列行进时,国旗应在队列的右侧;当国旗与多个旗帜并列时,国旗应位于队列中间的前面。

在我国,新中国成立初期,就遇到国旗与其他旗帜同时行进升挂使用的问题。1952 年 7 月 16 日,中央政府委员会办公厅就国旗悬挂办法原则复河北省人民政府办公厅函时,明确了国旗升挂"可照以下原则办理"的几条原则,其中"如有列队持旗行进时,国旗须在先,不得与其他旗帜交叉或并列行进"①。1984 年,中共中央宣传部制定《关于中华人民共和国国旗升挂的暂行办法》中规定,国旗不得与其他旗帜(如党旗、军旗)相交,但遇有国际性集会,则可与有关国家的国旗并列悬挂。如队列持旗行进,国旗须在先,不得与其他旗帜交叉或并列行进。1990 年国旗法明确规定:"列队举持国旗和其他旗帜行进时,国旗应当在其他旗帜之前。"1997 年 6 月 5 日,国务院颁布的《关于在香港特别行政区同时升挂使用国旗区旗的规定》中也明确规定,自 1997 年 7 月 1 日起,在香港特别行政区同时升挂、使用国旗和区旗时,按照下列规定执行:"列队举持国旗和区旗行进时,国旗应当在区旗之前。"2020 年修改国旗法时,就是否修改该规定,产生一些争议,但普遍认为,列队行进时,国旗在其他旗帜之前是一项基本规则,出现个别特殊情形,可以从宪法、法律的整体背景作理解,是完全符合宪法、国旗法原则和精神的。最后,该条规定没有作修改。

(三)悬挂国旗的其他规则

一些国家就国旗在街道、出入口等位置的悬挂作出规定,如《美国国旗法》规定:(1)当国旗在街道中悬挂时,在东西走向的街道上国旗的联盟部分朝北,在南北走向的街道上国旗的联盟部分朝东。(2)当国旗在只有一个主入口的建筑物走廊或大厅悬挂时,国旗联盟部分的朝向进入者的左侧垂直悬挂。如果建筑物有不止一个主入口,当入口朝东或朝西时,国旗应以联盟部分朝北垂直悬挂在走廊或者大厅的中间。当入口朝南或朝北时,国旗应以联盟部分朝东垂直悬挂在走廊或者大厅的中间。如果有两个以上方向的入口,那么国旗联盟部分应当朝东。

我国国旗法对于悬挂国旗的规则没有作出具体规定,应该根据升挂国旗时的原则和精神,将国旗悬挂于显著位置。一些地方就国旗悬挂作了具体规定,

---

① 中央档案馆编:《中华人民共和国国旗国徽国歌档案》(下卷),中国文史出版社 2014 年版,第 610 页。

如上海市政府发布的《上海市升挂使用国旗管理办法》规定,(1)悬挂国旗的位置:室外悬挂国旗,应当将国旗置于建筑物门首或者其他显著位置,国旗旗面门幅下沿应当高于地面 2.5 米以上。与其他旗帜同时悬挂,国旗应当高于其他旗帜,或者置于上首、中心的地位。室内悬挂国旗,应当将国旗置于醒目区域,室内设有主席台或者讲台的,应当悬挂在主席台或者讲台上方。(2)插置国旗的位置:落地插置国旗,应当将国旗置于室内显著位置,在会场内应当置于主席台正后侧或者主席台两侧;室内有其他旗帜的,国旗应当高于其他旗帜。室内插置式国旗的旗杆可以垂直,也可以倾斜,但倾斜时旗杆与垂直线的夹角应当在20 度之内。

《内蒙古自治区国旗升挂使用管理规定》还进一步规定悬挂、倒插或者摆放国旗时的注意规范:悬挂、插挂或者摆放国旗时,应当将国旗置于所在场所(场地)的中心、较高位置,并且遵守以下规范:(1)国旗不得被其他物品遮挡;(2)不得交叉悬挂、竖挂或者倒挂国旗;(3)不得使国旗与其他旗帜相交,但遇有国际性集会,可以与有关国家的国旗并列悬挂。

三、国旗升挂位置注意事项

(一)两个国旗及以上升挂时大小、高度相同

按照国际惯例,外交礼宾场合坚持平等原则,国旗升挂也要保持平等原则,如《美国国旗法》规定,当两个或更多国家的国旗升挂时,应分别由不同的旗杆悬挂在同样高度。国旗的大小应大致相等。根据国际惯例禁止在和平时期一个国家的国旗升挂高于另一个国家的国旗。《俄罗斯国旗法》规定,同时升挂俄罗斯联邦国旗及其他旗帜时,俄罗斯联邦主体、市政机关、社会团体、企业、机构和组织旗帜大小不得超过俄罗斯联邦国旗,俄罗斯联邦国旗升挂高度不得低于其他旗帜高度。

(二)国旗与其他重要标志的悬挂

在一些特殊场合,其他重要标志和国旗同时悬挂。新中国成立初期,关于国旗与毛泽东像的悬挂位置成为实践中遇到的问题。1953 年 1 月 16 日,新华通讯社向中央人民政府委员会办公厅典礼局转报了读者来信,信中询问了关于毛泽东像两旁所悬挂的国旗有的五星向里,有的五星向外,究竟何者正确的问题。6 月 20 日,政务院文化教育委员会也就此类问题来函进行了咨询。2 月 10日和 7 月 4 日,中央人民政府典礼局、中央人民政府委员会办公厅先后作了答复:"国旗悬挂办法中央没有统一规定,按一般惯例,国旗分挂主席像两旁有两

种形式:一种为横挂;一种为竖挂。以上两种挂法五星的位置均在靠近主席像的上角。所挂之旗因不用旗杆,应将白色旗杆套折在后面,不能露出。"复函还明确"请作参考"。①

四、国旗优先原则的例外

国旗是国家的象征和标志,具有崇高的地位。普遍认为,升挂使用旗帜时,要坚持国旗优先的原则,国旗比其他旗帜处于更加显著的位置。但国旗优先原则也不是绝对的,存在一些例外,主要有国际通行的例外情形以及特殊旗帜在的例外情形。

(一)与他国交往场合

根据国际惯例,禁止在和平时期将一个国家的旗帜高于其他国家。当一个国家的国旗与其他国家国旗一起升挂时,国旗的尺寸相同、高度相同。在与他国交往场合,通常将本国旗帜与他国旗帜并列,为了表示对来访国家领导人的尊重,将来访国国旗置于左侧(从观察者角度看),东道国国旗置于右侧。部分国家在国旗优先地位条款专门排除了其他国家国旗,如《新加坡国徽、国旗和国歌规则》规定,在服从国际惯例的前提下,国旗在新加坡升挂时优先于所有其他旗帜。规则还明确国旗优先地位的具体情形,但同时规定该法所称旗帜不包括其他国家国旗。

(二)国际组织场合

根据国际惯例,一些国家对于国际组织的旗帜往往也给予崇高待遇,一些国家还在法律中专门进行规定,如《美国国旗法》规定了国旗的优先原则及其适用规则,但同时规定:"但本条中的任何规定均不得使联合国总部前,联合国旗持续在更突出位置、其他国旗与美国国旗处于同等位置成为非法。"即联合国总部前,联合国旗在更突出位置,美国国旗与其他国旗处于同等位置。但在美国境内其他地方,联合国旗帜不得高于、平行于美国国旗。

(三)国际体育赛事场合

在国际赛事中,国旗升挂的优先地位例外情形也较为常见。《奥林匹克宪章》对于举行奥运会时,奥林匹克旗与其他旗帜的升挂使用作了原则规定。《奥

---

① 中央档案馆编:《中华人民共和国国旗国徽国歌档案》(下卷),中国文史出版社 2014 年版,第619—620 页。

林匹克宪章》第五十三条第一款规定,"在整个奥林匹克运动会期间,比其他任何旗帜尺寸大的奥林匹克旗必须在奥组委负责的主体育场和其他场馆显著的位置升挂"。此外,奥林匹克相关比赛规则还明确,举行开幕式入场时,希腊国旗先入场,然后根据主办国语言字母顺序并结合国际奥委会礼宾顺序排列的国家的国旗入场,主办国国旗入场。颁奖环节,按照获奖选手等次明确国旗竖挂时的高低位置。如遇并列情况,在颁奖仪式上两名运动员代表的国家或地区旗帜应并列悬挂;如果空间不够,可以上下悬挂,顺序依照运动员姓氏的首字母来决定。

(四)特殊旗帜优先的例外情形

在一些国家,由于历史、宗教等原因,君主旗帜、宗教旗帜、执政党旗帜等旗帜在特殊地点、特殊时间的升挂处于更加显著的位置,使得国旗的升挂不再具有优先地位。(1)王室、总督旗帜优先于国旗。在一些存在王室的国家,王室成员仍然享有尊贵的地位,享有一定特权。国王旗帜及王室其他成员旗帜也有特殊的升挂规则。对于国旗与王室旗帜的升挂,通常分为两种情况,一是将国王旗帜与国旗处于并列同等对待,但国旗处于更优先位置,如泰国,国旗与泰国国王旗帜常常并列使用,但国旗在左,国王旗在右。二是将王室旗帜特殊对待,但不与国旗同时出现。例如,挪威、丹麦、比利时等国,通常情况下王室居住场所、王室所乘交通工具只升挂国王旗帜、王室成员个人旗帜,不升挂国旗;当其不在本国时,王室居住场所可以升挂本国国旗。(2)宗教旗帜优先于国旗。有的国家明确,在宗教旗帜与国旗同时升挂的个别场合,宗教旗帜处于最显著的位置。例如,《美国国旗法》第七条规定,以下情形其他旗帜可以高于国旗:海军牧师在海上进行礼拜时,美国国旗的右上方、在同一水平上可以放置其他旗帜或信号旗。此时,舰上祈祷旗也可以高于国旗。美国海军关于其官方牧师的规定中明确规定:"在牧师祷告时,带有蓝色拉丁十字架的白色三角旗高于国旗。"(3)执政党党旗优先于国旗。在社会主义国家,常常将国旗、党旗并列使用,赋予执政党党旗高于其他旗帜的地位。在部分社会主义国家,执政党党旗优先于国旗。在特定情形下,为凸显执政党的地位,党旗和国旗可以同时升挂、使用,并且党旗优先于国旗。国际惯例上,两面旗帜并列或者相交时,以左侧为尊(从观察者的角度看)。特别是一国到另一国来访时,往往将来访国旗帜置于左侧。在越南、朝鲜,执政党旗帜优先于国旗。一是并列升挂使用时党旗优先。越南文化、体育和旅游部《关于使用国旗、国徽、国歌和胡志明主席肖像的规则》中明确,在室内,国旗与党旗并列时,党旗在左,国旗在右。朝鲜也是如此。二是行进时党旗优先。在朝鲜、越南举行阅兵仪式时,党旗在国旗前;党旗、国旗、军旗行进时,党旗在中间。

第三节　国旗的展示方式

一、国旗展示的基本方式

国旗展示的基本方式主要有升挂、悬挂。国旗通常情况下以横向的方式升挂于旗杆之上,即升挂是指国旗长的一侧与地面平行,国旗宽的一侧与地面垂直的方式展示国旗。升挂国旗是最常见的国旗展示方式,主要适用于建筑物前的广场、空地或者屋顶之上设置专门旗杆的情形。

悬挂是指国旗在使用于墙面、街道、阳台等场景下,以非升降的方法,通过与地面垂直、水平、倾斜的方式,将国旗固定于特定位置的展示国旗的方式。悬挂还可以细化为不同方式:当国旗长的一侧与地面平行时,称为水平悬挂;当国旗长的一侧与地面垂直悬挂时,也称为竖挂;当国旗长的一侧与地面形成倾斜角度时称为斜挂。倒挂是竖挂的一种特殊类型,通常情况下的竖挂是指将国旗顺时针旋转 90 度,左侧部分位于上半部分的悬挂方式,而倒挂则是将左侧部分旋转后置于旗帜下半部分的悬挂方式。

特殊情况下国旗需要竖挂,竖挂时国旗的位置正与横向升挂时相反。在国际体育赛事、外交活动以及国内庆祝场合,当存在多面国旗需要悬挂时,竖挂国旗成为有限空间适宜的选择。竖挂国旗通常是指国旗正常横挂时的左侧,竖挂时成为位于国旗的上部。对于一些国旗图案是垂直、水平或者对称时,竖挂是将国旗顺时针旋转 90 度。还有一些国家规定竖挂时,国旗中部分特殊图案的朝向不变,这就需要专门制作特殊的竖挂国旗。

倒挂国旗通常被认为是侮辱国旗的方式。倒挂国旗是指将国旗图案以上下颠倒的方式悬挂国旗;倒插国旗是指将国旗图案以上下颠倒的方式把国旗插在物品上。通常而言,倒挂、倒插国旗是指将国旗顺时针或者逆时针旋转 180 度。倒挂、倒插国旗的方式在各国不一样。通常,对于左上角或者左上角有特殊图案的国旗,倒挂、倒插是指将正常悬挂时国旗图案的左侧部分,置于下方,而非正常竖挂时的上方。对于内部主要为条状的国旗,如果各个条状的图案颜色不一致,倒挂、倒插的方式通常由该国专门规定。对于一些图案对称的国旗,不存在倒置的问题,如日本、奥地利等。一般情况下,竖挂国旗和倒挂国旗区别的关键在于横挂时左侧的位置,垂直悬挂时左侧在上为竖挂,左侧在下为倒挂。当然,在一些国旗图案为垂直、水平或对称时,竖挂与倒挂没有区别。

二、国旗竖挂

(一)国际通行规则

一些国家在法律中规定了复杂的竖挂规则,如美国、希腊、以色列、巴拿马等。美国关于国旗的实践较为丰富,法律对国旗竖挂的规则规定也考虑得较为全面。《美国国旗法》规定,当国旗水平或垂直悬挂在墙上时,国旗联盟部分应该在最上面并且应该是国旗本身的右边,也就是观察者的左边。当在阳台中悬挂国旗时,应以相同的方式,其中联盟部分或蓝色字段位于街道中观察者的左侧。《巴拿马国徽、国旗和国歌法》规定,在体育场所举行活动或者比赛时,国旗可竖挂。国旗在建筑物外墙、阳台或者其他墙外侧垂直悬挂时,蓝色星星所在的白色部分印在旗面的右上方,即观察者的左上方。

一些国家由政府制定的行政法规规定竖挂的规则,如德国、加拿大、南非、墨西哥、波兰等。如《德国联邦建筑物升挂国旗规则》规定,国旗横向悬挂。当不能横向悬挂时,可以竖挂或者倾斜悬挂。《加拿大国旗升挂规则》规定,国旗竖挂时,从观察者的视角看,枫叶的上部位于国旗的左侧,枫叶的茎部位于国旗的右侧。横挂时的国旗右侧部分位于竖挂时的上部。

(二)我国情况

我国国旗法没有关于国旗竖挂的规定。根据中国法律法规信息系统检索,目前仅一份国务院部委规章对国旗竖挂作出规定。1991 年 4 月 15 日,外交部颁布的《关于涉外升挂和使用国旗的规定》第十七条规定:"悬挂国旗一般应以旗的正面面向观众,不得随意交叉悬挂或竖挂,更不得倒挂。有必要竖挂或者使用国旗反面时,必须按照有关国家的规定办理。"该项规定适用于涉外场合。

近年来,一些新闻媒体多次报道,国旗竖挂时存在的不规范现象,特别是一些地方在两个国旗并列悬挂时,悬挂的位置各有不同。如近年来,每逢重大活动很多地方会要求竖挂国旗,由于没有具体竖挂规则,有的两面国旗的五星部分同在左侧;有的一面在右侧,一面在左侧;有的一面在左侧,一面在右侧。国旗竖挂的不规范,引起部分媒体关注,认为五花八门的竖挂国旗破坏了国旗美观端庄的形象,有损国旗的尊严。

目前对于在街道路灯杆上悬挂国旗,国旗法没有作统一规范。相关部门没有出台对街巷路灯杆悬挂国旗的具体规范要求。经过检索,目前在街道路灯杆上竖挂国旗时普遍采用的方式有两种:一种是以上海等城市为代表的悬挂方式,悬挂方式为"五星"图案在灯杆外侧的方式;另一种是"南京标准",南京市政府官方网站于 2018 年元旦前向社会公布了《关于利用路灯设施营造节日氛围设置相关内容的管理规范》。该规范要求,国旗悬挂时不得影响路灯现有杆件设施及遮挡标识、标牌等,悬挂高度不得影响交通行车及行人安全。在街道路灯杆上悬挂国旗时,国旗"五星"图案冲向内侧灯杆方向。"南京标准"是目前唯一在官方网站公开发表并以正式文件进行规范的国旗悬挂方式。在悬挂国旗时,只要兼顾整齐、严肃、美观,而且在同一条道路或者地点悬挂的国旗规格统一,保持国旗舒展即可。

三、不得倒挂、倒插国旗

(一)禁止倒挂、倒插国旗的原因及其实践

在很多国家,倒挂国旗时暗示紧急状态或者危险,或表示战争状态的信号。而在一些国家,倒挂国旗经常用于抗议活动。在一些国旗是垂直、水平或者中心对称的国家(如奥地利),倒挂或者反挂国旗看起来是一样的,因此没有倒挂国旗的专门规定。

大部分国家将非紧急状态下倒挂国旗视为不尊重国旗或者侮辱国旗的行为。一些国家法律明确不得倒挂国旗。《美国国旗法》规定:"国旗的联盟部分绝不能倒挂,除非在生命或财产极端危险的情况下,作为遭受严重危害的信号。"但由于《美国国旗法》没有规定明确的法律责任,一些美国人将倒挂国旗视为是美国宪法第一修正案所允许的表达自由行为,所以经常在游行活动中倒挂国旗。

一些国家政府制定的国旗规则明确不得倒挂国旗,如《澳大利亚国旗规则》规定,不能倒挂国旗,即使作为危险的信号。《南非国旗规则》规定,不能倒挂国旗,也不能描述、展示倒挂的国旗图案。在一些国家,虽然法律没有规定不得倒挂国旗,但是对于实践中出现的倒挂国旗现象持否定态度。例如,2012 年 10 月 5 日葡萄牙国庆日,在总统出席活动的现场出现倒挂国旗现象。事后,社会舆论对这种现象进行批评,将其视为总统不尊重国旗的表现。批评人士认为,倒挂国旗代表被敌人占领并祈求帮助,总统活动现场倒挂国旗也似乎传达了这些意思。

(二)我国情况

1991 年国旗法没有关于倒挂、倒插国旗的规定。部分国务院部委规则及规范性文件规定了不得倒挂国旗,如《关于涉外升挂和使用国旗的规定》规定:"悬

挂国旗一般应以旗的正面面向观众，不得随意交叉悬挂或竖挂，更不得倒挂。"《船舶升挂国旗管理办法》第九条规定："船舶悬挂的中国国旗应当整洁，不得破损、污损、褪色或者不合规格，不得倒挂。"《中国气象局升挂使用国旗管理办法》第十六条规定："不得倒挂国旗。"上述规定只适用于部分领域或者场合。

近年来，每年有多起倒挂国旗事件被新闻媒体报道。例如，2018 年 7 月 28 日，山东某市级机关的 1 号楼出现"国旗倒挂"的现象。事后，该机关给出的解释是天气雨水多及长期潮湿，挂国旗的绳索腐烂，在较强的风力下所致。2020 年 8 月，陕西绥德县四十里铺镇某村委会办公楼上的国旗被倒挂。该村委会主任表示，以前挂的国旗破损了，这是他们前几天才换的国旗，"升国旗的人没什么文化，就挂反了。你不说我们都没注意到，现在就重挂"。在上述倒挂国旗事件中，尽管相关方推卸责任以天气突变、员工疏忽等为由，但是实际仍有法律对此没有明确规定法律责任导致升挂国旗人员对正确升挂国旗方式忽视的原因。

近年来，我国香港特区出现了影响恶劣的倒插国旗事件。2017 年 10 月 19 日，在香港特区立法会大会上，议员郑松泰将建制派桌上的国旗和区旗倒插，引起广泛批评。香港特区警方以"侮辱国旗罪"以及"侮辱区旗罪"控告郑松泰。控方认为，根据《国旗及国徽条例》和《区旗及区徽条例》，"玷污"是指与旗帜有实体接触的侮辱性行为，而"玷污"也不限于物质上的玷污。"玷污"的方式也不一定只是弄污或践踏，而即使没有弄污和损毁旗帜，倒插旗帜都会损坏国家及地区的独有尊严。2018 年 9 月 29 日，香港特区东区法院作出裁决，认定郑松泰两项罪名成立，罚款 5000 元港币。法院认为，郑松泰倒插国旗和区旗的行为，在正常合理人士眼中，已破坏了国旗、区旗的尊严，构成"玷污"的控罪元素；其行为又发生在立法机关，并两度倒插国旗及区旗，象征意义有所不同，应予以定罪。

2020 年国旗法修改过程中，有许多意见建议提出，为了维护国旗的尊严，借鉴其他国家的做法，可以在法律中明确规定不得倒挂、倒插国旗。为了维护国旗尊严，解决实践中存在各类不规范的升挂、使用国旗的方式，规范使用国旗的规则，修改国旗法时增加规定，"不得倒挂、倒插或者以其他有损国旗尊严的方式升挂、使用国旗"。在我国，倒挂、倒插国旗是指在升挂、悬挂国旗时将国旗五星部分置于下方的情形。其他有损国旗尊严的方式，主要是指升挂破损、污损、褪色或者不合规格的国旗，以及以与倒挂、倒插国旗具有同等恶劣性质的方式升挂国旗。

第六章 国旗的特殊使用领域

第一节 体育领域

体育是一种以身体与智力活动为基本手段,提高身体素质、增强运动能力、改善生活方式的一种有意识、有目的、有组织的社会活动。体育既是个人增强体质与提高运动能力的活动,也是组织进行文化、外交交流,促进社会进步的重要方式。在体育赛事中,运用国旗、国歌等国家象征,经常被视为表达爱国情感、促进国家认同的一种手段。体育主办者有意增加国旗、国歌等国家象征要素,以强化国家观念,激励民族意识,同时也希望能够借此得到国家支持;而国家也希望通过突出国家象征,以达到培养公民爱国主义精神的目的;而公民通过展示国旗等,抒发爱国热情,表达爱国情感。简言之,在体育领域,升挂使用国旗及其图案,将会进一步增强体育参与者、体育观众的集体意识、国家意识,激发爱国情感,进一步推动爱国主义教育。

一、体育赛事中升挂、悬挂国旗主要情形

通常在体育赛事中,对于升挂、悬挂国旗十分重视,主要包括以下三种类型。

一是体育赛事活动办公区域、场所会升挂国旗。例如,在北京冬奥组委办公区有一个升旗广场,有 5 面旗帜,顺序由西至东依次为:北京冬奥会会旗、国际奥委会会旗、中华人民共和国国旗、国际残奥委会会旗、北京冬残奥会会旗。中华人民共和国国旗位于正中,旗杆高度最高。

二是开幕仪式升挂国旗。在体育运动开始前,专门举行升国旗仪式。例如,2008 年北京奥运会开幕式上,专门进行了升国旗仪式。

三是比赛项目颁奖仪式升挂国旗。如果一个国家赢得了体育比赛,那么与国旗相关的自豪感就会相应提高。在国际体育赛事中,每项具体项目比赛结果确定后,为表彰优秀运动员,将举行专门的颁奖仪式。在颁奖仪式中,升起前三名运动员所代表的国家的国旗,同时奏冠军选手所在国的国歌,冠军所在国的国旗处于最高位置(国际通行惯例是一国国旗不得高于他国国旗,但是在体育

比赛颁奖仪式上除外)。"当运动者获得奥运会的成就,原本只是运动者本身的荣誉;当国旗缓缓升空时,运动者即代表国家,他的光荣已象征国家、民族的荣耀,也象征国力的展现。当运动者此刻掉下感动的泪水,除了运动成就外,他的爱国心又令该国的同胞感动。"通过在体育赛事中升挂国旗,既体现出体育赛事的庄重性,也体现了对参赛选手、参赛选手所在国的尊重,展现国家的影响力。

二、体育赛事使用国旗及其图案

在重大体育国际组织交流活动中,按照国际体育组织要求和国际惯例,中国体育代表团、代表队在运动员入场礼服、领奖及训练装备上需要使用国旗、国徽等图案,如我国体操等项目比赛服着装惯例是在运动员胸前使用国徽图案。根据需要使用国旗、国徽图案,对于振奋民族精神、增强国家文化软实力,具有重要意义。通常各国允许在体育赛事中,使用国旗图案,主要分为以下两种情况。

1. 体育场所使用国旗图案

在很多体育赛事活动中,国旗(或者国徽)的图案或者基本构成颜色成为体育场所设计、装饰的基本颜色。例如,体育看台的背景、背景场所屏幕、观众携带挥舞的国旗旗帜等经常展示国旗图案,很多国家也鼓励在体育赛事中使用国旗图案。在激烈的体育赛事中,观众置身于国旗及其图案的海洋中,加上时不时歌唱的国歌的声音,极易激起爱国之情。

2. 体育特许商品使用国旗图案

在一些重大的国内、国际体育赛事中,国旗图案经过允许可以使用在特许商品上。例如,在奥运会上,使用国旗图案较为明显。在国际上,根据往届奥运会特许商品计划和奥林匹克收藏惯例,各届奥运会组委会都会开发使用奥运会主办国和主要参赛国国旗图案的特许商品,奥运会主办国均给予支持。特许商品既是奥运会的纪念品,也是宣传奥运会乃至该国传统和现代文化的载体。根据国际奥运会和北京奥组委规定,特许商品只能由授权企业严格依据该届奥组委事先审批的设计样稿生产,并通过指定销售渠道销售。在体育运动会特许商品上使用国旗图案,将为体育项目筹集资金,也有利于传播奥运会理念,提升体育运动项目的品牌价值。

在实践中,特许经营商会在重要节日、体育代表团出征国际重大体育赛事、重大体育赛事开幕式等关键节点推出带有国旗图案的主题特许商品。通过对带有国旗图案的特许商品的开发与推广,将体育赛事与国家盛事相联系,对于弘扬爱国主义精神,增强民族凝聚力,提升民族自豪感,宣传国家形象,讲好中国故事具有积极意义。我国国务院办公厅先后于 2007 年、2019 年批准了 2008 年北京夏季奥运会、2021 年北京冬季奥运会关于申请在奥运会主题特许商品上使用国旗图案。特许商品受到广泛欢迎,较好地起到了传播奥林匹克精神、推广北京奥运会品牌、展示中国特色的作用。

三、体育服饰使用国旗图案

在体育赛事中,体育服饰的颜色与线条可以采用国旗图案或者与国旗图案相似,象征国旗图案所在国。当运动者参加国际比赛时,其运动服装的颜色经常是该国传统的颜色或国旗的颜色,所以此颜色即象征国家的存在。运动员身着本国国旗图案的服装表明为本国而战,观众身着国旗图案的服装或者身上印上国旗图案的印记,表示为该国家而呐喊加油。在体育场所,载有国旗图案的服饰遍布全场,激发和强化在场人员的爱国主义情怀。

很多国家通常允许代表本国参与国际体育赛事时使用国旗图案(个别国家例外,如澳大利亚允许参加国际体育赛事的组织或者人员申请使用国徽图案)。1998 年 8 月 4 日,国家体育总局办公厅发布《国家队队服国家标志式样与使用办法》,明确国家队队服可以使用国旗、国徽图案,国旗、国徽的印制要符合国旗法、国徽法的相关要求,国家队运动员、教练员未经国家体育总局同意,不得穿着带有国家标志的国家队队服参加广告和商业推广活动。其中国家队队服国家标志的使用:"(一)专用和服:上衣胸前国家标志为国旗或国徽;(二)专用领奖服:上衣胸前国家标志为国旗,上衣背面为英文大写'CHINA(CHN)';(三)专用比赛服:胸前国家标志为国旗,也可根据需要选用汉字'中国',背面使用英文大写'CHINA(CHN)'。"

第二节　船舶领域

一、船舶升挂国旗

船舶旗帜是国旗的重要起源之一,对于近现代以来各国纷纷确立本国国旗起到了重要推动作用。欧洲中世纪时,船舶已经开始使用旗帜来进行识别。随着越来越多的探险船舶、商船和军舰出现在海上,旗帜作为明显的标识开始广泛地适用于各国船舶。在船舶的主桅上悬挂国王或者王子的旗帜,在其他桅杆升挂、悬挂具有传递信号意义的旗帜。随着船舶上使用旗帜越来越多、越来越复杂,逐渐诞生了固定的旗帜悬挂规则。在 13 世纪至 18 世纪的大航海时代,悬挂王室旗帜的船舶带来了明显的船舶效益,对于促进国旗的诞生、推广起到了重要作用。

1982 年,《联合国海洋法公约》进一步明确了船舶悬挂国旗的制度。每个国家,不论是沿海国或内陆国,均有权在公海上行驶悬挂其旗帜的船舶。每个国家应确定对船舶给予国籍、船舶在其领土内登记及船舶悬挂该国旗帜的条件。船舶具有其有权悬挂的旗帜所属国家的国籍。国家和船舶之间必须有真正联系。每个国家应向其给予悬挂该国旗帜权利的船舶颁发给予该权利的文件。船舶航行应仅悬挂一国的旗帜,而且除国际条约或本公约明文规定的例外情形外,在公海上应受该国的专属管辖。除所有权确实转移或变更登记的情形外,船舶在航程中或在停泊港内不得更换其旗帜。悬挂两国或两国以上旗帜航行并视方便而换用旗帜的船舶,对任何其他国家不得主张其中的任一国籍,并可视同无国籍的船舶。

由于船舶上升挂、悬挂旗帜与陆地上升挂旗帜有着很大的不同,船舶通常升挂多面旗帜,而陆地通常升挂一面或者少量旗帜;船舶进出口港、与特殊船舶相遇升挂旗帜有特定的规则礼仪,而陆地不会出现此类情况。正是基于船舶悬挂、升挂国旗与陆地不同,各国通常在国旗相关法律中明确,船舶悬挂、升挂旗帜依据专门的船舶旗帜使用办法。

二、我国船舶升挂国旗规定

1984 年,中央宣传部出台《关于中华人民共和国国旗升挂的暂行办法》,明确规定舰只、轮船应每日升挂国旗;船只按惯例树立旗杆;旗杆应套白色。1990 年,国旗法对船舶领域升挂国旗作了授权规定,明确民用船舶和进入中国领水的外国船舶升挂国旗的办法,由国务院交通主管部门规定。公安部门执行边防、治安、消防任务的船舶升挂国旗的办法,由国务院公安部门规定。按照国旗法的规定,1991 年 10 月 10 日,原交通部发布《船舶升挂国旗管理办法》,明确中国籍民用船舶以及进入中华人民共和国内水、港口、锚地的外国籍船舶升挂国旗的规则。

根据《深化党和国家机构改革方案》,公安边防部队改制,转到地方后,成建制划归公安机关,并结合新组建国家移民管理局进行适当调整整合。同时公安消防部队改制,成建制划归应急管理部。根据公安部门的组成、职能调整,2020 年修改国旗法将"公安部门执行边防、治安、消防任务的船舶升挂国旗的办法,由国务院公安部门规定"修改为"执行出入境边防检查、边境管理、治安任务的船舶升挂国旗的办法,由国务院公安部门规定"。

根据《深化党和国家机构改革方案》,公安消防部队改制,转到地方后,成建制划归应急管理部,组建国家综合性消防救援队伍,承担灭火救援和其他应急救援工作,发挥应急救援主力军和国家队的作用。国家综合性消防救援队伍实行单独管理。2019 年 4 月 23 日修正后的消防法明确了应急管理部门及消防救援机构的法律地位。因此,在国旗法中明确国家综合性消防救援队伍船舶升挂国旗的办法由国务院应急管理部门规定。

三、船舶升挂国旗的规则

船舶升挂国旗的规则由两部分组成:一部分是因船舶的特殊性而与众不同的规则;另一部分是与通行升挂国旗一致的规则。例如,根据《船舶升挂国旗管理办法》(以下简称《办法》)规定,与一般情况下升挂国旗一致的规则包括:中国籍船舶应当每日悬挂中国国旗;船舶悬挂中国国旗应当早晨升起,傍晚降下。但遇有恶劣天气时,可以不升挂中国国旗;船舶悬挂的中国国旗应当整洁,不得破损、污损、褪色或者不合规格,不得倒挂。遇有国旗法规定的情形时,港务监督机构应通知或通过船舶代理人、所有人通知船舶下半旗等。按照《办法》的规定,船舶升挂国旗还有以下特殊规则。

(一)悬挂国旗的登记

按照《船舶登记条例》的规定,船舶经依法登记,取得中华人民共和国国籍,方可悬挂中华人民共和国国旗航行;未经登记的,不得悬挂中华人民共和国国旗航行。假冒中华人民共和国国籍,悬挂中华人民共和国国旗航行的,由船舶登记机关依法没收该船舶。《内河交通安全管理条例》规定,船舶在内河航行,应当悬挂国旗。《渔港水域交通安全管理条例》规定,渔业船舶在向渔政渔港监督管理机关申请船舶登记,并取得渔业船舶国籍证书或者渔业船舶登记证书后,方可悬挂中华人民共和国国旗航行。

(二)外国船舶升挂国旗

船舶除悬挂船旗国国旗外,进入他国水域时须同时悬挂他国国旗。如《俄罗斯国旗法》规定,挂有外国旗帜的船舶在俄罗斯联邦领海与内海航行和停泊,以及在俄罗斯联邦港口停泊时,应根据国际海洋惯例,在本国旗帜外另升挂俄罗斯联邦国旗。

在我国,《办法》第六条规定,进入中华人民共和国内水、港口、锚地的外国籍船舶,应当每日悬挂中国国旗。《办法》第七条第二款规定,外国籍船舶悬挂的中国国旗尺度,一般应不小于其悬挂的船旗国国旗的尺度。此外,《中华人民共和国外国籍船舶航行长江水域管理规定》第十条规定,船舶在长江水域及其港口航行、停泊,白天应当在前桅顶部悬挂中华人民共和国国旗,船尾悬挂船籍国国旗,有引航员在船时应当加挂"H"旗。

（三）悬挂的位置

船舶升挂国旗时在位置上有所不同。《办法》规定,中国籍船舶应将中国国旗悬挂于船尾旗杆上。船尾没有旗杆的,应悬挂于驾驶室信号杆顶部或右横桁。外国籍船舶悬挂中国国旗,应悬挂于前桅或驾驶室信号杆顶部或右横桁。中国国旗与其他旗帜同时悬挂于驾驶室信号杆右横桁时,中国国旗应悬挂于最外侧。

（四）悬挂的礼仪

按照国际通行的规则,船舶升挂国旗还形成了特殊的规则礼仪。一是礼遇礼仪。《办法》规定,中国籍船舶在航行中与军舰相遇,需要时可以使用中国国旗表示礼仪。二是取得国籍升挂礼仪。船舶取得中华人民共和国国籍后,第一次升挂中国国旗时,可以举行升旗仪式。三是改变国籍礼仪。中国籍船舶改变国籍,在最后一次降中国国旗时,可以举行降旗仪式。降旗仪式可参照升旗仪式进行。降旗仪式后,船长或船舶其他负责人应将中国国旗妥善保管,送交船舶所有人。船舶遇难必须弃船时,船长或船舶其他负责人应指定专人降下中国国旗,并携带离船,送交船舶所有人。

第三节 军事领域

军事领域是较早使用国家象征的领域之一。在冷兵器战争时代,鲜明的国旗是区分敌我的重要标志,也是强化军事人员国家观念、民族意识的重要旗帜。进入现代国家以来,国旗在军事领域的运用更加广泛,同时,与军旗等同时使用的情形也越来越多。军事领域与其他领域不同,有其自身的特殊性。特别是军事机关、军队营区、军用舰船等,与其他机关、场所不同,使用旗帜较多,对于使用旗帜有着特殊的要求。各国通常授权军事机关自行制定该领域的国旗、国歌使用办法。

一、历史沿革

1950年8月18日,政务院座谈会讨论的《国旗升挂办法（草案）》涉及军事领域,规定国旗升降时,军人行军礼;国旗不得与军旗等相交叉。1984年中央宣传部《关于中华人民共和国国旗升挂的暂行办法》有涉及军事领域的规定："举行升旗仪式时,由一人持旗,二人护旗,庄重地步向旗杆。当国旗徐徐升至杆顶的同时,可奏国歌曲谱一遍。参加者立正行注目礼(军人行军礼、少先队员行队礼)。""国旗不得与其他旗帜(如党旗、军旗等)相交,但遇有国际性集会,则可与有关国家的国旗并列悬挂。"同时该暂行办法还规定:"部队(包括武装警察)机关、营房的国旗升挂办法,由中国人民解放军总政治部根据本规定精神制定。"

1990 年国旗法对军事领域使用国旗作了授权性规定,明确中国人民解放军原总政治部对各自管辖范围内国旗的升挂和使用,实施监督管理。第十条规定,军事机关、军队营区、军用舰船,按照中央军事委员会的有关规定升挂国旗。依据《中华人民共和国国旗法》,结合军队实际情况,中央军委于 1990 年 9 月 25 日通过《中国人民解放军升挂国旗规定》印发全军,并遵照执行。共 9 条。对军队升挂国旗的范围、升挂国旗的地点以及升挂国旗的时间、仪式和方法等均作了明确规定。

根据近年来国防军队体制改革,中共中央印发《关于调整中国人民武装警察部队领导指挥体制的决定》,自 2018 年 1 月 1 日零时起,武警部队由党中央、中央军委集中统一领导,实行中央军委—武警部队—部队领导指挥体制。近年来,军队积极参与国际维和、海上护航、人道主义救援等行动,积极展现中国负责任大国形象,对于国旗使用的需求,在场所上已不再局限于机关、营区、舰船,在方式上也不再局限于升挂。为适应"军事力量走出去"任务要求,2020 年修改国旗法,将"军事机关、军队营区、军用舰船,按照中央军事委员会的有关规定升挂国旗"修改为"中国人民解放军和中国人民武装警察部队升挂、使用国旗的办法,由中央军事委员会规定"。同时将"中国人民解放军总政治部对各自管辖范围内国旗的升挂和使用,实施监督管理"修改为"中央军事委员会有关部门对各自管辖范围内国旗的升挂、使用和收回实施监督管理"。

1990 年国旗法第十条规定:"军事机关、军队营区、军用舰船,按照中央军事委员会的有关规定升挂国旗。"按照该规定,1990 年解放军制定《中国人民解放军升挂国旗规定》。同时,2018 年修订后的《中国人民解放军队列条令(试行)》(以下简称《队列条令(试行)》)、《中国人民解放军内务条令(试行)》(以下简称《内务条令(试行)》)等也对国旗使用、管理、礼仪等作了具体规定。《队列条令(试行)》是规范全军队列动作、队列队形、队列指挥的军事法规,是全军官兵必须共同遵守的行为准则。《内务条令(试行)》是规定军人职责、军队内部关系和日常生活制度的法规。《中国人民解放军海军舰艇条令(试行)》是海军舰艇部队综合性管理法规,规定了舰艇在码头停泊、航行、锚泊、重大节日等时机,旗帜悬挂及转换的具体规定。

二、军事领域使用国旗的具体规定

（一）升挂国旗的地点

关于升挂国旗的地点，《内务条令（试行）》第二百九十九条规定，下列军队单位应当每日升挂国旗：（一）军委机关部门；（二）战区机关，军兵种机关，军事科学院，国防大学，国防科技大学，以及战区军种和其他副战区级单位机关；（三）边防海防哨所，驻边境口岸的军队外事机构。第三百条规定，军级以下部队和省军区（卫戍区、警备区）、军分区（警备区），应当在工作日升挂国旗。军队院校除寒假、暑假和休息日外，应当每日升挂国旗。前款规定的单位，在国庆节、建军节、国际劳动节、元旦、春节应当升挂国旗。第三百零一条规定，军队单位举行重大庆祝、纪念活动和大型文化、体育活动，以及大型展览活动，可以升挂国旗。驻民族自治地区的旅级以上单位机关，在民族自治地方政府规定升挂国旗的纪念日和主要传统节日，可以升挂国旗。第三百零二条规定，每日或者工作日升挂国旗的军队单位，应当选择显著地点树立旗杆升挂国旗。逢国庆节、建军节、国际劳动节、元旦、春节升挂国旗的军事机关和单位，有条件的，应当树立旗杆升挂国旗；未树立旗杆的，应当将国旗升挂于显著位置。第三百零四条规定，旅（团）级以上单位军政主官的办公室和承担外事任务的机关办公室，可以在显著位置插置国旗。插置的国旗，应当根据《中华人民共和国国旗法》的规定，选择适当的尺度，旗杆垂直，旗面自然下垂。

根据上述军事法规规章规定，军以下部队和省军区（卫戍区、警备区）、军分区（警备区），应当在工作日升挂国旗。军队院校除寒假、暑假和休息日外，应当每日升挂国旗。前述的军事机关和单位，在国庆节、建军节、国际劳动节、元旦、春节应当升挂国旗。团以上单位军政主官的办公室和承担外事任务的机关办公室，可以在显著位置插置国旗。插置的国旗，应当根据国旗法的规定，选择适当的尺度，旗杆垂直，旗面自然下垂。

（二）升挂国旗的仪式

对于升国旗仪式的在场人员礼仪，历次内务条令均对此作了规定。2018 年《内务条令（试行）》第五十九条规定："升国旗时，在场的全体军人应当面向国旗立正，着军服的行举手礼，着便服的行注目礼。奏唱国歌时，在场的军人应当自行立正，举止庄重，肃立致敬，自始至终跟唱；集会奏唱时，应当统一起立，设立分会场的，应当与主会场保持一致。"《内务条令（试行）》第三百零三条规定，升挂国旗的时间、仪式和方法，下半旗的时机、方法及其他有关事项，按照《中华人民共和国国旗法》和其他有关法规的规定执行。

《队列条令（试行）》第六十九条规定了升国旗仪式。军队单位在节日、纪念日或者组织重要活动时，可以举行升国旗仪式，按照下列程序进行：（1）仪式开始；（2）升国旗，奏唱国歌；（3）向国旗敬礼；（4）仪式结束。升国旗仪式开始前，主持人向首长报告，待首长指示后，宣布仪式开始；奏《歌唱祖国》，掌旗员、护旗兵正步或者齐步行进至旗杆下，掌旗员将国旗交给护旗兵，协力将国旗套（挂）在旗杆绳上并系紧；国歌奏响的同时，升国旗；升国旗时，按照本条令第五十四条规定的动作要领执行；听到"向国旗——敬礼——"的口令后，在场军人行举手礼（不便于行举手礼的，行注目礼），注视国旗上升至旗杆顶；国歌毕，听到"礼毕"的口令后，全体人员礼毕；升国旗仪式结束时，主持人向首长报告，待首长指示后，命令部队按照规定的顺序、路线带回。

（三）升降国旗的方法

目前，升降国旗的方法按照《队列条令（试行）》第五十三条、第五十四条规定执行。国旗由一名掌旗员掌持，两名护旗兵护旗，护旗兵位于掌旗员两侧。掌旗员和护旗兵应当具备良好的军政素质和魁梧匀称的体形。掌持国旗的姿势为扛旗。扛旗要领有：右手将旗扛于右肩，旗杆套稍高于肩，右臂伸直，右手掌心向下握旗杆，左手放下。听到"齐步——走"的口令后，开始行进。国旗的升降要领有：升旗时，掌旗员将旗交给护旗兵，由两名护旗兵协力将国旗套（挂）在旗杆绳上并系紧，掌旗员将国旗抛展开的同时，由护旗兵协力将旗升至旗杆顶。降旗时，由护旗兵解开旗杆绳并将旗降下，掌旗员接扛于肩。下半旗时，先将国旗升至旗杆顶，然后徐徐降至旗顶与旗杆顶之间的距离为旗杆全长的 1/3 处；降旗时，先将国旗升至旗杆顶，然后再降下。升、降旗时，掌旗员应当面向国旗行举手礼。

第四节　涉外领域

涉外领域是使用国旗较为广泛的领域之一。在对外交往、执行国家外交政策时需要将国旗作为象征本国的标志。在涉外领域使用国旗，更具有政治性、庄重性、严肃性。

一、历史沿革

新中国成立之初，就考虑对国旗涉外使用进行了规定。1950 年 8 月 18 日，政务院座谈会讨论的《国旗升挂办法(草案)》明确规定,驻各国外交机关,得每日悬挂国旗;国旗不得与其他旗帜(如军旗、党旗等)相交叉,但遇有国际性的集会,则可与有关国家之国旗并列悬挂。其位置应在上首(在国内左边第一,在国外右边第一)。1984年,中央宣传部通过的《关于中华人民共和国国旗升挂的暂行办法》明确,外交部,代表国家的外事机关、海关、边防检查站每日升挂国旗。关于国旗升挂的地点,外交场合特殊挂旗,按惯例办理。国旗不得与其他旗帜(如党旗、军旗等)相交,但遇有国际性集会,则可与有关国家的国旗并列悬挂。

1990年,制定国旗法时,对涉外领域使用国旗作了授权规定,明确外交部对其管辖范围内国旗的升挂和使用,实施监督管理;外交活动以及国家驻外使馆领馆和其他外交代表机构升挂、使用国旗的办法,由外交部规定;在外事活动中同时升挂两个以上国家的国旗时,应当按照外交部的规定或者国际惯例升挂。根据国旗法的规定,1991年4月,外交部出台《关于涉外升挂和使用国旗的规定》。实践中,一些企业事业组织,特别是外商投资企业,在升挂和使用国旗时,违反有关规定。有的中外合资企业的门口,只悬挂合资外方所属国国旗;有的在同时升挂中国国旗和外国国旗时,没有将中国国旗置于中心或首位,在人民群众中造成了不良影响。针对上述情况,1998年10月,国务院办公厅印发《关于加强对外商投资企业升挂和使用国旗管理的通知》。上述法律和规定,较为全面地明确了涉外领域升挂和使用国旗的主要情形、基本规则等事项。2020年,修改国旗法,根据涉外领域使用国旗的实践需要,2022年,外交部修改了《关于涉外升挂和使用国旗的规定》。

任何一国对于本国国旗、外国国旗在实际使用过程中,都有不同的要求。根据一国国旗在国内外升挂和使用的地域不同,涉外领域使用国旗主要分为两种情况:一是在国内涉外场合升挂本国国旗、外国国旗。二是在国外升挂国旗。

二、在本国升挂外国国旗

对于外国国旗在一国国内的升挂,各国通常采取比较谨慎的态度。例如,意大利政府《公务礼仪和程序规则》规定,外国或国际组织的标志只能在外国当局进行正式访问或举行国际会议时才显示,其升挂只限于活动进行期间或为庆祝特定场合。

《中华人民共和国外交部关于涉外升挂和使用国旗的规定》明确,只有在以下场合,可以升挂、使用外国国旗:(1)特定范围的外国贵宾以本人所担任公职的身份单独或率领代表团来华进行正式访问时应当升挂国旗;可以在贵宾的住地升挂来访国国旗,在贵宾乘坐的交通工具上悬挂中国国旗和来访国国旗。

（2）接待外国国家元首（含副元首）和政府首脑时，在重大礼仪活动场所，如欢迎仪式、欢迎宴会、正式会谈、签字仪式等，升挂中国国旗和来访国国旗。外国国家元首如有特制元首旗，可按对方意愿和习惯做法，在其座车和下榻的宾馆升挂元首旗。（3）明确重要国际活动场所可以升挂国旗。（4）外国驻中国使、领馆和其他外交代表机构可以按照《中华人民共和国外交特权与豁免条例》和《中华人民共和国领事特权与豁免条例》升挂派遣国国旗。（5）其他外国常驻中国的机构、外商投资企业，凡平日在室外或公共场所升挂本国国旗者，必须同时升挂中国国旗；同时，该规定还专门明确，外国公民在中国境内平日不得在室外和公共场所升挂国籍国国旗。遇其国籍国国庆日，可以在室外或公共场所悬挂其国籍国国旗，但必须同时悬挂中国国旗。遇中国由国家成立的治丧机构或国务院决定全国下半旗志哀日，外国常驻中国的机构和外商投资企业，凡当日挂旗者，应该下半旗。

该规定还明确，外国国旗在国内升挂的礼仪。中国国旗与外国国旗并挂时，各国国旗应该按照各国规定的比例制作，尽量做到旗的面积大体相等。在中国境内举办双边活动需要悬挂中国和外国国旗时，凡中方主办的活动，外国国旗置于上首；对方举办的活动，则中国国旗置于上首。在中国境内，凡同时悬挂多国国旗时，必须同时悬挂中国国旗。在室外或公共场所，只能升挂与中国建立外交关系的国家的国旗。如要升挂未建交国国旗，必须事先征得省、自治区、直辖市人民政府外事办公室批准。

在中国境内，中国国旗与多国国旗并列升挂时，中国国旗应该置于荣誉地位。并排升挂具体规则如下：（1）一列并排时，以旗面面向观众为准，中国国旗在最右方；（2）单行排列时，中国国旗在最前面；（3）弧形或从中间往两旁排列时，中国国旗在中心；（4）圆形排列时，中国国旗在主席台（或主入口）对面的中心位置。多国国旗并列升挂，旗杆高度应该一致划一。升挂时必须先升中国国旗，降落时最后降中国国旗。同一旗杆上不能升挂两个国家的国旗。外国驻华机构、外商投资企业、外国公民在同时升挂中国和外国国旗时，必须将中国国旗置于上首或中心位置。外商投资企业同时升挂中国国旗和企业旗时，必须把中国国旗置于中心、较高或者突出的位置。

针对外商投资企业升挂和使用国旗的办法，《国务院办公厅关于加强对外商投资企业升挂和使用国旗管理的通知》进一步强调：（1）外国政府经援项目以及大型中外合资经营企业、中外合作经营企业、外资企业（以下简称外商投资企业）的奠基、开业、落成典礼以及重大庆祝活动，可以同时升挂中国国旗和有关外方所属国国旗。（2）外商投资企业，凡平时在室外或公共场所升挂本国国旗时，只能升挂与中国建立外交关系的国家的国旗，并且必须同时升挂中国国旗。如有需要升挂未与中国建立外交关系国家的国旗，须由省、自治区、直辖市人民政府外事办公室请示外交部。（3）外商投资企业同时升挂中国和外方所属国国旗时，必须将中国国旗置于首位或中心位置。外商投资企业同时升挂中国国旗和企业旗时，必须把中国国旗置于中心、较高或突出的位置。（4）各省、自治区、直辖市人民政府外事办公室要加强对外商投资企业升挂和使用国旗的监督管理，对违反有关规定升挂和使用国旗的外商投资企业，要令其纠正。

三、在国外升挂本国国旗

根据国际惯例，各国允许特定情形下，他国国旗在本国升挂；同时各国也会规定本国国旗在他国升挂的情形，主要是本国驻外机构应当升挂本国国旗。《维也纳外交关系公约》第二十条规定："使馆及其馆长有权在使馆馆舍，及在使馆馆长寓邸与交通工具上使用派遣国之国旗或国徽。"《维也纳领事关系公约》第二十九条规定："国旗与国徽之使用。一、派遣国有权依本条之规定在接受国内使用本国之国旗与国徽。二、领馆所在之建筑物及其正门上以及领馆馆长寓邸与在执行公务时乘用之交通工具上得悬挂派遣国国旗并揭示国徽。三、行使本条所规定之权利时，对于接受国之法律规章与惯例应加顾及。"

例如，《俄罗斯国旗法》规定，俄罗斯联邦国旗升挂于：俄罗斯联邦外交领事机构所在建筑、外交领事机构负责人官邸（与履行公职有关情况下），以及俄罗斯联邦驻国际组织代表处等其他俄罗斯联邦正式驻外代表机构所在建筑。悬挂遵守国际法准则、外交礼宾规定和驻在国传统。

关于我国国旗在国外升挂的场合，《中华人民共和国外交部关于涉外升挂和使用国旗的规定》明确，在以下国外场合升挂我国国旗：（1）中国国家领导人和各种代表团出国访问，根据东道国的规定和习惯做法升挂中国和东道国国旗。（2）出国参加各种国际会议、文化体育活动、展览会、博览会等，可以按东道国或有关主办单位的规定和习惯做法悬挂中国国旗。（3）中国派驻外国的外交代表机关和领事机关，按照《维也纳外交关系公约》和《维也纳领事关系公约》可以在馆舍和馆长官邸升挂中国国旗。各馆可以根据当地习惯每日或在重大节庆日（即中国国庆日、国际劳动节、元旦、春节和驻在国国庆日）升挂中国国旗。（4）外交代表机关的馆长乘用的交通工具可以悬挂中国国旗，领馆馆长在执行公务时乘用的交通工具可以悬挂中国国旗。中国派驻外国的外交代表机关和领事机关的馆长举行国庆招待会、建交庆祝活动和为中国领导人访问举行的重大活动时，可以在活动场所悬挂中国国旗和驻在国国旗。在馆舍以外开设的办公处不升挂中国国旗。中国常驻各国际组织的代表团或代表处可按照以上办法升挂中国国旗。

《中华人民共和国外交部关于涉外升挂和使用国旗的规定》明确，中国派驻外国的外交代表机关和领事机关以外的其他常驻机构,中国在外国的投资企业和旅居外国的中国公民,根据所在国的规定和习惯做法升挂国旗。

对于我国国旗在外国的礼仪,《中华人民共和国外交部关于涉外升挂和使用国旗的规定》明确,新开馆或闭馆时应该举行升旗或降旗仪式。中国派驻外国的外交机构遇下列情况降半旗:(1)中华人民共和国主席、全国人民代表大会常务委员会委员长、国务院总理、中央军事委员会主席逝世;中国国内发生特别重大伤亡的不幸事件或者严重自然灾害造成重大伤亡,国务院决定降半旗;中国外交部通知降半旗。(2)驻在国国家元首和政府首脑逝世,可以根据驻在国的规定降半旗;在驻在国因发生严重自然灾害造成重大伤亡决定降半旗志哀时,可以降半旗。其他驻外机构,凡平日挂旗者,参照上述规定降半旗。

第七章 国旗的监督管理

第一节 国旗的监管体系

一、古代国家礼仪监督管理的情况

国家象征的使用与礼仪有着密切的关系。我国古代已经建立了丰富的礼仪制度管理体系,专门的礼部掌天下礼仪、祭享、贡举之事务,也包括官方使用的旗帜。

在清末之前,以国家为天下、以自我为中心的观念长期存在。清末之前就有王权、帝王以及政权机构的象征,如"九鼎""龙纹""常旗"等。九鼎,象征天下九州。夏商周只有天子才能使用九鼎,祭祀天地祖先时行九鼎大礼。所谓"问鼎中原",喻指企图夺取天下。九鼎是代表王权至上、国家统一的象征,视为国家政权象征。龙纹源自古代图腾,秦汉以后演变为王权专用纹样,龙纹被赋予皇权意义,常用于帝王服饰。帝王出行、祭祀等有专门旗帜。常旗一般是只有帝王才能使用。

在古代,帝王象征的旗帜由礼仪部门负责。《周礼》分设天、地、春、夏、秋、冬六官,春官以大宗伯为长官,掌理礼制、祭祀、历法等事。春官下设司常。《周礼·春官·司常》:"司常掌九旗之物名,各有属以待国事。"周朝时专设司常,以管理旗帜。北魏始设礼部,隋朝以后礼部成为中央行政机构之一,掌控五礼(以祭祀之事为吉礼,丧葬之事为凶礼,军旅之事为军礼,宾客之事为宾礼,冠婚之事为嘉礼),五礼中很多场合需要用到旗帜、纹饰等,有些旗帜、纹饰只能由帝王或者官府使用。主掌礼仪之官一直延续下来,旗帜也是属于礼部的职权范围之内。

二、我国国家象征监管的变化

新中国成立初期,中央人民政府下设典礼局,负责国家礼仪相关事务。典礼局后改隶属于全国人大常委会,后又因机构改革而撤销。目前,全国人大常委会办公厅下设的外事局也负责外事礼仪相关事务,但是就国内事务相关的礼仪,外交部还成立有专门的礼宾司。实践中,各地关于国旗、国徽使用的各类问题,主要也是自新中国成立之后,先后由中央人民政府委员会办公厅、政务院办公厅、国务院办公厅负责答复。

2020年修改国旗法、国徽法之前,一直没有明确国旗、国徽等国家象征的主管部门,其相关事宜主要由综合性事务管理部门负责,管理没有长远性,缺乏配套性规则体系的构建。因此,基于上述问题,国旗法在修改时明确:"国务院办公厅统筹协调全国范围内国旗管理有关工作。地方各级人民政府统筹协调本行政区域内国旗管理有关工作。"

三、2020 年国旗法修改后的监管体系

国家认同需要国家象征的普及及宣传。将国旗明确由统一的部门进行管理是国际上国家象征法治化管理的通例,有利于发挥国旗作为国家象征的整合功能,能够实现各领域的统一管理,对于推动宪法实施,培育和弘扬社会主义核心价值观,完善国家治理能力和治理体系现代化具有重要意义。

(一)统筹主体、分领域多层次监管的体系

明确国家象征的主管部门,是此次国旗法的重要突破,对于完善我国的国家象征监督管理具有重要意义。

一是中央层面由国务院办公厅统筹。2020年修改国旗法规定,国务院办公厅统筹协调全国范围内国旗管理工作。其原因有以下三点:其一,国旗管理涉及外交、公安、交通、海关、市场监管等多方面,由国务院办公厅统筹协调,更有利于开展工作。其二,1990年国旗法规定了地方各级人民政府统筹协调本行政区域内国旗、国徽管理有关工作,中央政府层面由国务院办公厅承担统筹协调职能更为妥当。其三,从实际工作角度出发,一直以来,国务院办公厅承担着国旗、国徽的有关工作,特别是为迎接中华人民共和国成立 70 周年,国务院办公厅开展了全国国旗使用情况专项检查,统筹协调职能由国务院办公厅承担可使工作更具有延续性。

二是地方层面,明确县级人民政府确定的部门对本行政区域内国旗的升挂、使用和收回,实施监督管理。

在国旗法修改的过程中,有的意见提出,"确定的部门"也可能在实践中出现落实困难的问题,也可能出现确定的部门不一致、衔接不顺的问题,从而导致监管不到位。为了便于法律及时、便捷、高效实施,方便人民群众反映国旗法、国徽法实施过程中出现的问题,建议对"确定的部门"予以明确,考虑到1990年

国旗法规定的监督管理主体为各级人民政府,按照工作惯例,各级人民政府办公厅(室)代表政府在国旗使用的监督管理方面做了大量的工作,代表性、权威性得到认可,国旗使用的监督管理主体确定为办公厅(室)较为适宜。实践中,县级人民政府在具体执法中起到重要作用。有的赋予市政管理部门负责本区域国旗相关规则,有的赋予公安部门负责相关工作。而且由于各地实行执法部门改革,有的建立了综合性的执法队伍,有的地方赋予乡镇(街道)以执法权。因此,在修法过程中,为确保国旗法修改落到实处,没有专门明确具体执法部门,而由县级人民政府具体确定相应的执法部门。

实践中,一些地方根据实践情况,对相关部门的责任作了进一步规定:一些地方明确城市管理部门作为城区升挂、使用国旗的具体主管部门,主要是考虑到城市管理部门主要负责城市市容环境管理及综合执法等工作,对于城区范围内特定事项具有一定的综合执法权限,并且具有专门工作人员,对于监督管理城区范围内组织、个人升挂、挂旗也较为适宜。2019年9月,重庆市人民政府印发《关于确定市级国旗主管部门的通知》,确定将城市管理局作为市级国旗主管部门,对全市国旗的升挂、使用和收回统一实施监督管理。2022年6月,湖南省益阳市人民政府印发《关于确定市级国旗主管部门的通知》,确定市城管执法局作为市级国旗主管部门,对中心城区主城区国旗的升挂、使用和收回统一实施监督管理。

三是明确各级人民政府市场监督管理部门对国旗的制作和销售,实施监督管理。国旗的全过程管理涉及多领域,其制作、销售对于国家象征的使用管理起到重要作用。为了进一步细化和加强国旗监管,一些地方细化了收回、定期检查、具体监管制度。

（二）多个分领域多层次监管的体系

在体育、船舶、军事、外交领域由相应主管部门监管的原因在于其领域的特殊性。外交、体育、军事都有相关的国际习惯、惯例,难以有统一的规则,因此需要相关主管部门监管。上述领域使用较为普遍、广泛,也有专门的对应部门予以监管。

一是船舶领域。2020年修改后的国旗法第十二条规定,民用船舶和进入中国领水的外国船舶升挂国旗的办法,由国务院交通主管部门规定。执行出入境边防检查、边境管理、治安任务的船舶升挂国旗的办法,由国务院公安部门规定。国家综合性消防救援队伍的船舶升挂国旗的办法,由国务院应急管理部门规定。

二是军事领域。国旗法第十一条规定,中国人民解放军和中国人民武装警察部队升挂、使用国旗的办法,由中央军事委员会规定。1990年中央军委制定了《中国人民解放军升挂国旗规定》。2018 年中央军委制定的《内务条令（试行）》规范了解放军升挂国旗的具体规定。

三是外交领域。外事活动和国家驻外使馆、领馆以及其他外交代表机构对外使用国旗有其特殊性，且情形较多，在国旗法中难以对此作出具体的规定，因此授权外交部规定，并报国务院批准后施行。国旗法制定后，为了在对外活动中正确使用国旗，外交部制定《关于涉外升挂和使用国旗的规定》。

第二节　国旗的具体管理

国旗代表着国家主权的形象。维护国旗尊严，需要构建完善的国旗制造、销售、日常管理、收回等全流程的监督管理制度。

一、国旗制作的监督管理

（一）国旗定点制作的变化

为了对国旗的质量进行监管，新中国成立时期，1949 年 9 月 29 日，中共中央专门发文《关于严格按照〈国旗制法说明〉指定专门店号承制国旗的通知》，明确了定点企业制作国旗的制度。1990 年国旗法延续了定点企业生产的制度，但是将确定权下放到省级人民政府，规定国旗由省、自治区、直辖市的人民政府指定的企业制作，希望通过省级人民政府的遴选指定，由具备制作能力、态度认真负责的企业来承担起国旗制作的具体工作，确保国旗产品质量，维护国旗尊严。在 2020 年国旗法修改过程中，考虑到近年来使用国旗的场合和情形不断增加，同时随着经济社会发展，有关企业的生产工艺也在不断进步。此外，近年来针对国旗制作先后已经出台了不少国家标准，只要生产企业严格按照国家标准进行生产，就可以保证国旗质量。因此，按照"放管服"改革要求，修改后的国旗法取消了指定国旗制作企业制度，改为由市场监督管理部门按照有关标准进行监管。

（二）国旗的制作标准

实践中，国旗的制作不统一，表现为国旗尺寸不一，个别还有颜色的偏差，甚至皱巴、污损，旗杆更是五花八门等。为了维护国旗的尊严，保证国旗的制作质量，1991 年 5 月 25 日，由原国家技术监督局发布了《国旗》和《国旗颜色标准样品》两项国家标准，为贯彻国旗法，确保国旗质量的配套技术标准，规定了国旗的形状、颜色、图案、制版定位、通用尺寸、染色牢度等技术要求。升挂的国旗,应当依法使用符合上述规格的国旗,体现对国旗的尊重。

国旗相关国家标准是市场监督管理部门对国旗的制作、销售监督管理的重要依据。标准化法规定,强制性标准,必须执行。不符合强制性标准的产品,禁止生产、销售和进口。标准化法规定,县级以上政府标准化行政主管部门、有关行政主管部门依据法定职责,对标准的制定进行指导和监督,对标准的实施进行监督检查。目前,县级以上政府市场监督管理部门以及其他相关部门,应当对国旗相关国家标准的实施进行监督管理。

2004 年 1 月,原国家质量监督检验检疫总局、中国国家标准化管理委员会发布修改后强制性国家标准《国旗》(GB 12982 – 2004)。该标准规定了国旗的要求、试验方法、检验规则、标志、标签和包装。该标准适用于以化学纤维织物(不含人造纤维织物)、丝绸为材质制作的国旗,也适用于以棉、毛、麻织物为材质制作的国旗。以纸张、塑料等材质制作的国旗外观质量控制亦应参照本标准。对于旗面外观评定提出具体要求。对于红色部分,不允许有明显的污渍、搭色、色渍、皱条。对于黄色部分,不允许有明显的污渍、色渍,五角星不允许有明显的轮廓不清。关于旗面上、中、下色差,按国家标准《纺织品 色牢度试验 评定变色用灰色样卡》(GB/T 250 – 2008)进行评定时,不低于 4 级。对于旗面外观,不允许有白边、深浅边及有明显影响外观的织瑕缺陷,不允许在旗面(含正、反两面)和周边附加饰物、文字或其他图案。

对于检验规则,国家标准《国旗》(GB 12982 – 2004)明确,旗面的形状、图案和标准尺寸,织物质量、旗面评定,国旗缝制,颜色质量检验为出厂检验。当材质、染料、工艺发生变化时应进行型式检验。每批产品检验抽样数为该批产品总数的 2% ,但不得少于 10 面,样品应随机抽取。每批产品检验中,每个样品的所有检验项目全部合格的,判定此样品为合格;当所有样品都合格时,判定该批产品为合格品,否则为不合格品。不合格品不得出厂。

2004 年 11 月,原国家质量监督检验检疫总局、中国国家标准化管理委员会发布修改后强制性国家标准《国旗颜色标准样品》(GB 12983 – 2004)。该标准规定了以化学纤维织物(不含人造纤维织物)、丝绸、棉布为材质制作的国旗颜色标准样品的尺寸、色度的技术要求。该标准规定了标准样品检测的试验方法,并且明确具体检测规则。国旗颜色标准样品中色度要求的检验必须按照试验方法规定进行。其结果不符合标准不得作为标准样品,不准发行。国旗生产厂和监督部门所具有的国旗颜色标准样品,使用期为两年,超过两年必须送检,色度数值不符合标准规定的不得使用。国旗颜色标准样品由国务院标准化行政主管部门负责监制、发行和监督实施。

2008 年 11 月,原国家质量监督检验检疫总局、中国国家标准化管理委员会发布推荐性国家标准《国旗用织物》(GB/T 17392 - 2008),规定了加工制作中华人民共和国国旗用的棉、丝、涤纶、晴纶、锦纶类织物的技术要求、试验方法、检验规则、包装和标志。

二、国旗的日常监管

国旗法第二十二条规定,国务院办公厅统筹协调全国范围内国旗管理有关工作。地方各级人民政府统筹协调本行政区域内国旗管理有关工作。一些地方还具体细化相关部门的日常管理事项。

一是明确相关行业主管部门,如《内蒙古自治区国旗升挂使用管理规定》第三条规定,各级市场监督管理、住房城乡建设(城市管理)、公安等相关职能部门和教育、文化和旅游、外事等行业主管部门依据法定职责,加强对国旗制作、销售、升挂、使用等环节的监督管理。《西安市国旗升挂使用管理办法》第三条规定,区县教育、商务、文化旅游、文物、体育、城管等部门(以下统称国旗管理部门)在辖区内根据各自职责对国旗的升挂、使用、收回实施监督管理。

二是明确国家机关对本单位所属国旗使用管理的具体监督管理。升挂国旗的国家机关作为国家机构,本身也具有职责维护管理本单位的国旗。例如,《内蒙古自治区国旗升挂使用管理规定》第三条规定,自治区本级党的机关、人大机关、行政机关、政协机关、监察机关、审判机关、检察机关、民主党派机关,负责对所属单位国旗升挂、使用等活动实施具体监督管理。第十三条规定,升挂、使用国旗的单位,应当指定专人负责国旗的升挂、使用和日常保养维护工作。

三是规定乡镇街道职责。按照地方组织法的规定,街道办事处在本辖区内办理派出它的人民政府交办的公共服务、公共管理、公共安全等工作,依法履行综合管理、统筹协调、应急处置和行政执法等职责,反映居民的意见和要求。乡、民族乡、镇的人民政府和市辖区、不设区的市的人民政府或者街道办事处对基层群众性自治组织的工作给予指导、支持和帮助。乡镇(街道)有责任对本辖区的社区、村以及相关单位的国旗升挂、使用、收回实施监督管理。例如,《西安市国旗升挂使用管理办法》第三条规定,镇人民政府、街道办事处对辖区内社区、村以及前款国旗管理部门管辖范围外国旗的升挂、使用、收回实施监督管理。

三、国旗的收回处置

在新中国成立初期,已经考虑到国旗的处置问题。1950 年 8 月政务院起草的《中华人民共和国国旗悬挂办法（草案）》规定："国旗破旧，应保存或焚化，不得改作他用。如有历史意义的国旗（例如中国人民政协一届全体会议通过的样旗及天安门所升之第一面国旗），应送交国立历史博物馆保存。"新中国成立以来，在特殊时点，天安门升挂使用过的国旗往往收藏于相关的纪念馆、博物院。为进一步规范国旗的收回，2009 年 10 月 15 日，《国务院办公厅关于做好破损污损褪色或者不合规格国旗回收处理工作的通知》明确规定了破损、污损、褪色或者不合规格国旗的收回责任单位、程序、礼仪等。同时就收回的礼仪、程序作出具体规定。一是破损、污损、褪色或者不合规格国旗收回后，由县级以上人民政府指定单位集中放置，定期统一处理。处理时应注重环保和循环利用，可根据材质采用不同方式。二是集中处理破损、污损、褪色或者不合规格国旗，有条件的地方，可根据情况举行庄严的仪式，作为宣传《中华人民共和国国旗法》、普及国旗知识、开展爱国主义和革命传统教育的一项重要内容。

为了确保国旗的规范性、严肃性，2020 年修改国旗法，增加规定，不得随意丢弃国旗。破损、污损、褪色或者不合规格的国旗应当按国家有关规定收回、处置。大型群众性活动结束后，活动主办方应当收回或者妥善处置活动现场使用的国旗。国家有关规定是指国务院办公厅印发的《关于做好破损污损褪色或者不合规格国旗回收处理工作的通知》等相关规定。大型群众性活动是指按照《大型群众性活动安全管理条例》规定，法人或者其他组织面向社会公众举办的每场次预计参加人数达到 1000 人以上的下列活动：（1）体育比赛活动；（2）演唱会、音乐会等文艺演出活动；（3）展览、展销等活动；（4）游园、灯会、庙会、花会、焰火晚会等活动；（5）人才招聘会、现场开奖的彩票销售等活动。根据国旗法修改的精神，大型群众性活动之外的活动，也应当按《国务院办公厅关于做好破损污损褪色或者不合规格国旗回收处理工作的通知》的要求，活动主办方应当收回或者妥善处置活动现场使用的国旗。

一些地方细化国旗收回制度，如《内蒙古自治区国旗升挂使用管理规定》第十四条规定，各机关、人民团体、企事业单位破损、污损、褪色或者不合规格国旗回收工作，由本机关、单位党组织或者工会负责；学校的回收工作，由当地教育行政管理部门负责；其他单位和个人的回收工作，由本级人民政府指定的单位统一负责。破损、污损、褪色或者不合规格国旗回收后，应当送交本级人民政府指定的单位统一处理，任何单位和个人不得擅自处理。湖南省《衡南县〈中华人民共和国国旗法〉〈中华人民共和国国歌法〉〈中华人民共和国国徽法〉监督管理实施办法》规定，破损、污损、褪色或者不合规格国旗回收后，各有关单位于每年 12 月中旬，送交城管执法部门集中统一处理。《温州市国旗升挂使用管理办法》第二十一条中规定，破损、污损、褪色或者不合规格国旗的回收，按照单位管理与属地管理相结合的原则组织实施。机关、企事业单位由本单位机关党委或工会负责;学校由当地教育主管部门负责;农村由所在乡镇政府负责;其他组织和社区由所在乡镇政府(街道办事处)负责。破损、污损、褪色或者不合规格国旗回收后,送交市、县(市、区)人民政府指定单位统一处理,不得擅自处理。

四、其他管理制度

在实践中,一些地方规定了国旗使用管理相关法律制度。

一是规定定期检查制度。例如,《内蒙古自治区国旗升挂使用管理规定》第十五条规定,旗县级以上人民政府、自治区各有关监督管理部门应当定期对国旗升挂、使用情况进行检查,发现下列行为应当责令限期改正:(1)应当升挂国旗而未升挂;(2)国旗的升挂位置不当;(3)不按规定升降国旗、举行升旗仪式;(4)悬挂、插挂或者摆放国旗不符合规定;(5)违反规定使用国旗及其图案;(6)升挂、使用破损、污损、褪色或者不合规格的国旗;(7)违反规定回收、处理国旗;(8)其他违反国旗升挂、使用等活动管理规定的情形。

《西安市国旗升挂使用管理办法》第十八条规定,国旗管理部门和镇人民政府、街道办事处应当定期对国旗的升挂、使用情况进行检查。对未按照本办法规定升挂、使用国旗的,应当要求当事人立即改正。

2019年9月,广西北流市人民政府办公室印发《关于进一步加强国旗升挂和使用管理的通知》,明确市司法局要会同有关部门,对各镇(街道)、各部门单位贯彻执行国旗法、落实国旗升挂和使用监管措施情况进行督查,并且每半年进行一次检查通报,切实加强对升挂和使用国旗的管理。

二是规定举报查处制度。例如,《内蒙古自治区国旗升挂使用管理规定》第十六条规定,发现违反本规定的行为,任何单位和个人有权向升挂、使用国旗的单位或者个人提出纠正建议,或者向有关人民政府、行政部门报告。有关人民政府、部门和单位接到报告后,应当依法依规调查处理。

《西安市国旗升挂使用管理办法》第十九条规定,发现违反本办法规定的行为,任何单位和个人有权向升挂、使用和收回国旗的单位或者个人提出纠正建议,或者向国旗管理部门和镇人民政府、街道办事处投诉。接到投诉后,有关单位应当立即依法调查处理。

三是明确预案制度。例如,2018年11月,武汉市人民政府办公厅印发《关于进一步加强国旗使用管理的通知》明确规定,要制定国旗升降应急预案,妥善处理突发问题,增强升降国旗仪式的严肃性和神圣感。

第三节　国旗的教育宣传

一、国旗教育宣传的必要性

国家认同需要国家象征的普及和宣传。爱国主义教育是公民教育的重要内容,也是国家的责任和义务。将国家象征纳入爱国主义教育,在很多国家得到法律法规和政府政策的保障。例如,2019 年 9 月,法国修改教育法,要求全国中小学必须在课堂内展示法国国旗。俄罗斯政府批准的《俄罗斯联邦公民爱国主义教育国家纲要(2016—2020)》规定,"在年轻的一代中培养对俄罗斯联邦国徽、国旗、国歌以及祖国的其他历史、符号和古迹的自豪感、敬畏感和尊崇感"。

将国旗纳入爱国主义教育在我国由来已久。1994 年中共中央《爱国主义教育实施纲要》将国旗、国徽、国歌教育作为爱国主义教育的重要组成部分,明确规定在国际体育比赛的颁奖仪式上,升中国国旗、奏中国国歌时,运动员要面向国旗肃立,唱国歌;成年公民和小学三年级以上学生都应当会唱国歌,并能理解国歌的内容和国旗、国徽的含义。1996 年 10 月 10 日,《中共中央关于加强社会主义精神文明建设若干重要问题的决议》中提出:"运用大众传媒、书刊影视、艺术表演和课堂教学,运用重要纪念日、重大历史事件和重大社会活动,运用升国旗、唱国歌等仪式,大力弘扬爱国主义精神。"2001 年 9 月 20 日,《公民道德建设实施纲要》规定,"要提倡在重要场所和重大活动中升国旗、唱国歌"。2019 年 11 月,中共中央、国务院印发的《新时代爱国主义教育实施纲要》明确,新时代爱国主义教育要面向全体人民,"在普通中小学、中职学校,将爱国主义教育内容融入语文、道德与法治、历史等学科教材编写和教育教学中,在普通高校将爱国主义教育与哲学社会科学相关专业课程有机结合,加大爱国主义教育内容的比重"。

2020 年修改国旗法进一步明确规定,国旗应当作为爱国主义教育的重要内容。中小学应当教育学生了解国旗的历史和精神内涵,遵守国旗升挂使用规范和升旗仪式礼仪。

二、国旗的教育

(一)国旗纳入爱国主义教育

爱国主义教育的目的是培养全民特别是广大青少年的民族自尊心和自豪感,激发全民的爱国主义情感。国旗是开展爱国主义教育的重要载体。丰富新时代爱国主义教育的实践载体。爱国主义教育开展多年以来,通过国家象征开展爱国主义的形式越来越多样化。按照 2019 年《新时代爱国主义教育实施纲要》的规定,运用国旗开展爱国主义教育主要通过以下三种形式。

一是运用国旗开展党史、国史、改革开放史教育。国旗是新中国成立之初确立的,具有丰富的历史内涵。同时,自新中国成立以来,特别是改革开放以后,国旗广泛运用在我国重大政治庆祝活动中,见证了我国的发展与崛起。将国旗运用于党史、国史、改革开放史教育,具有重要的现实意义。此外,一些具有纪念意义场所升挂的国旗,如天安门广场使用过的国旗,可以赠予学校、博物馆、纪念馆等。这也是国旗用于爱国主义教育用途的重要体现。

二是注重运用仪式礼仪。认真贯彻执行国旗法,学习宣传基本知识和国旗升挂、国徽使用、国歌奏唱礼仪。在全社会广泛开展"同升国旗、同唱国歌"活动,让人们充分表达爱国情感。国庆期间,各级党政机关、人民团体、大型企事业单位、全国城乡社区和爱国主义教育基地等,要组织升国旗仪式并悬挂国旗。鼓励居民家庭在家门前适当位置悬挂国旗。认真组织宪法宣誓仪式等,通过公开宣誓、重温誓词等形式,强化国家意识和集体观念。

三是强化国旗法治保障。在全社会深入学习宣传宪法、国旗法等,广泛开展法治文化活动,使普法过程成为爱国主义教育过程。综合运用行政、法律等手段,对不尊重国歌、国旗、国徽等国家象征与标志,依法依规进行严肃处理。对于公民的行为将发挥指引、约束和规范作用。

（二）国旗纳入中小学教育

中小学教育是青少年进入国家教育体系的开端。中小学开展国旗教育对于中小学生自身、国家都具有重要意义。对于中小学生而言,有助于其养成良好的综合素质,养成良好的行为习惯、自我意识、规则意识等,有利于打造良好人生的发展基础;对于国家而言,将有利于培养具有国家意识、法治意识、道德意识的良好公民。国旗作为爱国主义教育的重要内容,将国旗教育纳入中小学教育也是必然之义。

1. 教育方式

一是开展主题活动。如 2009 年 5 月 18 日,教育部办公厅印发《关于中小学开展"向国旗敬礼、做一个有道德的人"网上签名寄语活动的通知》,组织广大未成年人上网面向国旗敬礼签名,抒发感言,表达心声,使他们在参与中受到教育、得到提高。

二是开展升挂国旗仪式。国庆期间,各级党政机关、人民团体、大型企事业单位、全国城乡社区和爱国主义教育基地等,要组织升国旗仪式并悬挂国旗。

三是组织各类仪式。各类仪式中往往使用国家象征以凸显其庄重性、正式性。入党、入团、入队仪式等仪式环节中均有唱国歌或者升国旗的程序。通过公开宣誓、重温誓词等形式,强化国家意识和集体观念。

2. 教育内容

中小学开展国旗教育不仅是要让中小学生认识国旗,更重要的是要通过国旗教育弘扬爱国主义精神,培育和践行社会主义核心价值观。

一是注重国旗的历史。国旗教育要让中小学生充分了解国旗历史,把握国旗的精神内涵。中小学应当通过政治课、历史课等不同的课程详细介绍国旗的历史,让中小学生充分了解国旗设计的时代背景、国旗的由来及其内涵。中华人民共和国诞生之际确定的国旗,在新的历史条件下将继续鼓舞全国各族人民不断前进,建设一个繁荣富强的新中国。

二是注重国旗的精神内涵。国旗蕴含着丰富的爱国主义精神和社会主义核心价值观,国旗上的五颗五角星及其相互关系象征共产党领导下的革命人民大团结。通过有关课程,让学生理解国旗是国家的精神和国家荣誉的载体,让学生了解中华民族革命和建设的艰辛历程。

三是注重采取适应中小学生教育的方法。国旗教育应当突破一般课程侧重于知识和技能的传授,将国旗教育与爱国主义教育、社会主义核心价值观教育有效融合,充分发挥国旗的感染力。采取适应中小学生教育的方法,利用中小学生可塑性最强的时期,通过组织升国旗、唱国歌等爱国主义教育实践活动,将国旗教育融入中小学生的学习生活,教育学生理解国旗的精神内涵,激发学生的民族自豪感和责任感。

三、国旗的宣传

按照国旗法的规定,新闻媒体应当宣传国旗的知识,引导公民和组织正确使用国旗。在我国,新闻、出版、广播、电影、电视等单位以及新兴媒体是向广大人民群众宣传国家各项方针政策、法律法规,传播社会主流价值的主渠道。鉴于新闻媒体在宣传教育中具有重要的作用和广泛的影响,为了进一步加强国旗的宣传,国旗法规定新闻媒体应当积极开展对国旗的宣传。因此,各种新闻媒体应当运用多种宣传方式,积极开展国旗的宣传教育。

按照《新时代爱国主义教育实施纲要》的规定,各级党委和政府承担起主体责任,加强对新时代爱国主义教育的组织领导。各级工会、共青团、妇联和文联、作协、科协、侨联、残联以及关工委等人民团体和群众组织,要发挥各自优势,面向所联系的领域和群体广泛开展爱国主义教育。宣传也是爱国主义教育的重要途径。各级党委、政府以及人民团体、群众组织在国家象征方面也负有重要责任。

第四节　国旗的知识产权

国旗、国徽等国家标志通常以一定的色彩和图案相组合,反映出一个国家的政治特色和历史文化传统。由于国家象征的图案多表现具有一定的显著特征的标识,其知识产权问题成为很多国家法律保护的重要内容。

知识产权最主要的三种知识产权是著作权、专利权和商标权。各国对于国旗的知识产权保护一般是禁止用于商标、专利。国际知识产权组织和很多国家法律对国旗、国徽、国家名称等国家标志的知识产权作了规定。《保护工业产权巴黎公约》第六条之三规定,本联盟各国同意,对未经主管机关许可,而将本联盟国家的国徽、国旗和其他的国家徽记、各该国用以表明监督和保证的官方符号和检验印章以及从徽章学的观点看来的任何仿制用作商标或商标的组成部分,拒绝注册或使其注册无效,并采取适当措施禁止使用。但已成为现行国际协定予以保护的徽章、旗、其他徽记、缩写和名称除外。有些国家对于国家标志的知识产权范围保护的较宽,包括商标权、版权、专利权、设计权等权利,如马来西亚、印度、菲律宾、特立尼达和多巴哥、新西兰等国家。也有一些国家主要保护国家标志的商标权,如德国、加拿大等。

就国旗的著作权而言,基于各国历史文化、政治传统等因素,情况较为复杂。2019 年 4 月,某网站售卖国旗、国徽图案事件引起广泛争议,虽然后来此事已经逐渐平息,但涉及国旗、国徽图案著作权问题仍尚未厘清。有的观点认为:"国旗和国徽是国家的标志和象征,由此产生的所有权利,应当归国家,而不是由任何个人或者私人机构所享有。"① 有的观点认为,国旗由新中国成立前的新政协筹备会作了征集、筛选、确定,征集确定的作品所有权应属于全国政协。有的观点认为:"国旗、国徽等代表国家形象,属于公共领域,商业公司无权对公共领域的图片主张权利,也不得用于商业行为。"国旗、国徽的著作权是值得关注的重要问题。

一、国旗的著作权保护

(一)国旗、国徽的知识产权

在上述案例中,该网站将国旗、国徽图案标注版权为其所有,造成了恶劣的

---

① 央视网消息:《由"黑洞照片"引发的"视觉中国"版权之争 继续发酵》,载百度百家号,https://baijiahao. baidu. com/s? id = 1630613411730941286&wfr = spider&for = pc。

社会影响。但国旗法、国徽法没有直接规定国旗国徽的著作权。一些新闻媒体虽然认为该网站不拥有著作权,但没有提出其违反了著作权法的规定。2019 年 4 月 18 日,天津网信办对该网站进行处罚,其依据是该网站在其发布的多张图片中刊发敏感有害信息标注,违反了《中华人民共和国网络安全法》第四十七条的规定。该条规定:"网络运营者应当加强对其用户发布的信息的管理,发现法律、行政法规禁止发布或者传输的信息的,应当立即停止传输该信息,采取消除等处置措施,防止信息扩散,保存有关记录,并向有关主管部门报告。"[1] 有的学者认为,该处罚没有对该网站本次事件中最引人诟病的著作权问题进行处罚,可能原因在于依据著作权法的规定并不是直接规定。

有的观点提出,国旗、国徽的著作权不适用著作权法,有的观点认为属于国家,有的认为应该属于全国政协。[2] 按照"法律和其他官方文件也是作品,其作者,即法律和其他官方文件的制定者,也享有著作权中的人身权等权利,即署名权、修改权、发表权、保护作品完整权。但著作权人的用益权不受法律保护。法律和其他官方文件颁布后,公众可以自由使用,报纸刊登、电台广播等都无需征得著作权人许可,无需向其支付报酬。然而使用这类作品,不得侵犯作者的人身权,如不得将全国人大常委会颁布的法律写成是国务院发布的"[3]。按照这个理解,国旗是由 1949 年 9 月 27 日全国政协第一届全体会议的全体代表通过决议明确规定的:"中华人民共和国的国旗为红地五星旗,象征中国革命人民大团结。"国徽是由 1950 年 6 月 28 日中央人民政府委员会第八次会议通过的《中华人民共和国国徽图案制作说明》所确定的;1990 年国旗法、1991 年国徽法将上述决定附在法律中,国旗、国徽图案是法律条文的内容,也是具有知识产权的。作为整体,国旗法、国徽法是有知识产权的,法律的制定者即属于全国人大及其常委会,享有法人相关的人身权。

实际上,国旗、国徽图案的知识产权属于国家。首先,1949 年 7 月 16 日《人民日报》等媒体发布的《征求国旗国徽图案及国歌辞谱征集启事》并没有明确知识产权的问题,这种征求性质上是征集作品的知识产权。其次,关于征集作品的著作权,有的观点认为,可以按照著作权法规定的受委托作品的著作权归属规则,未明确的属于受托人。[4] 但是国家悬赏不同于委托创造,它是针对不特定

---

[1]　王晖:《天津网信办依法对视觉中国网站做出行政处罚》,载新华网,http://www.xinhuanet.com/zgjx/2019-04/19/c_137989667.htm。

[2]　《知识产权时空:国旗的版权归属》,载百度百家号,https://baijiahao.baidu.com/s? id = 1632677589453410712&wfr = spider&for = pc。

[3]　胡康生主编:《中华人民共和国著作权法释义》,法律出版社 2002 年版,第 24 页。

[4]　有人认为应该参照著作权法第十九条的规定,"受委托创作的作品,著作权的归属由委托人和受托人通过合同约定。合同未作明确约定或者没有订立合同的,著作权属于受托人",作品属于受托者;有的则认为这不是委托与受托的关系。

人征集,其征集后的使用也可以适用于国家及其机关。如其知识产权不属于国家,是不合情理的。但是从当时的历史环境及通常的观点而言,对于国家机关及其征集的作品,不论是否明确其著作权都应属于国家或国家机关。最近可以参考的例子是,2019年6月退役军人事务部征集部徽,其在公告中没有提及采纳的部徽知识产权归属,但是公告所附的,需要征集者签署的《标志征集活动应征作者承诺书》中明确,征集者设计的作品具有完整的知识产权,但应征作品一旦被采用,该作品的一切知识产权归主办方所有。① 最后,在当时,征集者是第一届全国政治协商会议,而第一届"中国人民政治协商会议在当时还不具备召开普选的全国人民代表大会的条件下,肩负起执行全国人民代表大会职权的重任",第一届全国政协征集作品的行为是国家行为,其产生的作品也理应由国家所有。

(二)著作权法不适用于国旗、国徽

在我国,国旗法、国徽法、商标法直接规定了国旗、国徽不得用于商标,但没有涉及著作权问题。著作权法第五条规定,本法不适用于:法律、法规,国家机关的决议、决定、命令和其他具有立法、行政、司法性质的文件,及其官方正式译文。国旗法、国徽法均附了图案。虽然著作权法没有直接排除国旗、国徽,但是国旗、国徽的图案是法律的一部分。因此,根据此规定,国旗、国徽的图案不具有著作权。因此,直接与国旗、国徽相关的作品也不能声称享有著作权。

虽然著作权法不适用于国旗、国徽,但是国旗、国徽作为特定物,本身也具有一定的权利。国旗、国徽等国家标志通常通过由政府组织专人设计、政府征集确定、政府确认广泛认同的标志②三种方式确定。上述三种方式通常为集体成果,无论何种方式都是由代议制机构或者政府通过法律法规、政府命令确定而成,体现了代表人民的政府的意志。国旗、国徽的设计草案作为作品在未被确认为正式国旗、国徽之前,其设计者享有著作权。但一旦通过法律法规、政府命令确定,成为国家的象征或者标志,其在私法意义上的著作权便由于其作品成为法律法规、政府命令不适用于著作权法,其转移为国家所有,其相应的权利也转移至国家所有。国旗、国徽由国家确定,由国家机构进行专门管理,代表国家,其所有权理应属于国家,这是毋庸置疑的。世界各国通常如此,但也存在极个别国家的例外规定。③

① 《退役军人事务部关于向社会广泛征集部徽及国家退役军人服务中心标志设计图案的公告》,参见中央人民政府网站,http://www.gov.cn/xinwen/2019-06/08/content_5398411.htm。
② 如以色列的国旗,在以色列建国时明确将个人设计的世界犹太复国主义者大会的旗帜作为国旗。
③ 在英国,英国王室的徽章通常作为英国的国徽,没有法律对英国国徽进行规定,但通常认为国徽的所有权应属英国王室所有,由英国王室对其进行管理。

国旗、国徽属于国家所有,为了加强特殊保护,各国通常规定其使用不受私法(商标法、专利法等知识产权法)约束,而主要受公法约束,并受到专门的国家象征法律(国旗法、国徽法)保护。

二、改编国旗的图案是否享有著作权

实践中,有许多基于国旗、国徽图案改编形成的图案,如经国家机关许可制定的官方标志,或者未经许可,个人或者企业改编国旗、国徽图案制作图案。这些图案(标志)是否具有著作权,需要分类分析。

(一)以国旗为基础的官方标志是否具有著作权

各国通常允许政府部门及公共组织以国旗、国徽为基础设计的自己的官方标志,但不允许这类标志注册商标、外观设计以及用于商业用途。如《美国商标法》第二条规定,"含有合众国或某一州、市或某一外国的旗帜、国徽或其他徽章,或其仿制品"不得注册商标。但对于其是否适用著作权法享有著作权各国规定不一致。

一些国家将以国旗、国徽为基础的官方标志作为政府作品,不适用著作权法。例如,《美国版权法》第一百零五条规定,本法规定的版权保护不适用于任何美国政府的作品,但美国政府仍可接受并拥有通过让与、遗赠或其他方式转移给它的版权。美国政府及其相关部门的徽章如果包含了国旗、国徽图案,就不能适用版权法。

一些国家认为,包含国家象征并有特殊性、原创性,代表特定的国家机构或者公共组织的作品,是受版权保护的,如英国、加拿大等。在英国,《版权、外观设计和专利权法》第十章专门规定王室版权和议会版权,并制定相应特殊规则。英国王室徽章作为英国国徽使用,也属于王室版权范围。使用英国国徽需要经过王室的批准。在德国,虽然著作权与邻接权法第五条规定官方作品不享有著作权保护,但 1950 年德国内政部长发布的《制作官方图印章以及在官方标志和印刷品上使用联邦鹰的规章》第六条规定,联邦印章受版权保护。而联邦印章的设计是以德国国徽联邦图案为主体设计的。

以国旗、国徽为基础改编的官方标志是否享有著作权由各国国家予以明确,如果没有特殊明确,政府相关部门确定的官方标志不按照著作权法予以保护,而按照相关法律法规予以特殊保护。在我国,著作权法第五条中规定,本法不适用于:法律、法规,国家机关的决议、决定、命令和其他具有立法、行政、司法性质的文件,及其官方正式译文。包含国旗、国徽的政府部门的徽章、标志通常由政府机关的决定、命令或其他文件确定,因此也属于不适用著作权法的范围。

对此进行保护,可以作为政府作品进行特殊保护。

(二)以国旗为原型的改编是否具有著作权

通常情况下,对于国旗、国徽图案经过艺术处理(主要是指以国旗、国徽图案在不带有侮辱的情况下的改编、创作漫画等),在很多国家是认可的,也没有明确的禁止,有一些国家规定其具有著作权。但是对于国旗、国徽图案的艺术处理所衍生作品必须具有足够的原创性,让人认为与其原型(国旗、国徽)有足够的区别才能具有版权。在这种情况下,所产生的作品也不能再被称为国旗、国徽的图案了。如果艺术处理的作品没有足够的原创性,仍然与国旗、国徽图案类似,在这种情况下,就不能享有著作权。德国宪法法院在1999年德国国徽的案例中也确认,使用德国国徽主体联邦鹰的艺术表现形式"吉斯鹰"的漫画改编享有著作权。但是对于国旗、国徽进行足够原创性的改编,但构成侮辱的,属于明确违反法律规定的,不享有著作权。

通常著作权法规定,作品一旦完成,即产生著作权。虽然国旗、国徽为基础再创作形成的具有独创性的作品一旦完成,也具有著作权。但是,如果将此类作品作为商业通途,如用作商标、外观设计、广告等,就要受到商标法、外观设计法等知识产权法严格的审查。即使在这种情况下,也会限制其注册商标权、外观设计权等。这种限制超出了著作权的限制范围,但是目的是防止国旗、国徽图案在没有隶属关系或者批准的情况下的欺诈性滥用,国家象征法律或者其他知识产权给予的特殊限制,这也是世界惯例。

三、国旗图案的摄影作品是否具有著作权

对于包含有国旗图案的摄影作品是否具有著作权。有的学者认为,著作权法没有明确规定涉及国旗、国徽图片的著作权,但是根据商标法,我国的国家名称、国旗、国徽、国歌等不得作为商标使用,这种立法精神可以类推到著作权法中。也有的观点认为,国旗、国徽等代表国家形象,属于公共领域,商业公司无权对公共领域的图片主张权利,也不得用于商业行为。[1]

通常而言,摄影作品可以分为再现型、抓拍型和主题创造型三种类型,再现型摄影作品是指以精确再现拍摄对象为目的的摄影作品;主题创作型摄影作品的拍摄对象是由拍摄者所创作出来的布景或主题;抓拍型摄影作品是拍摄者在合适的时间、合适的地点拍下了有价值的照片。[2] "再现型"和"抓拍型"照片

---

[1] 靳丽君:《黑洞照片惹争议 专家:国旗国徽图片不得用于商业行为》,载正义网,http://news. jcrb.com/jxsw/201904/t20190418_1990708.html。

[2] 马一德:《再现型摄影作品之著作权认定》,载《法学研究》2016年第4期,第137页。

中,拍摄的对象是客观事实,"而不是拍摄者主观创作的事物,并不是作者的独创性表达,因此不在版权保护的范围里"①。但也有观点认为,"而以再现照片本身较再现对象是否表达出更多的信息量为独创性与否之标准"②判断再现照片是否具有版权。但是总体上"再现型""抓拍型"照片不享有著作权,对于复杂的两类图片,再结合是否表现出足够多的原创性进行判定。对于国旗、国徽的"再现型"或者"抓拍型"照片,也是通过拍摄技巧的使用所最终实现的效果,没有形成独创性表达,是国旗、国徽图案客观事实的再现,不享有著作权。如果有他人仿照进行摄影,即使构成类似,也不构成侵权。

　　而对于"主题创作型"摄影作品,通常认为:"因其拍摄的场景或对象是拍摄者使用创作手段,进行构思安排的结果,使得内容具有丰富的表现力,存在着较高的创作水平。"③以国旗、国徽为背景进行主题创作的作品,其摄影的场景处于人为调整的状态,其布景、灯光、人物姿态等都是摄影者自主选择组合而成,形成了作品中的独创性表达,因此以国旗、国徽图案为背景"主题创作型"的摄影作品享有著作权。"笔者认为,国旗、国徽等是国家资源,对于这些公共资源如果只是纯粹的翻拍,拍摄者不能够对此主张著作权。但是,如果以国旗、国徽作为一种对象或者背景拍摄出具有独特个性的国旗、国徽照片,是可以获得著作权法保护的。"④如果他人再现类似场景或者构成实质性相似,涉及受保护的著作权表达,构成著作权的侵犯。

---

① 陆颖:《"摄影作品"版权保护的国内外法制差异》,载《上海人大月刊》2019 年第 9 期,第 50 页。
② 马一德:《再现型摄影作品之著作权认定》,载《法学研究》2016 年第 4 期,第 137 页。
③ 马一德:《再现型摄影作品之著作权认定》,载《法学研究》2016 年第 4 期,第 137 页。
④ 沈越天:《浅析视觉中国事件下"黑洞照片",国旗、国徽类图片的著作权问题》,载华律网,ht-tp://lawyers. 66law. cn/s2715f96696640_i626691. aspx。

第八章　法律责任

按照国旗法的规定,对于在公共场合故意以焚烧、毁损、涂划、玷污、践踏等方式侮辱我国国旗的,应当依法追究其刑事责任或行政责任。在实践中,对于侮辱国旗的,可以按照商标法、著作权法、治安管理处罚法、广告法等追究行政法律责任,本部分主要分析国旗法等相关法律规定的行政法律责任、刑事法律责任。

一、行政法律责任

承担行政法律责任,须符合法律规定的情形。如果从涉及国旗行为的手段、动机、后果、次数、侮辱国旗的数量等方面综合考虑,认为属于情节较轻或情节显著轻微、危害不大的,就不构成犯罪,可能要求承担行政法律责任。从实践中看,违反国旗相关法律,承担行政法律责任的方式主要有:

(一)限期整改

国旗法第十九条中规定,不得升挂或者使用破损、污损、褪色或者不合规格的国旗。实践中,出现升挂破损国旗,通常是采取限期整改的方式。被发现升挂或者使用破损、污损、褪色或者不合规格的国旗的,当地政府部门会要求涉事单位限期降下相关国旗。如 2012 年 7 月 9 日,海南省海口市某餐厅楼顶悬挂的国旗已经破成了两半,国旗鲜红的颜色也已经褪去,如同经过漂白一般。记者提醒餐厅工作人员将破损的国旗降下来,但该餐厅工作人员表示要向领导反映后才能做决定,但主管已经回家休息不便打扰。随后,记者拨通了辖区街道办的电话,街道办城建办工作人员表示会立即要求餐厅进行整改,降下破损国旗。7 月 10 日下午 5 时许,该餐馆工作人员致电记者告知已经把国旗降下,同时他们会购买一面新的国旗重新升起。①

(二)约谈批评

每个公民和组织,都应当尊重和爱护国旗。国旗法第十九条中规定,不得

---

① 吴静:《餐厅悬挂破损国旗街道办责令整改》,载《国际旅游岛商报》2012 年 7 月 11 日,第 A09 版。

倒挂、倒插或者以其他有损国旗尊严的方式升挂、使用国旗。实践中,出现倒挂国旗的情况,往往处理的更加严重。

一些地方对于倒挂国旗的情形开展约谈批评。2022 年 4 月,桂林一政府机关单位被发现悬挂的国旗是倒挂的,旗面上大五角星和四颗小五角星倒置在下。倒挂国旗事件发生后,秀峰区政府当即对该单位进行了约谈以及严肃批评处理,根据该事情的严重程度和影响范围,对责任人采取相应的处分。该单位也表示一定会加强对相关法律法规的学习教育,杜绝此类事件再次发生。

(三)行政拘留

按照国旗法第二十三条的规定,侮辱国旗情节较轻的,由公安机关处以十五日以下拘留。实践中往往是结果影响不大的,给予违法嫌疑人拘留的行政责任。

1. 醉酒焚烧国旗。2020 年 11 月 7 日,在杭州市杭州大厦 AB 座通道内,陈某在醉酒状态下,以手拿打火机方式点燃携带的中华人民共和国国旗一面,后被民警带至天水派出所。陈某的行为被公安机关认定为构成侮辱国旗,公安机关将据此对其处十四日拘留的行政处罚。

2. 扯掉并脚踢国旗。2020 年 12 月 1 日深夜,张某到濉溪县一饭店内吃饭,饭局结束后,张某发现自己的茶杯忘在了店内,便返回去取,但该饭店已关门,一气之下的张某多次推拉该饭店门未果,便把该饭店门口两侧的国旗扯掉在地上,并用脚踢国旗,旗杆被扯弯。经询问,张某对其侮辱国旗的违法事实供认不讳。目前,根据《中华人民共和国国旗法》规定,依法给予张某行政拘留十日的处罚。①

3. 将国旗当门帘。2017 年 8 月,为迎接环青海湖国际公路自行车赛,门源县青石嘴镇某餐厅老板马某某购买了两面国旗,并将一面国旗挂在餐厅门口,另一面国旗倒挂在厨房门口当门帘,被前去就餐的游客拍照并发至微博。在微博发帖:"青海门源一餐厅把国旗裁一半做门帘",该信息引起了广泛关注和热议,在社会上造成不良影响。记者了解,马某某侮辱国旗的行为并不是故意为之。马某某被行政拘留后表示非常后悔,他说:"我平时教育孩子要爱国,没想到自己却侮辱了国旗。这都是因为我法律意识淡薄,我希望媒体把我的行为作为一个反面教材好好宣传,让其他人不要再犯这样的错。"公安机关认为,马某某侮辱国旗的行为已经违法,鉴于情节较轻,11 月 14 日,门源警方对马某某作出行政拘留十五日的处罚。②

---

① 《扯掉并脚踢国旗? 行拘 10 日!》,载澎湃新闻网,https://www.thepaper.cn/newsDetail_forward_10443594。

② 蓝海梅、张延福:《我省警方查处一起侮辱国旗案》,载《青海法制报》2017 年 11 月 17 日,第 A2 版。

二、刑事法律责任

侮辱国旗的行为应达到一定的程度才构成犯罪。国旗法规定，在公共场合故意以焚烧、毁损、涂划、玷污、践踏等方式侮辱中华人民共和国国旗的，依法追究刑事责任；情节较轻的，由公安机关处以十五日以下拘留。但并非所有侮辱国旗的违法行为都构成犯罪，只有实施了侮辱国旗的行为，而又不属于情节显著轻微、危害不大及情节较轻的，才构成犯罪。

（一）犯罪构成要件

一是行为对象。侵犯的对象只限于中华人民共和国国旗，侮辱外国的国旗不构成本罪。中华人民共和国国旗的范围，包括根据国旗法、《国旗制法说明》制作的国旗。对于是否还包括印刷、手绘等方式制作的国旗图案，一些人为了发泄对国家、政府的不满，侮辱非标准制作的国旗，也相当于对国家尊严进行了侮辱，理应属于侮辱国旗罪的范围之内。

二是行为内容。在客观方面，行为人必须具有在公共场合以焚烧、毁损、涂划、玷污、践踏等方式侮辱国旗的行为。

1. 侮辱国旗的行为方式主要表现为焚烧、毁损、涂划、玷污、践踏及其他形式。

2. 侮辱国旗的行为必须发生在公共场合。公共场合，指当众、公开的情境，既包括国家机构所在地，也包括具有重要政治意义的场所，还包括网络。侮辱国旗的行为必须带有公开性，如明目张胆地在众人在场或能使多人知晓的情况下进行侮辱。行为人如果将国旗受侮辱后呈现的不法状态呈现在能够使众人看到的地方并被众人知晓或可能被众人知晓的，也应视为具有公开侮辱的性质。

实践中需要通过公开传播，才能构成对国家形象、社会秩序的损害，才能追究法律责任。既包括人群经常聚集，供公众使用或者服务于公众活动的场所，也包括公众能够自由进入、聚集的网络虚拟空间。因此，利用网络发布、传播损害国旗庄严形象音视频的应当受到处罚。我国网络安全法规定，国家网信部门和有关部门依法履行网络信息安全监督管理职责，发现法律、行政法规禁止发布或者传输的信息的，应当要求网络运营者停止传输，采取消除等处置措施，保存有关记录；对来源于中华人民共和国境外的上述信息，应当通知有关机构采取技术措施和其他必要措施阻断传播。因此，不论是在现实的公共场所还是在互联网，当众公然侮辱国旗的行为，都会造成恶劣的社会影响，均应追究其法律责任。

3. 侮辱国旗的行为应达到一定的程度才构成犯罪。国旗法第二十三条规定,在公共场合故意以焚烧、毁损、涂划、玷污、践踏等方式侮辱中华人民共和国国旗的,依法追究刑事责任;情节较轻的,由公安机关处以十五日以下拘留。并非所有侮辱国旗的违法行为都构成犯罪,只有实施了侮辱国旗的行为,而又不属于情节显著轻微、危害不大及情节较轻的,才构成本罪。具体判断侮辱国旗行为的危害程度,可以从侮辱国旗行为的手段、动机、后果、次数,侮辱国旗的数量等方面综合考虑,认为属于情节较轻或情节显著轻微、危害不大的,就不构成犯罪。

三是主观目的。侮辱国旗罪的直接目的是毁损国旗的形象,损害国家的尊严。实际案例中行为人多数是为了发泄对国家的不满或者是为了逞威风、寻求精神刺激而实施的,损害了国家尊严,属于侮辱国旗罪。当然,如果行为人以侮辱国旗为手段,辅之以其他行为,目的在于推翻我国国家政权和社会主义制度,颠覆人民政府,则此行为已构成危害国家安全罪,不能再以侮辱国旗罪论处。如果行为人在侮辱国旗的同时,寻衅滋事、扰乱社会秩序危害严重的,可以侮辱国旗罪和寻衅滋事罪、扰乱社会秩序罪并处。

(二)实践情况

1990 年国旗法实施以来,发生的因侮辱国旗而被判处刑罚的判例较少。根据中国裁判文书网公布的 2014 年 1 月至 2020 年 12 月全国已生效的法律裁判文书,案由为侮辱国旗、国徽的案件近 30 余件。上述案件,有以下几个特点。

一是主要目的多为表达对政府及有关部门处理结果的不满,个别的有分裂国家的政治目的。在一些因征地拆迁、不服法院判决等原因上访的事件中,当事人恶意撕毁、焚烧国旗以引起外界关注。例如,2014 年山西秦某侮辱国旗案,秦某因对法院民事诉前保全不服,到法院反映问题未果后,多次在公共场合降下国旗后撕烂。

二是违法情节较为单一。大部分侮辱国旗被判刑的犯罪行为均为焚烧或者涂划国旗。例如,2009 年重庆张某、文某侮辱国旗案。两人受"法轮功"邪教组织蛊惑,到烈士墓红岩魂广场,各拿四枚装有黑色油漆的鸡蛋投到广场台阶处的国旗、党旗等旗帜上,将旗帜玷污后逃离现场。例如,2014 年上海汪某侮辱国旗案中,汪某在上海外滩点燃国旗。

三是实施多种犯罪行为数罪并罚。行为人以满足无理要求为目的,聚众以各种手段在机关、单位、团体门前或院内肆意哄闹,有侮辱国旗情况发生的,都应按想象竞合犯处理,应分别按妨害公务罪、扰乱法庭秩序罪和扰乱社会秩序罪处罚,而不再以侮辱国旗罪论处。在一些案例中,当事人既存在寻衅滋事等行为,也存在侮辱国旗行为,法院多依据刑法数罪并罚。例如,2002 年吕某侮辱国旗罪、寻衅滋事罪数罪并罚案,2012 年徐某领导黑社会性质组织罪、强迫交易罪、聚众冲击国家机关罪、寻衅滋事罪、侮辱国旗罪数罪并罚案。

【案例1】不当使用国旗并践踏

2018 年 2 月,一段视频在微信朋友圈中大量被转发,引起网友广泛关注。视频中,一名男子在舞狮表演过程中用国旗当红布摆放祭品,并多次践踏国旗。2018 年 2 月 7 日 10 时 40 分许,被告人钟某于广宁县南街镇某武馆开业庆典期间,在进行狮子点睛仪式时践踏国旗。2 月 10 日,被告人钟某主动到广宁县公安局南街派出所投案,并如实供述自己的犯罪事实。

最终,法院判决,根据被告人犯罪的事实、性质、情节和对社会的危害程度,依照《中华人民共和国刑法》第二百九十九条、第六十七条第一款的规定,被告人钟某犯侮辱国旗罪,判处有期徒刑六个月。

法院认为,国旗代表着国家的尊严,是民族精神、爱国主义精神的集中体现。尊重和爱护国旗,正确使用国旗,是每一位公民的法律义务,对任何违反国旗法等相关规定的行为都必须坚决予以制止和纠正,不能因为自己的无知而让国旗、国家蒙羞。①

【案例2】践踏、焚烧国旗并传播视频

2020 年 3 月 5 日,被告人镇某某因新冠肺炎疫情期间交通管制,致其无法外出务工,心生恼怒。次日 7 时许,被告人镇某某为发泄不满情绪,骑车来到本市一村交界处卡口,将该卡口帐篷顶的国旗拔下后扔在地上,采取践踏、焚烧等方式对国旗进行损毁,并言语辱骂。其间,被告人镇某某用其黑色小米牌手机对践踏、焚烧国旗及言语辱骂的全过程进行视频录制,形成 2 分 43 秒的视频文件。随后,被告人镇某某将该文件通过 QQ 发送至 19 个 QQ 群,共计群成员8064 名,通过微信发送 14 人次,上述人员均能接收该文件并观看。

法院认为,镇某某在公共场合,故意以践踏、焚烧等方式侮辱中华人民共和国国旗,其行为触犯了《中华人民共和国刑法》第二百九十九条第一款,犯罪事实清楚,证据确实、充分,应以侮辱国旗罪追究其刑事责任。法院判决,被告人镇某某犯侮辱国旗罪,判处有期徒刑六个月。对被告人镇某某作案工具小米牌手机 2 部予以没收。②

---

① 《男子因践踏国旗获刑 6 个月! 尊重国旗还用教吗?》,载环球网,https://china. huanqiu. com/article/9CaKrnK8Uk8。

② 《镇某某侮辱国旗、国徽一审刑事判决书》,载中国裁判文书网,https://wenshu. court. gov. cn/website/wenshu/181107ANFZ0BXSK4/index. html? docId = 63de1e7cce6a46228520ad1600b6c390。

第二编

国歌法律制度

《礼记·乐记》云："大乐与天地同和,大礼与天地同节。"国歌作为国家的"第一声音",是听觉领域特有的国家象征。国歌辨识度高、政治性强,具有鲜明的国家特色,在演奏、演唱国歌的过程中,心灵通过听觉同频共振,对于塑造公民的爱国情感具有不可取代的特殊激励作用。国歌《义勇军进行曲》在新中国成立之前,是中华民族走向独立和解放的号角;在新中国成立之后,是激励中国人民攻坚克难、踔厉奋发的军号;在新时代,也必将是激励中国人民奋勇前行不断取得伟大进步的战鼓。国家将国歌作为爱国主义情感的特殊传达方式,国歌法鼓励、倡导国歌在更多情形中演奏、演唱,对于提升公民的国家观念和爱国意识,弘扬以爱国主义为核心的伟大民族精神,具有重大意义。

第一节　国歌概述

国歌是国家的声音形象。国歌用于各类重要场合,成为国家仪式的重要组成部分,起到了表达爱国之情、凝聚人心的作用。

一、国歌的起源

关于国歌起源,从语义角度看,国歌英文"national anthem"中的"anthem"是指"赞歌"(赞美英雄的历史或者人物的歌曲)、"圣歌"(尤指基督徒唱的颂扬上帝的歌曲)。关于国歌的起源时间存在争议,有观点认为,诞生于 16 世纪下半叶荷兰的《威廉颂》是世界上最古老的国歌,是荷兰人为反抗西班牙统治所作,象征着荷兰人反抗侵略的决心和勇气。《威廉颂》在荷兰民间传颂已久、影响深远,但直到 1932 年荷兰才通过立法将其确定为国歌。也有学者认为,最早的国歌是诞生于 1745 年左右的英国《天佑国王》。[①] 该歌曲的歌词和曲调可以追溯到 17 世纪。1745 年 9 月,英国"小僭王"查尔斯·爱德华·斯图亚特取得一场胜利,消息传到伦敦后,出于爱国热情,皇家剧院在当天演出结束后演出了《天佑国王》的歌曲,获得广泛欢迎,随后这家剧院每晚都会重复演出。很快这种习惯传播到其他剧院,使得演唱这首歌曲成为公共娱乐场所向君主致敬的习惯。虽然《天佑国王》成为英国事实上的国歌,但是仍没有经英国官方正式确认。虽然就国歌的起源存在争议,但是这些较早确定的国歌都是在社会上广泛传播、获得高度认同的爱国歌曲。随着获得越来越多的公民认同,慢慢被确立为正式的国歌。因此,可以说近现代意义的国歌起源于欧洲 16、17 世纪。

国歌的诞生伴随着近现代主义国家的形成。从 18 世纪开始一些近现代主

---

① 关于国歌的起源参见：Michael E. Geisler ed. , *National Symbols*, *Fractured Identities*: *Contesting the National Narrative*, Middlebury College Press, pXXV. André Roux, *Hymne national et Constitution*, Droit et Musique, Jun 2016, Aix en Provence, France, halshs – 01449230。

义的国家通过政府或者议会正式确定国歌,如西班牙1770年、法国1795年官方正式确定了国歌。19世纪,民族主义在全世界兴起,国歌迎来了繁荣,欧洲的殖民地在独立之后,尤其是南美地区,纷纷确定了国歌。在19世纪战争频发的欧洲,国歌多是激昂慷慨、鼓舞斗志的战斗歌曲。20世纪后,很多独立的国家将反抗侵略、追求解放独立的、流传广泛的歌曲作为国歌,象征着国歌独立和解放,如亚非拉国家。"二战"后也有一些国家放弃原来宗主国的国歌,正式确立本地独立意义的国歌,如澳大利亚于1977年正式确定《前进,美丽的澳大利亚》为国歌,加拿大国歌于1980年正式确定为《哦!加拿大》等。

在许多国家的宪法中,将国歌与国旗、国徽确立为国家的象征和标志,代表着国家的主权和尊严。一些国家和地区还制定了有关国歌的法律法规。美国、俄罗斯、加拿大、马来西亚、孟加拉等国制定了专门的国歌法律或者法令,而一些国家和地区则将国歌与国旗、国徽等国家象征一并立法进行规范,如《日本国旗国歌法》《墨西哥国徽、国旗和国歌法》《菲律宾国旗和其他国家象征法》《印度防止侮辱国家荣誉法》《新加坡国徽、国旗和国歌条例》、我国澳门特别行政区《国旗、国徽及国歌的使用及保护》等。

很多国家和地区在法律中直接明确国歌的法律地位和性质,如《俄罗斯国歌法》规定,俄罗斯联邦国歌是俄罗斯联邦的官方国家象征。俄罗斯联邦国歌是在本联邦宪法性法律规定的情形下演奏的音乐诗歌作品。通过法律法规,强调国歌是国家的象征和标志,并要求所有公民和组织尊重国歌,维护国歌的尊严。

二、国歌的独特性

国歌通常简约、易于记忆,富有情感。正因为国歌有其独特的历史价值和特征,参与奏唱国歌容易激起对国歌所代表价值的认同。

(一)国歌的感官特殊性

国歌与国旗、国徽首要的区别在于听觉与视觉的区别。与所有音乐一样,国歌声音的波动是短暂的。国歌奏唱短暂,一旦结束,声音消失,直到再次播放音乐才能听到国歌,从而限制了其影响的持续性。国歌声音是短暂的,缺乏可见和有形国家象征的物质存在。因此,需要反复奏唱国歌,才能克服音乐感官的短暂性。

(二)发挥作用的特殊性

音乐的作用方式是潜移默化的,在音乐的形式和内容与具体的政治含义(主要是意识形态和政治文化)之间并不存在一道令人一眼明了的桥梁。两者关系的建立是一种潜移默化的过程,国歌所具有的力量在政治仪式中被视为一种象征性的权力形态,其象征意义在日常政治生活中经过充分运用后才能被转换为政治权力。这种不断重复的从象征意义到政治权力的传递过程,也就是政治仪式发挥巨大政治影响作用,实现国家认同的过程。

（三）国歌的法定性

虽然国歌与其他歌曲一样,同样有特定的作词者、作曲者并且在曲谱上标注。但特定歌曲一旦被认定为国歌,其相关的知识产权就会进入公共领域,并且受到法律特别保护。

三、国歌的特殊价值

国歌作为视觉领域的重要国家象征,有其独特的价值。

（一）凝聚爱国情感

音乐自古以来就在人们的情感传递中发挥着重要作用。《左传·成公九年》记载:范成子称楚囚钟仪"乐操土风,不忘旧也"。"土风"是指地方音乐,"风"自然是指音乐。音乐能使人想起故土、故国。国歌的特殊作用不同于国旗、国徽。在人们参与国歌奏唱的过程中,通过语言和声音媒介在情感上对国歌所代表的国家产生某种程度的认同。唱国歌会产生更高的自豪感。由此,国歌产生了独特的凝聚力,以至于人们奏唱国歌过程中会产生与其类似的图像和感受,从而促进公民与国家关联。在我国,中央电视台《新闻联播》时间有限,但在重要新闻片段中奏唱国歌时往往完整播放,如当播放中国运动员获得金牌的情形时,总会完整播放升国旗、奏国歌的场景,其目的是增强社会凝聚力和民族自豪感。

（二）强化政治仪式

仪式是现代政治的内在组成部分。音乐的使用价值或主要功能"依靠它和权力符码的神秘契合,以及它如何有秩序地参与社会组织的成型过程……这功能在先天上是仪式性的"①。政治音乐的意义在人类早期政治生活中已经得到普遍承认,"声音之道,与政通矣"。特定歌曲被确认为国家歌曲,象征国家,其便成为国家生活中的政治符号,也成为政治仪式的重要组成部分。同时,"政治仪式通过对声音的特殊设计和控制,实现了诸多重要的政治功能,如宣扬政治

---

①　［法］贾克·阿达利:《噪音:音乐的政治经济学》,宋素凤、翁桂堂译,上海人民出版社2000年版,第33页。

价值、振奋政治情感、塑造政治文化以及实施政治教化"①。

(三)合法性确认

国歌作为一种政治音乐,具有重要的政治动员和政治参与作用,具有重复的合法性确认功能。对于国家重大政治仪式或者重大活动来说,国歌是不可或缺的内容。"它将参与者带入到特殊的政治情感体验中,成功实现政治价值的构建和宣示——这种'政治定调'既展现出仪式的政治动机,又实现了仪式的政治功能。"② 在特定的场合,国歌在仪式中以一种独白的方式表达出政权赋予的政治观点和政治立场,"独奏型的声音符号在政治仪式中掌控着解释象征意义的主动权,能够将系统性的政治信息直接灌输到大众的最深层面中"。举行各类大会,如全国人民代表大会以及各级地方代表大会,其主要目的在于对国家政权的合法性建构和爱国主义的宣扬。国歌作为最具有政治性的音乐,鼓励公民在合适的场合奏唱国歌,禁止在不适宜的场合奏唱国歌,是确认执政者合法地位的重要体现。

第二节　我国国歌的演变

在我国古代国家治理中,将音乐作为治理的重要工具。《旧唐书·音乐志》强调音乐的国家治理作用,"施之于邦国,则朝廷序;施之于天下,则神祇格;施之于宾宴,则君臣和;施之于战阵,则士民勇"。因此,在古代祭祀、朝会、外事等政治活动中,具有政治意义的宫廷宗庙祭祀礼乐、军乐等发挥着重要作用。例如,在明朝皇帝升座时,奏《圣安之元曲》,歌词为:"乾坤日月明,八方四海庆太平。龙楼凤阁中,扇开帘卷帝王兴。圣感天地灵,保万寿,洪福增。祥光王气生,升宝位,永康宁。"③ 这种反映君权神授、九五之尊等观念的音乐是皇帝与大臣在朝堂上办理政务的礼仪的重要组成部分,强化了皇权的神圣化。古代帝王认为其统治"承天启运""受命于天",还没有意识到需要通过一种普及全民的音乐以维护统治。

一、中华人民共和国成立前的国歌

自清末以来,受到西方影响,宫廷宗庙祭祀礼乐逐渐被废弃,我国清末开始

---

① 王海洲:《政治仪式:权力生产和再生产的政治文化分析》,江苏人民出版社 2016 年版,第 151 页。
② 王海洲:《政治仪式:权力生产和再生产的政治文化分析》,江苏人民出版社 2016 年版,第 153 页。
③ 居伟忠等:《人类文化象征及其效用》,上海人民出版社 2021 年版,第 136—137 页。

逐渐认识到国歌的重要性。我国不同历史时期产生了不同的国歌,先后有清末的《巩金瓯》、袁世凯启用的《中国雄立宇宙间》、北洋政府的《卿云歌》、国民党的《三民主义歌》。不同历史阶段的国歌制定者均强调国歌的重要象征意义。

1911 年 10 月 4 日,清帝溥仪降谕,将《巩金瓯》"着即定为国乐,一体遵行",国乐即是用于国家重大仪式的音乐,代表国家的音乐。但很快,清帝退位,清朝国歌也未普及。1912 年南京临时政府教育部征集国歌词谱时提出"国歌所以代表国家之性质,发扬人民之精神,其关系重大"。但无疾而终。1915 年 5 月,袁世凯通过总统令颁布《中华雄立宇宙间》为国歌,1919 年 2 月,北洋政府为制新国歌,成立了国歌研究会,公开征求词谱。1920 年 3 月,北洋政府以大总统令颁布《卿云歌》为国歌。《卿云歌》歌词为:"卿云烂兮,纠缦缦兮,日月光华,旦复旦兮,日月光华,旦复旦兮。时哉夫,天下非一人之天下也。"

1930 年 3 月 20 日,国民政府颁布训令,在国歌未制定前,全国各机关在集会场合可以中国国民党党歌代替国歌。国民党党歌是以《黄埔军校训词》作为党歌。后来,各界认为,党歌是勉励党员之训词,应有正式制定国歌的必要。1936 年,民国政府组成国歌编制研究委员会,开始公开征求国歌歌词,但经多次审查,并无合适的歌词,经委员会讨论后认为,《黄埔军校训词》能够充分表现革命建国精神,建议采为正式国歌。1937 年 6 月 16 日,中国国民党中央执行委员会常务委员会决议,以党歌作为国歌。国民党决议"以现行党歌为国歌"时,特别强调"现行党歌意义,所包至广。所有中国立国之大本均已包涵于三民主义"。对于坚持"党国一体""以党治国""党在国上"的国民党而言,将极其带有党派色彩的党歌定为国歌,亦是必然。6 月 21 日,国民政府明令公布"兹规定以中国国民党党歌,为中华民国国歌",并训令直辖各机关一体遵照。此后,民国时期,一直沿用该国歌。

上述国歌是政权的象征,代表着统治者意志。但是这些国歌语言晦涩,不易传唱流行,且生命力很短暂。

二、中华人民共和国国歌的诞生

我国的国歌《义勇军进行曲》,诞生于 20 世纪 30 年代中华民族生死存亡的危急关头,在大江南北、华夏各地广为传唱,激励着中华儿女奋勇抵抗日本侵略者,建立新中国。国歌凝结着中国共产党领导人民争取民族独立、人民解放和实现国家富强、人民富裕的全部奋斗,是鼓舞人民奋勇前进的强劲旋律,是进行爱国主义教育的鲜活教材。《义勇军进行曲》不仅是中国人民争取民族独立、人民解放最强劲的一首战歌,也成为世界反法西斯战歌,赢得了各国人民的认可和尊重。

1949 年 6 月,新政治协商会议筹备会第一次会议在北京召开,拟定新中国的国旗、国徽、国歌是此次会议的重要任务之一。筹备会常务委员会下设六个小组,其中第六小组负责拟定国旗、国徽及国歌方案,7月14日,征集启事开始连续在《人民日报》等各大报纸刊登。启事刊登后反响强烈,在一个月内,共收到应征来稿国歌曲谱632件,歌词694件。8月24日,第六小组第三次全体会议经讨论审议,确定将进入复选的13件国歌歌词印制成《应征国歌歌词复选集(一)》,但认为应征歌词"似尚未臻完善",仍请文艺专家继续拟制。9月17日,新政协筹备会议第二次全体会议通过决议,将国旗、国徽、国歌的制定工作移交中国人民政治协商会议第一届全体会议。9月26日,国旗国徽国歌国都纪年审查委员会召开第一次会议,一致同意"在未制定正式国歌以前,拟暂义勇军进行曲代之"。

1949年9月27日,中国人民政治协商会议第一届全体会议通过了《关于中华人民共和国国都、纪年、国歌、国旗的决议》,其中第三条规定:"在中华人民共和国的国歌未正式制定前,以义勇军进行曲为国歌。"国歌由田汉作词,聂耳作曲。以《义勇军进行曲》为国歌,是历史的选择,人民的选择。至此,代表着新中国象征的中华人民共和国国歌诞生了。

第三节 中华人民共和国国歌的法治化

一、新中国成立初期开启国歌法治化进程

中华人民共和国成立之时,中国人民政治协商会议第一届全体会议确定了国歌。中华人民共和国成立后,中央政府也开始启动出台奏唱国歌的具体办法。1949年10月26日,中央人民政府委员会办公厅对外征求对《国歌奏唱办法》草案的意见。10月31日,原政协筹备会第六小组召开全体会议,讨论的议题包括《国歌奏唱办法》草案。11月3日,毛泽东在中央人民政府委员会办公厅送请核阅的《国旗升挂办法》和《国歌奏唱办法》上作出批示:"交政治局讨论。"1950年8月18日,在政务院会议室召开关于国徽使用、国旗悬挂、国歌奏唱办法及审查国徽图案的座谈会,会议一致同意三项办法并加以修正。其中国歌奏唱办法主要内容:一是国歌奏唱场合为国定纪念日、国际性的集会、公众集会,国歌不得用于婚丧庆吊、营业的娱乐场所。二是奏唱的方式,即国歌如系单独奏曲谱,则以连奏两遍为原则。如系同时奏唱,则以先奏曲一遍、后唱一遍为原则。三是奏唱礼仪,国歌奏唱时应立正脱帽致敬(军人肃立),不得击节或鼓掌。国歌奏唱时必须全部奏唱,不得中断。此外,还规定了外交场合如何奏唱国歌。后因故该奏唱办法没有颁布施行。

1952 年 8 月 27 日,原文化部曾就升降旗演奏何种典礼音乐请示政务院典礼局称:"目前各地采用如下两种办法,一、凡设有乐队者,高奏国歌二遍以上;二、如仅有军号者,则沿用部队通用之敬礼乐谱,吹奏三遍以上(既无乐队又无军号者,则行注目礼或举手礼)。我部认为目前可沿用此办法。"9 月 4 日,中央人民政府委员会办公厅答复,"你部所提升降国旗时演奏音乐的办法,目前仍可沿用;关于新的升降国旗与典礼乐以及其他典礼乐尚待考虑制定。"① 此后,在新中国成立初期奏唱国歌的法律法规一直未出台,相关问题主要依靠请示答复的方式解决。

二、改革开放后国歌法治化进程加快

为了规范国歌的奏唱、使用,1984 年 8 月,中共中央宣传部印发《关于中华人民共和国国歌奏唱的暂行办法》,规范了国歌可以奏唱的场合,不得奏唱的场合、奏唱的礼仪以及加强宣传教育等。1994 年 8 月,中共中央印发《爱国主义教育实施纲要》明确提出,唱国歌是公民表达爱国情感的一种神圣行为,在升国旗仪式和大型集会等活动中,要奏国歌,而且要提倡齐唱国歌。奏、唱国歌时应庄严肃立。在国际体育比赛的颁奖仪式上,升中国国旗、奏中国国歌时,运动员要面向国旗肃立,唱国歌。成年公民和小学三年级以上学生都应当会唱国歌,并能理解国歌的内容和国旗、国徽的含义。1996 年 10 月,中共中央通过《关于加强社会主义精神文明建设若干重要问题的决议》提出,运用升国旗、唱国歌等仪式,大力弘扬爱国主义精神。

2004 年 3 月 14 日,十届全国人大第二次会议通过的宪法修正案第三十一条规定:将宪法第四章章名"国旗、国徽、首都"修改为"国旗、国歌、国徽、首都"。宪法第一百三十六条增加一款:"中华人民共和国国歌是《义勇军进行曲》。"将国歌写入宪法,有利于维护国歌的权威性和稳定性,增强全国各族人民的国家认同感和国家荣誉感。2014 年 12 月,中共中央办公厅、国务院办公厅专门印发《关于规范国歌奏唱礼仪的实施意见》,对国歌的奏唱场合、奏唱礼仪和宣传教育作了专门规定。但是国歌作为中华人民共和国的象征和标志没有专门的法律法规。

三、新时代国歌法治化进入新阶段

多年来,多位全国人大代表、政协委员针对国歌奏唱过程中出现的问题提

---

① 中央档案馆编:《中华人民共和国国旗国徽国歌档案》(下卷),中国文史出版社 2014 年版,第615—617 页。

出建议、提案,呼吁加快推动国歌立法进程,进一步明确国歌的法律地位,加强对国歌的法律保护。如第十一、十二届全国政协委员、解放军军乐团原团长于海连续 10 年提出制定国歌法的提案。2017 年初,习近平总书记对国歌立法作出重要批示。全国人大常委会法制工作委员会经过广泛调研,充分研究论证,起草了国歌法的草案。2017 年 9 月 1 日,十二届全国人大常委会第二十九次会议表决通过《中华人民共和国国歌法》。制定国歌法,明确"中华人民共和国国歌是中华人民共和国的象征和标志。一切公民和组织,都应当尊重国歌,维护国歌的尊严"。明确了国歌和国旗、国徽享有同等的地位,对于维护国歌尊严具有重要意义。

国歌法共 16 条,主要规范的内容包括以下几个方面。

一是国歌的地位和国歌词谱。根据宪法,国歌法规定,中华人民共和国国歌是《义勇军进行曲》。同时规定,中华人民共和国国歌是中华人民共和国的象征和标志。一切公民和组织都应当尊重国歌,维护国歌的尊严。国歌法附件载明了国歌的歌词和曲谱。

二是奏唱国歌的场合。根据实际做法并结合现行规定和有关惯例,国歌法明确规定九类场合应当奏唱国歌,包括全国人民代表大会会议和地方各级人民代表大会会议的开幕、闭幕;中国人民政治协商会议全国委员会会议和地方各级委员会会议的开幕、闭幕;重大外交活动;重大体育赛事;其他应当奏唱国歌的场合。同时,国歌法还明确了不得奏唱和使用国歌的场合及情形。

三是关于国歌奏唱的形式和礼仪。为了体现国歌的严肃性和权威性,国歌法规定奏唱国歌,应当按照本法附件所载国歌的歌词和曲谱,不得采取有损国歌尊严的奏唱形式。为增强奏唱国歌的仪式感,体现对国家象征的尊重和维护,国歌法规定奏唱国歌时,在场人员应当肃立,举止庄重,不得有不尊重国歌的行为。

四是关于国歌标准曲谱和官方录音版本。国歌法规定,在法律规定的场合奏唱国歌,应当使用国歌标准演奏曲谱或者国歌官方录音版本,具体由国务院确定的部门组织审定、录制,并在中国人大网和中国政府网上发布。外交部及驻外外交机构应当向有关国家外交部门和有关国际组织提供国歌标准演奏曲谱和国歌官方录音版本,供外交活动中使用。国务院体育行政部门应当向有关国际体育组织和赛会主办方提供国歌标准演奏曲谱和国歌官方录音版本,供国际体育赛会使用。

五是关于国歌的宣传教育。为了进一步加强国歌的宣传教育,培育公民的国家观念,国歌法在几个方面作了规定:一是国庆节、国际劳动节等重要的国家法定节日、纪念日,中央和省、自治区、直辖市的广播电台、电视台应当按照国务院广播电视主管部门规定的时点播放国歌。二是国歌纳入中小学教育。中小学应当将国歌作为爱国主义教育的重要内容,组织学生学唱国歌,教育学生了解国歌的历史和精神内涵、遵守国歌奏唱礼仪。三是新闻媒体应当积极开展对国歌的宣传,普及国歌奏唱礼仪知识。

　　六是关于监督管理和法律责任。为了加强对国歌奏唱、播放、使用的监督管理,国歌法规定了县级以上各级人民政府及其有关部门在各自职责范围内,对国歌的奏唱、播放和使用进行监督管理。同时,国歌法规定,在公共场合,故意篡改国歌歌词、曲谱,以歪曲、贬损方式奏唱国歌,或者以其他方式侮辱国歌的,由公安机关处以警告或者十五日以下拘留;构成犯罪的,依法追究刑事责任。

　　国歌是国家统一和民族团结的象征,凝结着民众对民族的认同、对国家的认同。明确《义勇军进行曲》是中华人民共和国的象征和标志,关系到国家的主权和尊严,给予国歌强有力的法律保障,有利于维护国歌的尊严。同时,这也体现了中央提出的社会主义核心价值观融入法律的要求,对进一步增强公民的国家观念,激发报国情感,弘扬爱国主义精神,凝聚全国各族人民的力量,意义十分重大。

第二章 国歌的构成

第一节　国歌的歌词

国歌作为一种歌曲,主要包含两个基本元素:歌词和曲调。[①] 歌词蕴含丰富的内容,在国歌中具有重要的地位。

一、国歌歌词的意义

很多国歌来自流传已久、广受欢迎的歌曲,这些歌曲往往传递鼓励独立、解放或者斗争的意义。国歌歌词主题有三种基本类型:(1)国歌描绘山河壮丽与秀美,增强公民对领土的热爱与依赖,从而在空间意义上强化了公民的国家认同,如俄罗斯、丹麦、挪威、列支敦士登等国家的国歌。(2)国歌赞颂民族精神和气质,赋予共同体成员以自豪感、荣耀感和归属感,强化了公民的民族情感,如法国国歌《马赛曲》是政权革命突破的集会号召,着眼于革新社会的新秩序。此外,还有美国、瑞典、葡萄牙等国家的国歌。(3)国歌记录民族辉煌和苦难,唤醒荣耀和屈辱记忆,带领人们重返昔日荣光,铭记过往悲情,在时间维度上强化了公民的国家认同。如美国国歌《星条旗之歌》,表达该国旗对国家的统一的象征意义。[②] 此外,也有国歌目的是对王室的歌颂,如英国国歌《天佑国王》、荷兰国歌《威廉颂》等。从国歌涉及的内容来看,将近 2/3 的国歌歌词涉及宗教;国歌的歌词有的是专门针对祖国和国家的;有的提出了自然和环境的美丽,以及对民族的热爱等。虽然各国国歌歌词的内容千差万别,但基本主旨是表明对国家

[①]　对于歌曲的构成,有不同的表述方式。有的学者认为,歌曲由歌词和音乐构成;有的学者认为,歌曲由歌词和曲调构成。考虑到音乐是一个大概念,广义上的音乐包含了有歌词的歌曲。因此,本书表述歌曲由歌词和曲调构成。曲调,音乐的首要要素,是歌唱性的、能够表达一定乐思或主要旋律的统称。曲调有两个基本要素,即旋律线(或称音高线)和节奏。参见樊祖荫:《歌曲写作教程》,人民音乐出版社2006 年版,第 10 页。赵康延:《浅谈歌曲创作》,载《黄河之声》2016 年第 6 期,第 80 页。

[②]　国晓光:《国歌塑造认同:超越政体类型学的国家认同建构——基于对 121 国国歌的政治学分析》,载《新疆大学学报(哲学·人文社会科学版)》2020 年第 2 期,第 55 页。

的热爱、忠诚和奉献。

二、我国国歌歌词及其演变

1949 年 9 月 21 日,中国人民政治协商会议第一届全体会议召开。由于没有如期拟定出国歌,1949 年 9 月 27 日,中国人民政治协商会议第一届全体会议通过《关于中华人民共和国国都、纪年、国歌、国旗的决议》,明确:"在中华人民共和国的国歌未正式制定前,以义勇军进行曲为国歌。"针对一些人提出,为什么采用义勇军进行曲为中华人民共和国现时的国歌? 其中有些词句不符合目前情况的为什么不修改,1949 年 11 月 15 日,《人民日报》中"新华社信箱"栏目,专门进行了解答:"义勇军进行曲是十余年来在中国广大人民的革命斗争中最流行的歌曲,已经具有历史意义。采用义勇军进行曲为中华人民共和国现时的国歌而不加修改,是为了唤起人民回想祖国创造过程中的艰难忧患,鼓舞人民发扬反抗帝国主义侵略的爱国热情,把革命进行到底。这与苏联人民曾在长期间以国际歌为国歌,法国人民今天仍以马赛曲为国歌的作用是一样的。"[1]

"文化大革命"期间,该曲词作者田汉受到"四人帮"迫害,导致正式场合只能演奏国歌的曲谱,不能唱歌词。1966 年"文革"开始,田汉于 1968 年含冤去世,其所作的歌词不能唱了,在外交等正式场合只奏国歌,不唱国歌。粉碎"四人帮"以后,有些人认为我们国家已进入了新的历史时期,《义勇军进行曲》的歌词已不能反映变化了的现实,提议重写国歌歌词。1977 年成立了国歌征集小组,聘请了一些作家、音乐家作为顾问,开始国歌征集工作。中央有关部门经反复审听和评议,并多次召开座谈会,最后确定了用原国歌曲调填词的方案。[2] 1978 年 3 月 5 日,五届全国人大一次会议通过了《关于中华人民共和国国歌的决定》,对田汉原作的歌词进行了更改,并注明"聂耳曲、集体填词"。对更改国歌歌词,各方面一直有不同意见,新歌词基本没有被传唱。随着全国工作重心的转移和改革开放的推进,以及田汉的冤案于 1979 年 4 月得到平反昭雪,在全民讨论宪法修改草案的过程中,各界人士一致要求恢复《义勇军进行曲》原词。1982 年 12 月 3 日,五届全国人大五次会议通过了《关于中华人民共和国国歌的决议》,决定:恢复《义勇军进行曲》为中华人民共和国国歌,撤销五届人大一次会议关于国歌的决定。

---

① 政协全国委员会办公厅编:《中华人民共和国国旗国歌国徽诞生》,中国文史出版社 2019 年版,第 211 页。

② 李国才:《国歌的诞生》,上海人民出版社 2015 年版,第 125 页。

三、歌词的改编及其责任

为了体现国歌奏唱的严肃性和规范性,很多国家禁止故意歪曲、贬损国歌,对国歌的乐谱、歌词进行恶意修改并演奏、演唱。例如,马来西亚国歌相关法律规定,无正当、合理理由未遵守该法的规定或者公众认为倾向于降低国歌尊严的疏忽行为将视为侮辱国歌。新加坡规定,任何演唱国歌的人必须按照官方的歌词,不得进行任何改动。奏唱时将国歌纳入任何曲目或混成曲、未精确地反映国歌完整曲调和官方歌词,视为侮辱国歌的行为。我国澳门特区《国旗、国徽及国歌的使用及保护》规定,演奏国歌时不得修改国歌的歌词。演奏国歌时蓄意不依歌谱或更改歌词构成对国家象征的不尊重。国歌应依照该法附件四的正式总乐谱的准确规定进行演奏。

实践中,对于国歌歌词的改编要与用于政治目的的讽刺漫画区别开来。在对新闻自由宽松对待的国家往往对修改国歌歌词的宽容度高一些。在德国,一家杂志刊登了讽刺德国国歌的文章,滑稽地模仿国歌前两句,以刻薄的语言批评了德国当代生活的各方面,如疯狂地追求金钱、追求偷窥秀等。下级法院根据《德国刑法》认定这是煽动性诽谤,没收了书籍的副本,并对出版商判处了四个月的监禁。德国联邦宪法法院承认,国歌像国旗一样受宪法保护,但实际上对艺术表达如何判定没有宪法上的关键点。德国联邦宪法法院认为下级法院从最可能坏的角度解释这种表达,认为是对国家蓄意诽谤的攻击,但是该模仿是对德国社会"虚夸与现实之间矛盾"的讽刺写照,属于艺术自由的范畴。[①]

在很多国家,国歌歌词在附件中列明,但法律的附件与法律正文具有同等法律效力,附件中的国歌歌词也是法律中的一部分。根据我国国歌法规定,无论是奏国歌,还是唱国歌,都应当依照国歌法附件所载国歌的歌词和曲谱。国歌法第十五条规定,在公共场合,故意篡改国歌歌词、曲谱,要承担相应的法律责任。国歌法第六条规定,奏唱国歌,应当按照本法附件所载国歌的歌词和曲谱,不得采取有损国歌尊严的奏唱形式。

在展现抗日战争题材的影视、绘画等艺术作品中引用国歌的部分歌词是否允许?考虑到国歌是弘扬中华民族精神的重要载体,是进行爱国主义教育的鲜活教材,以不同艺术形式宣传、传播国歌,广泛地弘扬爱国主义精神,都是值得鼓励和提倡的。因此,国歌法并未禁止国歌出现在其他艺术作品中,也未禁止在其他艺术作品中对国歌的歌词和曲谱进行适当引用。但需要指出的是,无论

---

① Edward J. Eberle, *Public Discourse in Contemporary Germany*, 47 Case W. Res. L. Rev. 797, Spring 1997.

是演奏、演唱国歌,还是适当引用国歌词谱,都不得有国歌法所禁止的行为,包括不得采取有损国歌尊严的奏唱形式,不得故意篡改国歌歌词、曲谱,不得以歪曲、贬损方式奏唱国歌或者以其他方式侮辱国歌,否则就要依据国歌法第十五条和其他有关法律规定承担相应的法律责任。

第二节　国歌的曲谱

一、国歌曲谱

曲谱,是音乐作品书面的表现形式,其记载的内容包括歌词和曲调,是可供演唱或演奏的音乐文本。曲谱,即乐谱,是指记录音乐音高或者节奏的各种书面符号的有规律的组合。演奏曲谱,是指用于器乐演奏的音乐文本。通常各国会在法律法规中明确国歌应当严格按照法定的曲谱奏唱。如《俄罗斯国歌法》附件列明了国歌曲谱。国歌的曲谱,一般各国均采用五线谱的形式。

一般情况下,各国国歌法律法规附件中的国歌曲谱虽然可适用于多种演唱或演奏形式,但对于乐队合奏来说,因曲谱没有声部分配,乐队仅能采用齐奏的形式演奏同一个旋律,不能充分发挥乐队合奏的表现力,音乐色彩不丰富、音响缺乏层次感。为达到更佳的艺术效果,需由专业的音乐人士对曲谱进行专业的编配(运用和声与配器手法),以形成适用于不同器乐合奏形式的演奏曲谱。

二、我国国歌曲谱及其演变

国歌《义勇军进行曲》歌词共有 84 个字,曲谱共有 37 小节。1935 年 1 月,剧作家田汉在上海创作了电影《风云儿女》主题歌《义勇军进行曲》歌词,音乐家聂耳为《义勇军进行曲》谱曲,曲谱是用简谱和五线谱两种记谱法标记的旋律曲谱,五线谱在上简谱在下。曲谱标记着"G 调、2/4 拍、Marcia Vivace、快步进行"等。

1949 年 9 月 27 日,中国人民政治协商会议第一届全体会议通过《关于中华人民共和国国都、纪年、国歌、国旗的决议》明确,在中华人民共和国的国歌未正式制定前,以义勇军进行曲为国歌。该决议没有明确国歌曲谱。9 月 29 日,《人民日报》在刊登国旗图案、《国旗制法说明》的同时,刊登了《义勇军进行曲》词曲。1982 年 12 月 3 日,五届全国人大第五次会议决定:恢复《义勇军进行曲》为中华人民共和国国歌,同年,全国人大常委会公报中公布了国歌(《义勇军进行曲》)的曲谱。

(一)关于国歌的速度

音乐的速度不同,会产生完全不同的音乐形象和意境。同一段音乐,如果慢速演奏,可以给人以辽阔、静谧、悠然自得的情调。但是,如果快速演奏,可能音乐形象将变得跳跃欢快,富有舞蹈性。但并不是任何一段音乐都可以改变速度来取得不同的意境和形象。有的音乐速度一旦发生变化,会让人难以接受。"比如用快速来演奏《葬礼进行曲》,或用极慢的速度来演奏一些活泼欢快的乐曲,这都是不可以的。"①

在国歌法起草和审议过程中,有的音乐家提出,1982 年全国人大常委会公报上的国歌曲谱在音符、节奏方面是准确的,但没有具体的速度等曲谱的基本要素,难以充分体现国歌的形象和精神内涵,建议予以完善。今后可以通过录制官方录音版本,将每分钟 96 拍的录音作为标准版本广泛使用。有的音乐家提出,歌曲的速度对于歌曲整体情感表达有着重要影响,这是毋庸置疑的。但是否需要将现在的"进行曲速度"细化为每分钟 96 拍,需要考量。也可以有其他替代办法,一是国歌法附件所附的曲谱维持"进行曲速度"不变,但是在国歌法通过后,由权威部门组织审定国歌官方录音版本时,按照每分钟 96 拍进行录制,并配合相关解释。通过这种方式明确按照每分钟 96 拍演奏的才是标准版本。二是在附件中直接规定,但是这涉及不同艺术家的不同理解,需要在广泛讨论的基础上取得共识,还需要认真考量。

目前,国歌曲谱使用的"进行曲速度"一般也有一个大致的区间,如放慢到每分钟 70 多拍,就明显不属于进行曲速度。附件中所附的曲谱作为法律的一部分,具有强制性,还是应当有些弹性,如果明确规定每分钟 96 拍,不按照这个奏唱,就可能引起违反法律规定的质疑。"音乐的速度记号,主要是用文字表示";用这种方法并不非常准确,但是"过分准确对音乐表演也是一种限制"。②最后,经过研究论证,国歌法附件中的曲谱还是维持"进行曲速度"这一表述,在出台后通过录制官方录音或者做有关解释等方式,可以考虑将每分钟 96 拍确定为标准的速度。

(二)国歌曲谱的表情标记

音乐的表情记号是指用于体现乐曲的情绪,能更好地体现乐曲情感的符

---

① 李重光:《基本乐理》,湖南文艺出版社 2009 年版,第 81 页。
② 李重光:《基本乐理》,湖南文艺出版社 2009 年版,第 82 页。

号。通常曲谱都会加上感情记号表示演奏时的情绪,如"战斗地""抒情地"。在国歌法的起草和审议过程中,有的音乐家提出,1982年全国人大常委会公报上的国歌曲谱在音符、节奏方面是准确的,但没有具体的表情记号等曲谱的基本要素,难以充分体现国歌的形象和精神内涵,建议予以完善:一是力度标记,目前曲谱只有在歌词"起来!起来!起来!"上标注了一个渐强符号,建议在其他有关地方增加力度标记;二是关于感情记号,建议在国歌曲谱上增加标注"庄严地"。有的音乐家提出,感情记号不可以没有,但是也不可以太多。就国歌而言,标注"庄严雄壮地"是比较恰当的。有的同志提出的力度标记,则更为见仁见智,哪些地方需要加重,哪些地方应当弱化,不同艺术家都有不同理解,更难取得共识,建议不再增加新的力度标记。关于感情记号,作为国歌而言,庄重严肃地演奏是一个基本要求,如果增加"庄严地"问题不大,但是其他记号可能也会产生争议。需要说明的是,考虑到在曲谱上增加标记速度、力度和表情记号等专业性较强,普通公民对这样的曲谱也难以学习掌握,因此国歌法附件所载的曲谱并未增加标记。

(三)国歌曲谱的简线分开

曲谱需要通过一定的形式(包括符号、文字、数字或图表)记录下来。记录曲谱的方法通常包括五线谱、简谱等方式。五线谱,是国际通用的记谱法,其特点是:科学、系统、规范;谱面体现的信息丰富且精确;几乎能满足所有音域、乐器、音乐作品的记谱需要;国际通用、使用范围广。简谱,属于文字记谱法的一种,用数字代表音符的记谱法。其特点是简单易学,但是在记谱方面存在一定的局限性,不适合复杂、高深的记谱要求,而且使用范围相对较小,仅在中国、日本及东南亚的一些国家使用。

一般情况下,标记曲谱应当分别使用五线谱或者简谱,1982年全国人大常委会公报公布的国歌词曲谱,简谱与五线谱混排,同时标记。实际上1949年、1978年和1982年的国歌曲谱,均沿袭了1935年报刊、书籍刊登的聂耳的手稿,聂耳之所以采取两种方法记谱,主要是因为当时五线谱的普及率不高,为了使《义勇军进行曲》得以广泛传唱,聂耳在五线谱之下又标记了简谱。在国歌法起草和审议过程中,有的音乐家提出,草案中国歌词谱的版式采用了五线谱和简谱混排的方式,不符合目前通用的曲谱排版形式,为便于实际使用,满足不同方面需要,建议将五线谱版和简谱版分排。

考虑到此项工作政治性、专业性强,经与中央宣传部沟通,由中央宣传部组织中国音乐家协会及部分音乐家对国歌的词谱以及排版形式进行了审定,审定意见提出,建议仍采用1982年第5号全国人大常委会公报公布的国歌词曲谱,但简谱与五线谱不再混排,分开印制。根据这一意见,草案二次审议稿对附件中国歌词谱的版式作出了调整,形成了目前国歌法附件中的五线谱版、简谱版的国歌曲谱。两个版本分附其后,既兼顾了五线谱作为传播范围广的通用记谱法的国际现状,同时也结合了简谱在我国拥有较强群众基础的实际国情,符合目前国际通用的乐谱出版规范要求,更具有实用性,也更清晰、美观。

三、国歌标准演奏曲谱、国歌官方录音版本的审定、录制和发布

在国歌法起草和审议过程中,许多部门和音乐家提出,新中国成立以来,我国正式出版的国歌曲谱约有几十种,却没有明确统一的标准曲谱,奏唱国歌的速度、力度、表情记号等没有统一要求。

1949 年 9 月 27 日,中国人民政治协商会议第一届全体会议"全体一致通过:在中华人民共和国国歌正式制定以前,以义勇军进行曲为国歌",并公布了国歌《义勇军进行曲》的曲谱。

1950 年 3 月 9 日,《人民日报》刊登《中央人民政府文化部、中华全国音乐工作者协会为统一国歌歌谱并征求国歌合唱谱及乐队合奏谱启事》。其内容是:"查各地所唱国歌(义勇军进行曲)歌谱,在词句与节奏上颇有出入(如'每个人被迫着发出最后的吼声''前进,前进'等句),亟应加以统一;又各地所配之乐队谱,种类繁多,好坏不一,亦须加以规定。因此,我们特将国歌歌谱重新公布,希各地音乐工作者迅将不同之处改正;并广泛征求国歌之合唱谱及乐队合奏谱,以便择优采用。兹制定征求办法如下:一、国歌歌谱以本部印发者为准,各地应征者可向北京中央人民政府文化部艺术局函索;二、应征种类包括:甲,合唱谱;乙,乐队合奏谱;丙,管弦乐合奏谱;丁,钢琴伴奏谱等四种;三、截止日期:第一次三月底,第二次五月底;四、应征作品经评定后,前三名给予奖励;五、收件地点:北京市四牌楼头条胡同五号中央人民政府文化部艺术局。中央人民政府文化部、中华全国音乐工作者协会启。"① 虽然经过了公开征求,根据笔者查找资料情况,尚未找到公开的、统一的、权威的歌谱。

1982 年虽然恢复了国歌原词,但 1978 年的错误曲谱仍在一定范围内使用。在学校、机关、展览馆等场所,在国家级乐队演奏的音乐会、重要集会活动,在公开发行的出版物上,经常会看到、听到明显错误的《义勇军进行曲》曲调。有的意见提出,国歌的配器很重要,在升国旗仪式上出现过用架子鼓演奏国歌的情况,很不严肃。有的意见提出,领导人出访时,出现过东道乐队在欢迎仪式等活动现场演奏的我国国歌不标准,有的外国乐队使用了错误的曲谱,有的配器

---

① 《中央人民政府文化部、中华全国音乐工作者协会为统一国歌歌谱并征求国歌合唱谱及乐队合奏谱启事》,载《人民日报》1950 年 3 月 9 日,第 2 版。

不能展现国歌的庄严形象。同时也存在着驻外外交机构、涉外活动主办单位举行重大活动奏唱国歌采用的版本不一，奏唱效果参差不齐的问题。

为了维护国歌的尊严，应当由国家审定国歌标准演奏曲谱，录制国歌官方录音版本，并以一定形式发布。根据上述意见，国歌法第十条第四款规定，国歌标准演奏曲谱、国歌官方录音版本由国务院确定的部门组织审定、录制，并在中国人大网和中国政府网上发布。"国歌标准演奏曲谱"，特指为在正式场合规范国歌演奏，维护国歌的尊严，由国务院确定的部门组织审定的、专门编配用于器乐演奏的国歌曲谱。根据实际需要，"国歌标准演奏曲谱"应包括管乐队曲谱、管弦乐队曲谱和钢琴谱等。"国歌官方录音版本"，特指由国务院确定的部门组织录制国歌的音频资料。"官方录音版本"应当包括演奏版本（无人声）、演唱版本（有人声），演奏版本也可以包括管乐、管弦乐等演奏的国歌录音版本。

四、国歌标准演奏曲谱、国歌官方录音版本的使用

国歌法第四条规定了应当奏唱国歌的九类场合，包括：全国人民代表大会会议和地方各级人民代表大会会议的开幕、闭幕，中国人民政治协商会议全国委员会会议和地方各级委员会会议的开幕、闭幕；各政党、各人民团体的各级代表大会等；宪法宣誓仪式；升国旗仪式；各级机关举行或者组织的重大庆典、表彰、纪念仪式等；国家公祭仪式；重大外交活动；重大体育赛事；其他应当奏唱国歌的场合。这些场合属于比较重大的正式场合，根据国歌法第十条第一款的规定，在这些场合奏唱国歌，应当使用国歌标准演奏曲谱或者国歌官方录音版本。

考虑到各地经济社会文化发展存在差异，"一刀切"要求在第四条应当奏唱的场合，一定要有专业的乐队演奏或者伴奏是不现实的。如果在这些场合奏唱有乐队现场演奏条件的，应当使用国歌标准演奏曲谱进行演奏；如果没有乐队现场演奏，有播放伴奏录音设备的，也可以使用国歌官方录音版本。如果上述条件都不具备，像电影《凤凰琴》里只有一支笛子也是可以表达出爱国情感的，如果某种单一乐器没有审定的标准演奏曲谱，可以按照国歌法附件所载的旋律曲谱进行演奏。在国歌法第四条规定以外的其他场合奏唱国歌，是否也要使用标准演奏曲谱和官方录音版本，国歌法没有作硬性规定，鉴于标准演奏曲谱和官方录音版本的权威和准确，在有条件的情况下，还是应当使用。

根据国歌法第十条的规定，外交部及驻外外交机构应当向有关国家外交部门和有关国际组织提供国歌标准演奏曲谱和国歌官方录音版本，供外交活动中使用。国务院体育行政部门应当向有关国际体育组织和赛会主办方提供国歌标准演奏曲谱和国歌官方录音版本，供国际体育赛会使用。

第三章　国歌的使用情形

第一节　应当奏唱国歌的情形

在我国古代政治生活中,国家高度重视音乐的作用,"举凡祭祀、朝会、宴请、外事等国家大事,均需奏相应的乐,此乐不仅起着奠定基调烘托氛围的作用,而且它实际上成为某一礼仪的标志"①。在当代亦是如此,在具有政治意义的重要会议、重要仪式、重要活动等情形,也应当奏唱国歌。应当奏唱国歌的情形属于法定要求,也是国家机关应当执行的义务。

一、重要政治性会议奏唱国歌

具有政治性的重要会议,如议会开幕、国家庆祝会议等,以及地方政治性活动,往往开始时奏唱国歌,既是一种重要礼仪,也是开展爱国主义教育的重要体现。例如,《俄罗斯国歌法》规定,在下列情形下演奏俄罗斯联邦国歌:在俄罗斯联邦会议联邦委员会、俄罗斯联邦会议国家杜马的开幕会议和闭幕会议上。加拿大规定,在议会开会期间,开幕会在周一的,全体议员须站立奏唱国歌;议会开幕会未在周一的,全体议员须在开会的该周第一天奏唱国歌。《巴西国家象征法》规定,在共和国总统、国民议会和最高法院举行仪式时,以及法令或国家规则明确的其他情形,可以奏唱国歌。

我国国歌法第四条规定:"在下列场合,应当奏唱国歌:(一)全国人民代表大会会议和地方各级人民代表大会会议的开幕、闭幕;中国人民政治协商会议全国委员会会议和地方各级委员会会议的开幕、闭幕;(二)各政党、各人民团体的各级代表大会等;……"我国宪法规定,中华人民共和国的一切权力属于人民,人民行使国家权力的机关是全国人民代表大会和地方各级人民代表大会。全国人民代表大会会议和地方各级人民代表大会会议是全国人大和地方各级人大行使职权的主要形式,在开幕和闭幕时理应奏唱国歌,彰显国家权力。

---

① 陈望衡、范明华等:《大唐气象:唐代审美意识研究》,江苏人民出版社2022年版,第408页。

2005 年全国人大常委会委员长会议通过的《全国人民代表大会会议工作程序》第二十一条规定,宣布大会开幕后,先请全体与会人员起立、奏国歌,然后进行全体会议的各项议程。第二十八条规定,各项表决进行完毕后,由委员长致闭幕词。换届时,先请国家主席发表讲话,然后由委员长致闭幕词。最后,全体与会人员起立,奏国歌,宣布大会闭幕。

中国人民政治协商会议是有广泛代表性的统一战线组织,是中国共产党领导的多党合作和政治协商的重要机构,是我国政治生活中发扬社会主义民主的重要形式。我国的政党包括中国共产党和八个民主党派。人民团体是指由中国共产党领导的,按照其各自特点组成的从事特定的社会活动的全国性群众组织,主要是指作为全国政协组成机构的八个团体。各政党和人民团体中,大部分召开代表大会,但中华全国青年联合会采取团体会员制,不召开代表大会,而召开委员会全体会议,国歌法规定了"代表大会等"这些会议开幕、闭幕时,应当奏唱国歌。此外,在实践中,对于奏唱国歌的时点做法也不太统一,如中国共产党的代表大会在开幕时奏唱国歌,闭幕时奏唱国际歌,而有的政党或者人民团体的代表大会则在开幕、闭幕时都奏唱国歌。为此,具体是开幕还是闭幕奏唱国歌,可以由各政党、各人民团体根据实际情况具体掌握。

二、重要政治性仪式奏唱国歌

仪式是重要的政治象征活动,国家庆祝、纪念仪式具有增强民族依恋的能力。政治性仪式有助于突出共同的历史,传达核心价值,并有助于减少社会中的冲突。奏唱国歌时,有助于仪式参与人员进入状态,提升仪式的庄重性、严肃性。

(一)宪法宣誓仪式奏唱国歌

2015 年 7 月 1 日,十二届全国人大常委会第十五次会议通过了关于实行宪法宣誓制度的决定,明确:"宣誓场所应当庄重、严肃,悬挂中华人民共和国国旗或者国徽。""负责组织宣誓仪式的机关,可以根据本决定并结合实际情况,对宣誓的具体事项作出规定。"虽然在决定中没有明确要求奏唱国歌,但是在实践中,无论是全国人大及其常委会,还是国务院、最高人民法院、最高人民检察院举行的宪法宣誓仪式中,都在仪式开始时奏唱国歌。国歌法在吸收实践经验的基础上,为进一步增加宪法宣誓仪式的规范性、荣誉性,2017 年制定国歌法明确规定,宪法宣誓仪式应当奏唱国歌。2018 年 2 月 24 日,第十二届全国人民代表大会常务委员会第三十三次会议修订实行宪法宣誓制度的决定,增加规定宣誓仪式应当奏唱中华人民共和国国歌。宪法宣誓仪式中奏唱国歌,有助于增加宪法宣誓仪式的庄重性、严肃性。

（二）升国旗仪式奏唱国歌

1990年国旗法规定："举行升旗仪式时,在国旗升起的过程中,参加者应当面向国旗肃立致敬,并可以奏国歌或者唱国歌。"在实践中,举行升旗仪式时,各地情形不一,有的唱国歌、有的奏国歌。同时考虑到国旗法实施将近三十年来,升国旗同时奏唱国歌已经成为实践中非常普遍的做法,因此国歌法规定升国旗仪式应当奏唱国歌的场合。2020年修改国旗法,明确要求"举行升旗仪式时,应当奏唱国歌"。目前,国旗法、国歌法对升旗仪式的要求已经一致。

（三）国家公祭仪式奏唱国歌

为了悼念南京大屠杀死难者和所有在日本帝国主义侵华战争期间惨遭日本侵略者杀戮的死难者,揭露日本侵略者的战争罪行,牢记侵略战争给中国人民和世界人民造成的深重灾难,表明中国人民反对侵略战争、捍卫人类尊严、维护世界和平的坚定立场,2014年2月27日,十二届全国人大常委会第七次会议通过设立南京大屠杀死难者国家公祭日的决定,将12月13日设立为南京大屠杀死难者国家公祭日。每年12月13日国家举行公祭活动,悼念南京大屠杀死难者和所有在日本帝国主义侵华战争期间惨遭日本侵略者杀戮的死难者。根据相关部门制定的公祭仪式安排,在公祭仪式开始时首先要奏唱国歌。根据2014年以来的实际做法,我国国歌法第四条中规定,国家公祭仪式应当奏唱国歌。此外,目前一些地方开展的公祭黄帝、炎帝、大禹等活动,属于文化民俗活动,不是国歌法规定的国家公祭仪式。

三、重要影响力活动奏唱国歌

重要影响力活动,往往人员聚集,也是进行爱国主义教育的重要场合。很多国家规定重要影响力活动奏唱国歌。《俄罗斯国歌法》规定,在下列情形下演奏俄罗斯联邦国歌:在国家和地方官方节日庆祝活动的开幕式和闭幕式上;俄罗斯联邦国歌可以在国家机关、地方自治机关、政府组织和非政府组织举办庆祝活动时演奏。我国国歌法第四条中规定,在下列场合,应当奏唱国歌:(1)各级机关举行或者组织的重大庆典、表彰、纪念仪式等;(2)重大外交活动;(3)重大体育赛事;(4)其他应当奏唱国歌的场合。

各级机关举行或者组织的重大庆典、表彰、纪念仪式等应当奏唱国歌。各级机关中的"机关"主要包括中国共产党的机关、人大机关、行政机关、政协机关、监察机关、审判机关、检察机关、民主党派和工商联机关等,规定由各级机关举行或者组织,主要是区别于一般的商业庆典、群众性活动等。根据实际做法,重大庆典、表彰、纪念仪式包括新中国成立逢十周年庆祝活动,香港、澳门回归逢十周年庆祝活动,举行颁授国家勋章、国家荣誉称号的仪式,在抗日战争胜利纪念日、烈士纪念日举行的纪念活动等。不仅中央机关组织的活动、仪式应当奏唱国歌,地方机关举行的上述重大庆典、表彰、纪念仪式,也应当奏唱国歌。

第二节　可以奏唱国歌的情形

《荀子·乐论》:"夫声乐之入人也深,其化人也速,故先王谨为之文。乐中平则民和而不流,乐肃庄则民齐而不乱。"音乐的影响是深刻的,良好的音乐起到积极的教化作用。鼓励公民奏唱国歌,促进公民奏唱国歌的积极性,是国家的责任。

一、国家鼓励奏唱国歌的原因

国歌是反映民族之魂的音乐。国歌是国家的标志,是民族精神的体现,也是很好的爱国主义教育的题材。各国通常鼓励公民更多地演奏、演唱国歌,不断重复的国歌犹如一种政治信息的持续性传递。在我国,只要国歌《义勇军进行曲》响起,就很容易激起公民的民族自豪感、危机警觉感、复兴紧迫感。这就是我国国歌的震撼力量,也是国歌的魅力。

很多国家明确,国家倡导公民和组织在适宜的场合奏唱国歌,表达爱国情感。在我国制定国歌法的过程中,很多意见提出,国歌反映我们国家从苦难中走出来的奋斗过程,反映了我们国家的精神面貌。有的提出,国歌是国家的形象。国歌,唱出了中国人民的心声;唱出了中国人民不怕困难、不怕牺牲的精神;唱出了中国人民永远向前进的豪言壮语;唱出了复兴中华民族的伟大梦想。因此,在根据大多数人意见的基础上,国歌法第三条明确规定:"中华人民共和国国歌是中华人民共和国的象征和标志。一切公民和组织都应当尊重国歌,维护国歌的尊严。"国歌法第五条规定:"国家倡导公民和组织在适宜的场合奏唱国歌,表达爱国情感。"

二、国家鼓励奏唱国歌的情形

国歌是表达爱国情感的。国歌可以在庄严的公共或私人活动中演唱或演奏,前提是该活动的本质是对国家价值观的提升。对于鼓励奏唱国歌通常有两种方式:一是明确鼓励在合适的场合可以奏唱国歌,如《新加坡国徽、国旗和国歌规则》规定,在总统接受致敬时应奏唱国歌,在其他任何适宜的场合均可奏唱国歌。二是对奏唱国歌的场合作出了具体规定,如《俄罗斯国歌法》规定,在重要场合如议会开幕会闭幕会、外交活动、举行军事仪式、重大节日、学校开学、体育赛事活动等场合演奏国歌,也可以在国家机关、地方自治机关、政府组织和非政府组织举办庆祝活动时演奏。《巴西国家象征法》规定,在公共集会开始时,在与爱国主义有关的宗教仪式、在广播电台和电视台的每日广播开始或者结束时,可以选择播放国歌。

2014 年,中共中央办公厅、国务院办公厅印发《关于规范国歌奏唱礼仪的实施意见》,其中规定"国歌可以在下列场合奏唱",其中包括:"重要庆典活动或者政治性公众集会开始时,正式的外交场合或者重大的国际性集会开始时,举行升旗仪式时,重大运动赛会开始或者我国运动员在国际体育赛事中获得冠军时,遇有维护祖国尊严的斗争场合,重大公益性文艺演出活动开始时,其他重要的正式场合。"在总结实践经验的基础,2017 年制定国歌法时进一步明确应当奏唱国歌的情形,明确国家倡导公民和组织在适宜的场合奏唱国歌,表达爱国情感。

三、我国国歌法鼓励与规范的尺度

在培育和践行社会主义核心价值观,激发广大人民群众的爱国情怀方面,国歌具有得天独厚的优势。在国歌监督管理过程中,要注重规范与引导并重,避免由于管制过多,导致公民、组织不敢奏唱国歌。在保证国歌奏唱的严肃性和规范性的同时,加强国歌宣传教育,鼓励广大人民群众唱国歌、爱国歌,弘扬爱国主义精神。为鼓励奏唱国歌创造的条件,要注重规范与引导并重,主要体现在以下方面。

一是对"奏唱"国歌含义扩大解释。国歌作为音乐作品,其最重要的使用方式就是奏唱。国歌法中规定的"奏唱",既包括奏国歌,也包括唱国歌,还包括同时奏、唱国歌。实践中具体可以包括三种情形:一是边"奏"边"唱";二是只"奏"不"唱",如外交活动中外国元首、政府首脑的欢迎仪式;三是只"唱"不"奏",如缺乏播放设备等客观条件不允许的情况下。为了使法律条文更加简洁,国歌法只笼统规定了"奏唱",未区分不同情况。我国国歌法规定应当奏唱国歌的场合,如国歌法第四条第(一)项、第(二)项等,包括:"(一)全国人民代表大会会议和地方各级人民代表大会会议的开幕、闭幕;中国人民政治协商会议全国委员会会议和地方各级委员会会议的开幕、闭幕;(二)各政党、各人民团体的各级代表大会等;……"一般应当同时奏唱,但是在一些特殊场合,考虑到惯例或者客观条件的因素,也可以单独奏国歌或者唱国歌。总之,在不同场合下,可以根据不同的需要采取不同的形式奏唱国歌。只要国歌的奏唱形式是按照国歌法规定的国歌的歌词和曲谱,且不损害国歌尊严,都是可以的。

二是增强公民奏唱国歌的便利性。制定国歌法的目的不是将国歌束之高阁,而是更好地唱响国歌,传播中国声音,讲好中国故事。为此,国歌法规定了"国家鼓励公民和组织在适宜的场合奏唱国歌,表达爱国情感",规定了国歌的学校教育和新闻媒体的宣传。为了方便广大人民群众唱好国歌,国歌法专门附上了国歌的五线谱版和简谱版的词曲谱。为了便于乐队能够使用标准的演奏曲谱,以及在没有专业乐队伴奏的情况下,人民群众能轻松获得音质良好的音频伴奏,国歌法规定了国歌标准演奏曲谱和国歌官方录音版本在中国人大网和中国政府网发布。

三是最大限度地减少涉及国歌行为的法律责任。国歌法的起草思路之一是既要规范国歌奏唱,同时又要鼓励广大人民群众爱国歌、唱国歌。因此,在规范国歌奏唱的场合时,采用了"管住两头、鼓励中间",即在国歌法明确规定应当奏唱国歌的场合和不得奏唱、使用国歌的场合和情形,在这以外的其他情形只要不是不适宜的场合,都可以奏唱国歌。

第三节 国歌的禁止使用情形

特定歌曲被定为国歌后,就不再是一首普通的音乐作品。国歌的使用受到限制,国家通常确定禁止使用的情形。我国国歌法第六条规定,奏唱国歌,应当按照本法附件所载国歌的歌词和曲谱,不得采取有损国歌尊严的奏唱形式。第八条规定,国歌不得用于或者变相用于商标、商业广告,不得在私人丧事活动等不适宜的场合使用,不得作为公共场所的背景音乐等。国歌的禁止使用情形包括:不适当的方式、不适当的用途、不适当的场合等。

一、不适当的方式

不适当的方式使用国歌,主要是指对国歌随意改编等不尊重国歌尊严的方式。例如,《新加坡国徽、国旗和国歌规则》规定,奏唱时不得将国歌纳入任何曲目或混成曲、未精确地反映国歌完整曲调和官方歌词。我国国歌法第六条规定,奏唱国歌,应当按照本法附件所载国歌的歌词和曲谱,不得采取有损国歌尊严的奏唱形式。我国澳门特区《关于使用国旗、国徽、区旗、区徽及奏唱国歌的具体规定》规定,演奏国歌时不得修改国歌的歌词。演奏国歌时蓄意不依歌谱或更改歌词构成对国家象征的不尊重。我国国歌法第六条中规定的有损国歌尊严的奏唱形式也就是属于不适当的方式。故意以轻佻、极慢、极快等不适宜的形式奏唱国歌来损害国歌尊严和形象均属于不适当的方式。至于实践中,何种奏唱形式有损国歌的尊严,需要根据使用情形、周边环境等因素综合判断。

二、不适当的用途

国歌通常用于表达爱国情感,必须用于适当的用途。将国歌用于或者变相用于商标、商业广告等不适当用途,可能会引起公众的不适,也会引起误解。在2017年香港特区立法会起草国歌条例时,也规定不得将国歌用于商业广告。但部分委员询问,"就某场合或活动(例如慈善活动及足球赛事)而言,若有奏唱国歌,而该场合或活动亦有展示其商业赞助商的品牌名称或标识,此情况会否构成在商业广告中不当使用国歌"。香港特区政府当局认为,"即使在某个获商业赞助的场合或活动上展示赞助商的品牌名称或标识,只要没有将国歌用于商业广告,在该场合或活动中奏唱国歌,并不会违反条例草案第6(1)(a)条"①。

商标法规定,同中华人民共和国的国家名称、国旗、国徽、国歌、军旗、军徽、军歌、勋章等相同或者近似的,以及同中央国家机关的名称、标志、所在地特定地点的名称或者标志性建筑物的名称、图形相同的标志不得作为商标使用。广告法也规定,广告不得使用或者变相使用中华人民共和国的国旗、国歌、国徽,军旗、军歌、军徽。在国歌法起草过程中,草案曾规定国歌不得用于广告,但是一些意见提出,商业广告应当禁止使用国歌,但是公益广告不宜禁止。作为广告主管部门的原国家工商行政管理总局也提出,广告法规范的情形主要是指商业广告,公益广告应当允许其使用国歌。因此,国歌法与国旗法、国徽法规定相比,进一步明确了国歌不得用于或者变相用于商业广告。

三、不适当的场合

一些国家和地区明确禁止在不适当的场合使用国歌,如《美国马萨诸塞州法典》第二百六十四章第九节规定,在任何公众场地,如博物馆、电影院、餐厅或者咖啡厅,或者任何公共娱乐场所,演奏、歌唱或者演出美国国歌的人,损害其节奏,或者进行任何修改或者添加的行为,将处以罚金。在我国,2014年12月中共中央办公厅、国务院办公厅印发了《关于规范国歌奏唱礼仪的实施意见》,

---

① 参见香港特区立法会:《2019年6月14日内务委员会会议文件〈国歌条例草案〉委员会报告》,第12页,载香港特区立法会网站:https://www.legco.gov.hk/yr18-19/chinese/bc/bc53/general/bc53.htm.

对国歌的奏唱场合、奏唱礼仪和宣传教育提出了明确要求。其中规定：私人婚丧庆悼，舞会、联谊会等娱乐活动，商业活动，非政治性节庆活动，其他在活动性质或者气氛上不适宜的场合，不得奏唱国歌。私人婚丧庆悼，不得奏唱国歌，比国歌法的规定要宽泛。国歌法起草审议过程中，有的意见提出，不要限制过多，有关机关组织的集体婚礼，奏唱国歌也有利于从爱小家升华为爱国家，因此不必一律禁止。也有的建议禁止电话、电脑、彩信、网页等提示音使用国歌，考虑到实践中这种情况并不多见，有的网页可能是宣传国歌的内容，如果完全禁止使用也不合适，禁止公民下载国歌作为电子设备的提示音，在执法上也不好操作，因此国歌法均未明确禁止。

（一）私人丧事活动等不适宜场合

国歌是国家的象征和标志，私人丧事活动唱国歌是不适宜的，国歌法规定国歌不得在私人丧事活动场合使用。国旗法规定私人丧事活动禁止使用国旗及其图案，国徽法也规定了私人庆吊活动，不得使用国徽及其图案，三部国家象征法律就私人丧事活动不得使用的规定是一致的。此外，在一些严重有损国家尊严或者国家形象的场合，甚至是开展违法经营活动的场合使用国歌，当然也是不适宜的，都属于国歌法规定的"不适宜的场合"。

（二）公共场所的背景音乐等

国歌法规定国歌"不得作为公共场所的背景音乐"，之所以作此规定，主要考虑不是所有的公共场所都适宜奏唱国歌，特别是在一些商业场所、娱乐场所作为背景音乐播放，与国歌本身作为国家象征和标志的地位不相符合，也不利于维护国歌的庄严形象。国歌法第八条中出现了两个"等"字，主要是防止实践中出现，而目前列举不尽的禁止使用的情形和禁止奏唱的场合。在起草审议过程中，有的提出应当禁止将国歌作为游戏游艺设施的背景音乐，但由于未找到此种情况的实例，国歌法并未明确列出，但如果出现这种情况，可包括在该条规定的"等"中。

第四章　国歌的奏唱礼仪

第一节　国歌礼仪的基本要素

国歌不同于一般歌曲,是国家的象征和标志。采用适宜的礼仪奏唱国歌,遵守国歌奏唱的礼仪规范,是履行公民义务、维护国家尊严的应有之义。国歌法第七条规定,奏唱国歌时,在场人员应当肃立,举止庄重,不得有不尊重国歌的行为。国旗法第十四条进一步规定,举行升旗仪式时,应当奏唱国歌。在国旗升起的过程中,在场人员应当面向国旗肃立,行注目礼或者按照规定要求敬礼。

礼仪要素是对礼仪分析、研究的基本框架。礼仪研究者就礼仪要素的概括各有不同,有的采用两分法将礼仪要素分为表象和内涵,表象包括礼法、仪容、辞令、礼器等,内涵包括等差、礼义等。[①] 有的将礼仪所包含的、必然具备的最小单元概括为礼仪主体、客体、媒介、环境四要素。[②] 四要素概括较为符合奏唱国歌礼仪的基本情况,本节按照四要素进行分析,主要内容如下。

一、礼仪主体——在场人员

礼仪主体是礼仪规范的遵守者。在奏唱国歌时,礼仪主体的要求是特定的。在国际上,通常对奏唱国歌主体作了要求。如《马来西亚国歌法》第八条规定,当国歌演奏或者诵唱时,所有在场人员应该肃立注目,但国歌在广播、新闻、纪录片的过程中例外。我国国歌法第七条规定,奏唱国歌时,在场人员应当肃立,举止庄重,不得有不尊重国歌的行为。"肃立"的前提条件是"在场人员"。"在场人员",是指奏唱国歌现场的人员,不包括电视台播放国歌时电视机前的人员。国歌法第七条规定的礼仪,强调的是"奏唱国歌时,在场人员"的礼仪,并未要求公民在家中收看、收听到媒体播放的国歌,要"肃立"致敬。因而,如果电

[①]　常俊等:《中国礼仪》,上海大学出版社 2017 年版,第 16—19 页。
[②]　参见汪辉勇:《行政礼仪研究》,中山大学出版社 2021 年版,第 6 页;黄士平主编:《现代礼仪学》,武汉大学出版社 2002 年版,第 70—87 页。

视台播放国歌,公民在家里就不需要肃立。

二、礼仪客体——象征国家的国歌

"礼仪客体,亦称礼仪对象,即礼仪行为或礼仪活动的目标指向或承受者。"① 礼仪客体既可以是人(协调人际关系中的对象),也可以是物或者象征物。象征物并非因为其实体物本身而称为礼仪客体,究其实质,是因为其象征国家,才成为礼仪的客体。古代帝王祭祀礼仪的对象即是天地,国歌礼仪的对象即国歌所象征的国家。国歌礼仪要求奏唱的是法律规定的国歌歌词曲谱,而不能奏唱其他歌曲,或者经过改编的歌词、曲谱。

三、礼仪媒介——基本行为

礼仪媒介是礼仪主体向礼仪客体实施礼仪行为、传递礼仪信息的中介或载体。礼仪对外呈现的是行为。行为符合礼仪要求,即达到礼仪所要实现的基本条件。就国歌而言,奏唱国歌时要求肃立,举止庄重,不得有不尊重国歌的行为。

关于肃立。为了防止发生升国旗唱国歌时出现叉开双腿站立、双手握在腹部、两手后背等情况,各国通常要求,唱国歌要肃立。我国国歌法要"肃立"致敬。奏唱国歌应当"肃立"是针对一般情况,因肢体残疾、瘫痪等特殊情况不能"肃立",不能强求,可不肃立。但奏唱国歌时,残疾人应当遵守国歌法其他规定,做到举止庄重,不得有不尊重国歌的行为。

关于举止庄重。国歌法第七条规定,奏唱国歌时,在场人员应当举止庄重。奏唱国歌要有仪式感和庄重感,在国歌奏唱过程中,在场人员行为要端庄、严肃、谨慎。不得有交语、击节、走动或者鼓掌,嘘国歌、发出怪异声音、出现不雅动作,接打电话或者从事其他无关行为。

关于服饰。一般礼仪行为中,对于服饰也有所要求。对于奏唱国歌时的服饰,法律没有要求。实践中,举行奏唱国歌礼仪时,一般是集体场合进行,如升旗仪式、举办庆典活动等,在场人员穿着得体就是体现对国歌的尊重。

关于不尊重国歌的行为。国歌法第七条规定,奏唱国歌时,在场人员应当肃立,举止庄重,不得有不尊重国歌的行为。不尊重国歌的行为是一个范围宽泛的概念,是要求在举止庄重之外,不得有其他不尊重国歌的行为,如不得破坏或者阻挠演奏、演唱或者播放国歌;将国歌用于其他非正常场合和用途,不得以

---

① 汪辉勇:《行政礼仪研究》,中山大学出版社 2021 年版,第 7 页。

消遣、娱乐的目的奏唱、使用国歌,国歌不得作为舞曲,或者其他歌曲的一部分。

四、礼仪的环境

礼仪环境是开展礼仪行为或活动的时间、空间条件。就国歌的礼仪环境而言,主要是奏唱国歌礼仪的场合、情形。按照国歌法第四条的规定,在下列场合,应当奏唱国歌:(1)全国人民代表大会会议和地方各级人民代表大会会议的开幕、闭幕;中国人民政治协商会议全国委员会会议和地方各级委员会会议的开幕、闭幕;(2)各政党、各人民团体的各级代表大会等;(3)宪法宣誓仪式;(4)升国旗仪式;(5)各级机关举行或者组织的重大庆典、表彰、纪念仪式等;(6)国家公祭仪式;(7)重大外交活动;(8)重大体育赛事;(9)其他应当奏唱国歌的场合。在上述场合,奏唱国歌礼仪成为活动、仪式的必经程序。同时,国歌法第五条规定,国家倡导公民和组织在适宜的场合奏唱国歌,表达爱国情感。国歌是国家的象征,可以用来表达爱国情感,只有在适宜的场合,如果公民、组织愿意奏唱国歌,就可以奏唱国歌。

第二节　注目礼、举手礼与抚胸礼

国歌不同于一般的歌曲,为了突出其特殊性,在国歌的使用过程中,形成了不同于其他歌曲的奏唱规则、礼仪。

一、注目礼与举手礼

(一)一般公民奏唱国歌的礼仪

一是行注目礼。为了体现对国歌的尊重,奏唱国歌时,行注目礼是国际通行的规则。世界上多数国家奏唱国歌时普遍采用肃立、行注目礼的礼仪:身体站立、五指并拢、双手自然下垂,目视国旗,如德国、法国、俄罗斯、韩国、意大利、加拿大等国都是采取这种方式。例如,《俄罗斯国歌法》规定,官方演奏俄罗斯联邦国歌时,在场人员应当站立,男性不得戴头饰。如果演奏俄罗斯联邦国歌时伴随升挂俄罗斯联邦国旗,在场人员应当面向俄罗斯联邦国旗。

二是抚胸礼。奏唱国歌时仅有少数国家采用抚胸礼,如美国相关法律规定,奏唱国歌时,在场人员应立正,右手向内放置在心脏部位。此外,墨西哥规定,奏唱国歌时,右手放于左胸前,掌心向下。美国法律具体规定了演奏国歌时的行为:(1)在演奏国歌时如果出现美国国旗:在场的其他所有人员应该面对国旗,立正,右手放置在心脏部位。未穿着制服人员,如果可能的话,应当用右手取下其头部装饰,将其置于左肩,右手置于心脏部位。(2)在演奏国歌时如果没有出现美国国旗:在场所有人员应当面朝音乐方向,依照上款规定执行。

（二）军人奏唱国歌的礼仪

各国军人在奏唱国歌时行军礼,着军服、戴军帽时通常行举手礼,携带武器不便行举手礼时,可行注目礼。军礼在具体细节、动作标准上稍有不同。多数国家的军人行举手礼,即五指并拢、手掌伸平、举至右眉眉梢或太阳穴附近位置,手掌朝下。例如,美国、德国、法国、俄罗斯等国家采取这种礼仪。也有个别国家,如波兰陆军的敬礼方式为右手食指和中指并拢、其他三指握拳。注目礼是行礼时身体直立,眼睛注视目标。美国相关法律规定,在演奏国歌时如果出现美国国旗,着制服的武装人员应该在国歌响起时向国旗敬军礼,并保持至国歌演奏结束;在场的武装部队成员及退役军人如未穿着制服,可以依照前项规定敬军礼。

（三）着制服人员的礼仪

实践中部分着制服人员在奏唱国歌时如何敬礼,情况较为复杂。我国国歌法第七条规定,奏唱国歌时,在场人员应当肃立,举止庄重,不得有不尊重国歌的行为。2020年修改后的国旗法进一步规定,举行升旗仪式时,应当奏唱国歌。在国旗升起的过程中,在场人员应当面向国旗肃立,行注目礼或者按照规定要求敬礼,不得有损害国旗尊严的行为。按照规定要求敬礼是针对不同人群要求不同的礼仪,通常情况下,警察、海关工作人员等行举手礼,城管、工商行政人员等不行举手礼。按照原国家教委《关于施行〈中华人民共和国国旗法〉严格中小学升降国旗制度的通知》规定,升旗时少先队员行队礼。

二、抚胸礼的起源及其争议

抚胸礼在伊斯兰国家较为常见,在日常生活中遇到尊贵客人一般先抚胸、后握手以示敬意、欢迎。行抚胸礼一般是右手向内抚左胸,部分国家习惯上抚左胸的同时身体稍微向前倾。在一些伊斯兰国家,除了作为日常见面礼仪,在就职宣誓等重要场合也采用抚胸礼,但是这些国家奏唱国歌时,只要求肃立致敬,未要求行抚胸礼,如沙特阿拉伯、卡塔尔、巴基斯坦等国。

美国奏唱国歌时采取抚胸礼,有其特殊的历史渊源。这种礼仪源于美国的宣誓效忠制度。宣誓效忠制度由美国基督教浸礼派牧师弗朗西斯·贝拉米于1892年创设,是公立学校上课和国会每日例会的"法定项目"。该制度有两项内容:誓词、礼仪。誓词内容为:"我宣誓效忠国旗和它所代表的美利坚合众国。这个国家在上帝之下,统一而不可分割,人人享有自由和正义的权利。"宣誓效忠礼仪,是仿照美国军礼而设定的。美国军礼是五指并拢、手掌伸平,举至右眉眉梢附近位置,手掌心朝下。为与此相区别,宣誓效忠礼仪设定为"右手向前伸直,手掌心向下不变"。后来,弗朗西斯·贝拉米担任美国国家教育联合会下政府教育主管委员会主席,借负责为公立学校庆祝哥伦布发现美洲四百周年制作节目的机会,大力推广这个制度。在他的推广影响下,美国社会上形成了升国旗、奏国歌时也实行右手放于左胸前,手掌心向下的礼仪。

20 世纪二三十年代,纳粹德国借鉴古罗马时代的军礼,形成了纳粹礼,方式为高抬右臂 45 度,手掌心朝下。纳粹军队在全部场合实行纳粹礼,这种姿势变成纳粹主义的代表象征之一。由于美国效忠宣誓时的礼仪被认为易与纳粹礼相似,受到美国各界的广泛批评。1942 年,美国国会通过法案明确规定,奏唱国歌时右手放于左胸位置(即抚胸),改变了"掌心向下"的动作。从此以后,在各类奏唱国歌的场合,美国均实行抚胸礼。

在我国,一些少数民族的见面礼也采用抚胸礼。例如,维吾尔族将右手放在左胸前,身体向前倾斜 30 度,然后说"萨拉木里坤"("祝福"之意)。对于奏唱国歌时是否可将右手抚左胸致敬,曾在我国发生过争论。2008 年北京奥运会期间,我国个别运动员在颁奖仪式奏国歌时在领奖台上右手抚左胸(这一动作被很多网友称为"摸心礼")。有的人认为,"抚胸"动作能更生动、更形象地表达参加者对国歌、国家的敬重和热爱。改革开放后的中国,可以吸取借鉴其他国家礼仪的精华,应该容许这种礼仪的存在。但多数人认为,不应该采取这种礼仪,理由为:

第一,肃立、行注目礼是各国较为通行的礼仪。只有少数国家采取抚胸礼,这种礼仪并非各国通行的惯例。美国在奏国歌时行抚胸礼有其特殊的历史传统和文化渊源,不一定适合在其他国家推行。

第二,抚胸礼与宗教有密切联系。伊斯兰国家实行抚胸礼源于宗教。美国行抚胸礼是牧师所创制的效忠宣誓制度,而效忠宣誓制度包括"在上帝之下"的内容。实行抚胸礼让人很容易将这个礼仪与宗教联系在一起。

第三,礼仪是传统文化的重要载体。在我国传统文化中"摸心"内涵丰富,有的表示自省;有的表示祝福、感谢;有的是对死难者表示"深切哀悼"。鉴于"抚胸"内涵丰富,如将抚胸礼作为我国奏唱国歌的礼仪易产生歧义。

第四,奏唱国歌的礼仪是十分庄重严肃的事情,是对国家、民族致以崇高敬意、表达赤忱热爱的重要方式。"肃立"致敬符合我国国情和文化传统,是适宜的。我国法律法规及规范性文件已经明确奏唱国歌时要"肃立"致敬,应当严格执行。

第五章　国歌的奏唱方式

第一节　国歌的基本奏唱方式

国歌与国旗、国徽最大的不同在于,后者是有形的,可以有固定的物质载体,具有明显的识别度,而国歌是音乐作品,需要通过人声歌唱、乐器演奏或者两者同时的形式来体现国歌的意涵。

一、国歌的类型

各国国歌千差万别,有关学者将其分为不同类别,从音乐类型上看较为典型的分为五种形式:一是受礼拜形式,特别是受新教教会礼拜仪式影响的严格意义上的颂歌,如英国的《天佑国王》。颂歌是歌颂宗教、教徒、英雄人物、伟大事业的歌曲,其曲调的一般特点是庄严、雄伟、宽广、壮丽、热情洋溢、气势磅礴等。二是进行曲。进行曲诞生于军队之中,富有节奏、充满激情,用于鼓励展示的斗争意志,后来发展成一种专门的音乐形式,用来表达集体的力量和共同的决心。一些国家的国歌是进行曲类型,如法国的《马赛曲》。三是歌剧曲调式的国歌,如一些拉美国家的国歌。四是传统的民间曲调。五是军乐,主要由铜管乐、木管乐、打击乐组成,以集体合奏为主,音乐气势恢宏,具有很强的感染力。①

不同的音乐形式要求不同的奏唱形式。一些国家作了特别的规定。如菲律宾国歌是《菲律宾民族进行曲》,《菲律宾国旗和其他纹章法》第三十八条中规定,唱国歌必须充满热情。我国国歌《义勇军进行曲》采取典型的进行曲方式奏唱时,也应当按照进行曲的节奏。

二、国歌奏唱方式的类型

音乐从表现形式上可分为两大类:声乐与器乐。我国国歌法规定的是国歌

---

① ［法］迪迪埃·法兰克福:《国歌:欧洲民族国家在音乐中的形成》,郭昌京译,上海文化出版社2019年版,第309页。

奏唱,区分为演唱、演奏,对应着不同的音乐表现方式。演唱对应声乐(由人声演唱的音乐),演奏对应器乐(由乐器演奏的乐曲)。

(一)国歌的演唱方式

声乐表演方式有男女声或童声独唱、重唱、对唱、小组唱、合唱、混声合唱等许多种形式。

独唱即一个人演唱称独唱。演唱时一般有一件或几件乐器伴奏,也有用乐队伴奏或用其他人的齐唱或合唱来伴奏。重唱是两个或两个以上的歌唱者,各按自己声部的曲调、重叠着演唱同一乐曲称重唱。根据声部与人数的不同,还分二重唱、三重唱、四重唱、女声二重唱、男声二重唱、男女声二重唱等。对唱是两个人对答式的演唱,根据声部的不同还可分为:女声对唱、男声对唱、男女声对唱、两组对唱等。合唱是两组或两组以上的歌唱者,各按每组的曲调同时演唱同一乐曲称"合唱"。一般合唱都有乐器或乐队伴奏,没有伴奏的合唱称无伴奏合唱,纯粹由女声、男声或童声组成的合唱称同声合唱。由男女声混合组成的合唱称混声合唱。

演唱方法有美声唱法、民族唱法、通俗唱法。[1] 美声唱法从声音来说,是真声假声都用,是真假声按音高比例的需要混合着用的。民族唱法是我国各族人民在长期的社会生活和文化艺术实践中形成的,它以声音甜、脆、圆、润为主要特征,讲究以字行腔、字正腔圆。通俗唱法在演唱时往往将声音的表现力求最大限度地回归自然,并采用不同的声音技巧来增强作品的表现力。

对于国歌而言,各国通常没有规定表演方式,既可以独唱,也可以合唱,法律对此没有规定。对于以人声为主,有一件或数件乐器以至一个乐队伴奏的歌唱方面,也没有特别的限制。如新加坡的国歌声乐官方版本包括了由新加坡交响乐团录制的合唱版本。我国国歌法第十条第四款规定,国歌标准演奏曲谱、国歌官方录音版本由国务院确定的部门组织审定、录制,并在中国人大网和中国政府网上发布。我国国务院公布的声乐的官方录音版本是合唱版。

(二)国歌的演奏方式

国歌可以采用器乐的演奏方式。由乐器演奏的乐曲称之器乐。器乐演奏采用的乐器大致可分为:吹奏乐器、拉弦乐器、弹拨乐器、打击乐器、键盘乐器等。[2] 器乐演奏方式有:独奏、重奏、齐奏、合奏等。独奏指一人用某一种乐器演奏,独奏时可用其他乐器或乐队伴奏。重奏是多声部器乐曲,演奏形式为

---

[1] 参见张敏灵编著:《音乐》,陕西人民出版社 2006 年版,第 3—4 页。

[2] 参见张敏灵编著:《音乐》,陕西人民出版社 2006 年版,第 3—4 页。

一或两个以上演奏者,各奏自己所担任的声部,同时演奏同一乐曲,达到非常和谐、协调、完美、动听的效果。重奏还可分为二重奏、三重奏、四重奏等。齐奏有两种类型:一是指两个或两个以上的演奏者,用相同的乐器,按同度或八度音程关系同时演奏同一曲调,如二胡齐奏、小提琴齐奏等;二是指两个或两个以上演奏者,用各种不同的乐器,按同度或八度音程关系同时演奏同一曲调。

合奏是器乐演奏形式之一,分小合奏、民乐合奏、弦乐合奏、管乐合奏、管弦乐合奏等。合奏有两种类型:(1)按乐器种类的不同,分别组成几个乐器组,各组演奏各自的曲调,综合在一起,共同演奏同一首乐曲;(2)凡若干乐器(同组或不同组)演奏同一首乐曲,统称合奏。① 管弦合奏,是由弦乐器、管乐器和打击乐器组成的大型器乐合奏乐。现代管弦乐萌芽于 17 世纪,经过几个世纪的发展,管弦乐合奏具有多姿多彩的性格特征和表现力,音响构成五光十色、灿烂辉煌。② 因此,在很多国家的大型正式场合奏唱国歌往往采用管弦乐奏的方式。例如,新加坡政府官方网站公布的官方版本的国歌有新加坡交响乐团录制的管弦合奏版本、钢琴独奏版本、新加坡中央军乐团录制的管乐版本。

第二节　国歌奏唱方式的限制

对同一部音乐作品采取不同的奏唱形式,产生的效果也不同。如采取不同的配器方法对国歌进行演奏,管乐、管弦乐或者电声乐器演奏国歌效果也不同。为了维护国歌的尊严,一些国家专门对国歌奏唱的形式作出规定,如《俄罗斯国歌法》规定,俄罗斯联邦国歌可以在管弦乐、合唱、交响乐、歌剧或者其他演奏形式中使用。为此,可以使用录音录像以及电视和无线电设备。在俄罗斯联邦总统规定的情形下以及按照俄罗斯联邦总统规定的程序,允许在其他音乐作品和其他艺术作品中使用俄罗斯联邦国歌。《新加坡国徽、国旗和国歌规则》规定,演奏或者演唱国歌应该按照附件中的曲谱奏唱或者以维护国歌尊严的任何其他方式重新安排国歌曲谱奏唱。奏唱时不得将国歌纳入任何曲目或混成曲,应当精确地反映国歌完整的曲调和官方歌词。

为了严肃国歌的奏唱,维护国歌的尊严,我国国歌法规定,奏唱国歌,不得采取有损国歌尊严的奏唱形式,同时国歌法第十五条也规定,在公共场合,以歪曲、贬损方式奏唱国歌要承担相应的法律责任。

---

① 参见张敏灵编著:《音乐》,陕西人民出版社 2006 年版,第 4 页。
② 游天宇主编:《音乐》,江西高校出版社 2009 年版,第 285—286 页。

一、国歌奏唱方式的基本要求

国歌可以采取独唱、管乐合奏、管弦乐等不同的奏唱方式,由于我国国歌《义勇军进行曲》是节奏清晰、强弱分明的进行曲风格,旋律雄壮有力、刚健豪迈,不适宜采用缓慢的方式奏唱。同时,国歌奏唱方式必须符合以下要求:

(一)体现爱国情感

我国国歌《义勇军进行曲》具有雄劲刚健的旋律和坚定有力的节奏,这是进行曲的基本特点。考虑到艺术形式的多样性,为了积极倡导公民和组织奏唱国歌表达爱国情感,弘扬爱国主义旋律,国歌法未对奏唱国歌的具体形式作出限定。但是,国歌毕竟不同于一般的音乐作品,它是国家的象征和标志。在选择奏唱国歌的形式时,要确保能够体现爱国情感。

(二)不能影响国歌尊严

国歌法第十五条规定,在公共场合,以歪曲、贬损方式奏唱国歌要承担相应的法律责任。"歪曲、贬损方式"主要是指故意以轻佻、极慢、极快等不适宜的形式奏唱国歌来损害国歌尊严和形象。至于实践中,对于何种奏唱形式有损国歌的尊严,根据国歌法第十四条的规定,由县级以上各级人民政府及其有关部门进行监督管理。

2021年12月中国网络视听节目服务协会发布《网络短视频内容审核标准细则(2021)》,依据网络短视频内容审核基本标准,短视频节目及其标题、名称、评论、弹幕、表情包等,其语言、表演、字幕、画面、音乐、音效中不得出现以下具体内容,在列举损害国家形象的内容情形时,包括:贬损、玷污、恶搞中国国家和民族的形象、精神和气质的;篡改、恶搞国歌的,在不适宜的商业和娱乐活动中使用国歌,或在不恰当的情境中奏唱国歌,有损国歌尊严的。

二、国歌的配器

国歌法所附的曲谱通常适用于单一乐器演奏,如钢琴、小提琴等演奏。如果采用由多种乐器组合的管乐队、管弦乐队等形式演奏,就需要为每一种乐器编排相应的分谱。因此,实践中,为了让国歌更加庄严地演奏,就需要为以管乐队、管弦乐队等方式演奏国歌进行配器。

采取不同的配器对国歌进行演奏,产生的艺术效果也不同。从目前正式场合奏唱国歌的情况看,一般采用管乐队或者管弦乐队的编配形式。为了体现国歌的严肃性和权威性,国歌法第十条规定,在本法第四条规定的场合奏唱国歌的,应当使用国歌标准演奏曲谱。标准演奏曲谱是由专业的音乐人士对旋律曲谱进行专业的编配,包括运用和声与配器的手法,标准曲谱有配器以及力度、速度和表情记号等要求。公民个人如果在家中用自己擅长的乐器如葫芦丝,按照国歌法附件中的旋律曲谱演奏国歌,抒发爱国情感,也是允许的。

关于国歌的改编(配器),2005 年 5 月 26 日,国家版权局办公室《关于对〈世界各国国歌〉编辑、配器版权问题的复函》(国权办〔2005〕17 号)就国歌配器的问题给予分析答复。

按照《牛津简明音乐词典》(人民音乐出版社 1991 年 11 月出版)的解释,配器(Orchestration)有两类含义:(1)为管弦乐队或管乐队谱写总谱的艺术。(2)将其他形式的乐曲改编为管弦乐作品。经请教相关音乐专家,他们介绍,配器是在创作多声部和多旋律音乐作品时的一种技法。如果该音乐作品在原创时即为多声部多旋律作品,那么创作者在创作时便必然用到配器这种技法。如果原创时为单声部或者单旋律作品,那么将之改编为多声部多旋律作品也要用到配器的技法。如《二泉映月》,吴祖强先生将之配器成弦乐合奏,而丁善德先生将之配器成弦乐四重奏,音乐效果是很不一样的。不同的人对同一部音乐作品进行配器,其效果一定不同。因此,从著作权法角度来看,对已有音乐作品配器(包括对多声部作品的重新配器、对单声部作品的改编配器两种)似应归入演绎作品或派生作品范畴,如果符合著作权法关于作品的构成要件,应受著作权法保护。此外,在我国音乐界尤其是音乐出版界,一般不署"配器"字样,而署为"改编"。如上述对《二泉映月》配器,无论是吴祖强先生还是丁善德先生用的都是"改编"。(参见人民音乐出版社出版的乐谱)

关于配器后的商业使用。上述复函明确:

关于配器后国歌的商业性使用。我们认为,国歌是否能进行商业性使用、怎样进行商业性使用,具体有哪些规定,可能需要进一步查核相关资料尤其是外交外事部门的规定。就著作权法角度而言,如上所述,国歌应当享有著作权,如果他人对国歌的配器形成了新的作品,应当适用著作权法第十二条规定:"改编、翻译、注释、整理已有作品而产生的作品,其著作权由改编、翻译、注释、整理人享有,但行使著作权时不得侵犯原作品的著作权。"如使用配器后的国歌进行表演,则应当取得配器人和原著作权人的许可,并支付相应报酬。录音、录像行为也当作如上考虑。

三、国歌的改编

国歌作为歌曲,是可以以适当形式改编的。一些国家对国歌改编(包括对国歌的歌词、曲谱的改编或者将国歌部分内容截取纳入其他作品中等艺术创作形式)作出规定,如《墨西哥国徽、国旗和国歌法》第四十条规定,国歌的再创作和编排需要获得内政部和文化部的许可。在戏剧、电影、广播、电视节目中,有合理理由使用国歌时,须获得内政部和文化部许可。《俄罗斯国歌法》第八条规定,在俄罗斯联邦总统规定的情形下以及按照俄罗斯总统规定的程序,允许在其他音乐作品和其他艺术作品中使用俄罗斯联邦国歌。

在国歌法起草和审议过程中,有的意见提出,从文艺创作角度而言,国歌与其他文学艺术作品并无本质差别,根据我国著作权法规定,允许对音乐作品进行改编,创作出具有独创性的新作品。我国音乐界尤其是音乐出版界,甚至将"配器"视为"改编"。因此,是否允许对国歌这一特殊的音乐作品进行改编,是否允许国歌歌词或者国歌的主旋律出现在其他音乐、戏剧等文艺作品中,是否需要作出必要的限制?普遍观点认为,我国的国歌《义勇军进行曲》,是一首深受人民群众喜爱的音乐作品,是已经进入公共领域的艺术作品。艺术创作者,不仅演奏、演唱国歌,还在其他文学、艺术作品中使用国歌,有的还专门创作国歌题材的艺术作品。例如,吴子牛导演执导了电影《国歌》,上海歌剧院创作了音乐剧《国之当歌》等。有的音乐作品引用了国歌的音乐素材,如作曲家吕其明创作的交响诗《红旗颂》,描绘了新中国成立后第一面五星红旗升起的情景。上述艺术作品都良好地展现了国歌的内容,对于促进爱国主义教育具有积极意义。在不违反国歌法禁止性规定的情况下,将国歌用于正面的、积极的爱国主义作品中也是可以的。

第一节　体育领域

一、体育赛事奏唱国歌的起源及其意义

体育运动将不同背景和信仰的人们聚集在一起,对于凝聚社会力量产生重要影响。"在特定的时空范围里,无数人因为祖国的国歌奏响而彼此情愫相连,情感相通,人们对国歌所描绘的意义世界彼此感同身受,这种心灵共振和情感共鸣,营造了民众身临其境之感,强化了国家成员之间同风雨、共进退,同呼吸、共命运的心灵联系。"[①] 有观点认为,体育赛事中奏唱国歌,源自古希腊奥运会。在古希腊奥林匹克运动会上,竞赛中的获胜者,被人们视为英雄,授予当时最高的奖品——橄榄树花冠。在峨冠仪式之后,传命官要向四周的观众高声通报获胜者父母和城邦的名字,而观众则报以雷鸣般的掌声和欢呼声,并向胜利者投送鲜花和彩带。现代奥运会上升国旗、奏国歌由此演变而来。[②] 根据有关文献,首先将国歌引入体育比赛的是美国棒球职业大联盟。在 1918 年美国卷入"一战"期间,美国棒球职业大联盟举行的比赛中,通过演奏国歌来鼓舞士气、激励人心。到了"二战"时,体育赛事前演奏国歌的做法,被美国一些职业体育联赛所接受。20 世纪后半叶,体育赛事奏唱国歌已经在世界范围内流行起来。

在体育比赛赛前和赛事活动中,奏唱国歌、表达对国歌的敬意成为体育赛事中的一项重要活动。根据一些国际体育组织规则,唱国歌是体育比赛开幕式、闭幕式、颁奖中的重要仪式,奏唱国歌往往与升国旗同时进行。《俄罗斯国歌法》规定,在俄罗斯联邦境内和俄罗斯境外举办官方体育赛事时,根据比赛规则演奏俄罗斯联邦国歌。巴西国家象征法规定,在国家举行的体育比赛开幕

---

① 国晓光:《国歌塑造认同:超越政体类型学的国家认同建构——基于对 121 国国歌的政治学分析》,载《新疆大学学报(哲学·人文社会科学版)》2020 年第 2 期,第 57 页。

② 汪纬信:《奥运会上升国旗、奏国歌及宣誓的由来》,载《体育教学与训练》1993 年第 4 期,第 42 页。

时,可以奏唱国歌。

二、我国重大体育赛事奏唱国歌

我国国歌法第四条中规定,重大体育赛事应当奏唱国歌。重大体育赛事,国内比赛包括全国综合性运动会、全国单项体育竞赛等,国际比赛包括如综合性运动会,如奥运会、亚运会等,也包括单项国际体育竞赛。

关于运动赛会奏唱国歌的基本要求。2014年12月,中共中央办公厅、国务院办公厅印发《关于规范国歌奏唱礼仪的实施意见》明确:"除遵守一般要求外,国歌奏唱仪式开始前应当全体起立;比赛中遇奏国歌的情况,在不违反竞赛规则的前提下,应当遵循裁判指示暂停比赛活动。"重大体育赛事,升国旗、奏国歌时,要求运动员、教练员、裁判员及现场观众全体起立,面向国旗行注目礼。

在体育比赛过程中,对于仪式开始前还是结束后演唱国歌没有要求,例如,加拿大规定,如果是比赛开始前奏唱国歌,则应首先播放国歌,再放另一首歌曲;如果是比赛结束后播放国歌,应该最后播放国歌。

在体育赛事中,同一场地出现奏唱国歌时的注意事项。田径比赛中,运动场内虽有多个项目同时进行,但根据赛程安排和相应规则,颁奖仪式也应尽可能在比赛间歇举行。遇有特殊情况,颁奖仪式必须举行的,能暂时停止的项目如跳高、跳远、铅球等都应遵循裁判指示暂停比赛。

三、我国体育部门提供标准版本

根据国际体育组织规则,奏唱国歌是体育比赛开幕式、闭幕式、颁奖中的重要仪式,奏唱国歌往往与升国旗同时进行。升国旗、奏国歌时,要求运动员、教练员、裁判员及现场观众全体起立,面向国旗行注目礼。我国体育法专门规定,对外体育交往要坚持独立自主、平等互利、相互尊重的原则,维护国家主权和尊严。在之前的国际体育赛事活动中,曾出现演奏我国国歌不标准的情况。为了避免上述情况的出现,国歌法第十条第三款规定,国务院体育行政部门应当向有关国际体育组织和赛会主办方提供国歌标准演奏曲谱和国歌官方录音版本,供国际体育赛会使用。

第二节　军事领域

军事领域是指一切与战争和军队直接相关的各种事项的统称。军事领域具有一定特殊性,因此国歌法第九条中规定,军队奏唱国歌的场合和礼仪,由中央军事委员会规定。《内务条令(试行)》《队列条令(试行)》等规定了军队奏唱国歌的礼仪、情形等。按照上述条令规定,军人必须遵守有关国旗、国歌的法律法规,维护和捍卫国旗、国歌的尊严。

一、军队奏唱国歌的礼仪

《内务条令(试行)》第五十九条规定,奏唱国歌时,在场的军人应当自行立正,举止庄重,肃立致敬,自始至终跟唱;集会奏唱时,应当统一起立,设立分会场的,应当与主会场保持一致。立正是军人的基本姿势,是队列动作的基础。军人在宣誓、接受命令、进见首长和向首长报告、回答首长问话、升降国旗、迎送军旗、奏唱国歌和军歌等严肃庄重的时机和场合,均应当立正。

二、军队奏唱国歌的情形

《内务条令(试行)》第三百零六条规定,可以奏唱国歌的时机、场合,包括:(1)军队单位举办的庆典活动和重要集会;(2)重要外事活动和重大国际性集会;(3)升挂国旗时;(4)其他需要奏唱国歌的时机、场合。

军队单位举行的升国旗仪式上,奏唱国歌是必备环节。《队列条令(试行)》规定,军队单位在节日、纪念日或者组织重要活动时,可以举行升国旗仪式,按照下列程序进行:(1)仪式开始;(2)升国旗,奏唱国歌;(3)向国旗敬礼;(4)仪式结束。升国旗仪式开始前,主持人向首长报告,待首长指示后,宣布仪式开始;奏《歌唱祖国》,掌旗员、护旗兵正步或者齐步行进至旗杆下,掌旗员将国旗交给护旗兵,协力将国旗套(挂)在旗杆绳上并系紧;国歌奏响的同时,升国旗;升国旗时,按照本条令第五十四条规定的动作要领执行;听到"向国旗——敬礼——"的口令后,在场军人行举手礼(不便于行举手礼的,行注目礼),注视国旗上升至旗杆顶;国歌毕,听到"礼毕"的口令后,全体人员礼毕;升国旗仪式结束时,主持人向首长报告,待首长指示后,命令部队按照规定的顺序、路线带回。

按照队列条令,国歌运用在军队礼仪中主要分为三种情况:

一是先奏国歌,然后致辞、宣誓、讲话等后,再唱军歌。如誓师大会仪式(旅级以上单位执行作战或者其他重大任务前,可以举行誓师大会仪式)、码头送行任务舰艇仪式(舰艇执行远洋护航、出国访问、联合军演、援外活动等具有国际影响的重大任务时,可以举行码头送行、迎接任务舰艇仪式)、凯旋仪式(部队圆满完成作战任务或者其他重大军事任务归建时,可以举行凯旋仪式)、组建仪式(团以上部队和院校举行组建仪式)、晋升(授予)军衔仪式、军人退役仪式。

在第一种情况也存在例外情况,举行码头迎接任务舰艇仪式,不同于举行码头送行任务舰艇仪式。举行码头迎接任务舰艇仪式,按照下列程序进行:(1)仪式准备;(2)奏《欢迎进行曲》;(3)向首长报告返航;(4)向编队军事指挥员、政治委员或者舰长、政治委员献花;(5)仪式正式开始;(6)奏唱国歌;(7)地方领导致辞;(8)部队首长讲话;(9)奏唱军歌;(10)仪式结束。

二是只奏国歌。如纪念仪式、迎接烈士仪式、军人葬礼仪式[参加作战、训练和执行其他重大军事行动任务牺牲的军人,所在旅(团)级以上单位可以为其举行军人葬礼仪式]、迎外仪仗仪式。

三是只奏军歌。如转隶交接仪式(军队建制单位改变隶属关系时,可以举行转隶交接仪式)、授装仪式,首次单飞(飞行学员符合首次单飞条件的,可以举行首次单飞仪式)、停飞仪式[达到飞行最高年龄或者有突出贡献的飞行人员停飞时,通常由旅(团)级单位组织停飞仪式],授奖(授称、授勋)仪式。

第三节　涉外领域

涉外领域是涉及外国人、组织或者外国事务相关的领域。从主体上分析,可以分为官方涉外领域和民间涉外领域。在民间涉外领域使用国歌的情形主要是在一国国内的外国公民因庆祝外国的节日奏唱外国国歌。在官方涉外领域使用国歌的情形主要是指在国家正式的外交活动中奏唱国歌。很多国家对于民间涉外领域使用国歌作原则性规定,对外交活动奏唱国歌作了详细规定。

外交活动是国家实现对外政策、开展对外交往、处理国际关系的重要活动。外交活动形式多样,包括外国领导人来访、举办或者参加国际会议等。外交活动在一国政治生活、国家事务中占据重要位置。国歌作为国家的对外形象代表,也常常用于外交活动,并且形成了特定规则制度。在外交活动中奏唱国歌,成为外交礼仪的重要组成部分,事关国家的形象与民族的尊严。规范外交活动奏唱国歌,有利于保障外交活动中奏唱国歌的场合和礼仪有法可依,有利于进一步凸显外交活动仪式感和隆重性,有助于提升公众对国家的自豪感和爱国热情,对外展现大国形象。

我国国歌法第四条第七项、第九条第一款规定,重大外交活动场合应当奏唱国歌;外交活动中奏唱国歌的场合和礼仪,由外交部规定。2019年9月29日,外交部公布《关于在外交活动中奏唱中华人民共和国国歌的规定》,明确了在国内外举办外交活动时奏唱中国国歌的原则、场合和礼仪,对重大外交活动应当奏唱国歌作了原则性要求,同时考虑到外交活动中的情况比较复杂,实践中往往需要由外交部门与相关部门就有关流程进行协商后确定,因此授权外交部对场合作具体规定。

一、外交活动奏唱国歌的规则、礼仪

惯例、平衡、对等、礼让是国际交往中礼宾的原则,在外交活动中使用国家象征同样适用。我国外交部《关于在外交活动中奏唱中华人民共和国国歌的规定》第三条规定:"外交活动中奏唱中国国歌,应当符合惯例、平衡、对等、礼让原则。"一是惯例原则。在涉外领域使用国家象征需要遵守一定的国际惯例。二是平衡原则。在外交活动中,国家不论大小都应一视同仁,坚持无差别待遇原则、不歧视原则。三是对等原则。对等原则是指国家间相互给予平等的待遇,目的是达到国与国之间相互尊重、平等互利。四是礼让原则。礼让原则是要求国家在相互交往中遵守善意、友好、礼遇的做法和规则。在外交活动中奏唱国歌应当坚持上述原则。例如,《巴西国家象征法》规定,在必须奏唱外国国歌的仪式中,处于礼貌,必须在奏唱巴西国歌之前奏唱。《马来西亚国歌法》规定,在所有接待国外贵宾的场合中,应给予国歌以礼仪,在来访国国歌演奏结束后,须立即演奏马来西亚国歌。驻马来西亚的外交使团庆祝其本国国庆日或者其他国家节日的,在其本国国歌演奏完毕后,应该立即演奏马来西亚国歌。2014年12月,中共中央办公厅、国务院办公厅印发《关于规范国歌奏唱礼仪的实施意见》明确,外事活动除遵守一般要求外,着装应当符合外事活动要求;遇接待国宾仪式或者国际性集会时,可以连奏有关国家国歌或者有关国际组织会歌。《关于在外交活动中奏唱中华人民共和国国歌的规定》第七条规定:"双边外交活动中奏唱中国国歌和外国国歌,中方主办活动,一般先奏唱外国国歌;外方主办活动,一般先奏唱中国国歌。有特殊规定的除外。"

二、外交活动奏唱国歌的情形

按照我国《关于在外交活动中奏唱中华人民共和国国歌的规定》,外交活动奏唱国歌的情形主要有两类。

一是在中华人民共和国举行以下外交活动,奏唱中国国歌:(1)国家主席、国务院总理、国家副主席分别为来华进行国事、正式访问的外国国家元首、政府首脑和国家副元首举行欢迎仪式;(2)外国国家元首、政府首脑等向人民英雄纪念碑献花圈;(3)建交(复交)、授勋仪式等重大外交庆典活动;(4)中华人民共和国国家领导人、外交部长及其他受权执行相关任务的高级别官员代表中华人民共和国主持国际会议和多边外交活动,视活动要求遵守外交活动中奏唱中国国歌,应当符合惯例、平衡、对等、礼让原则;(5)其他应当奏唱国歌的外交场合。

二是在中华人民共和国外举行以下外交活动,根据东道主规定和习惯做法,奏唱中国国歌:(1)在双边场合,如奏唱对方国歌,亦应当奏唱中国国歌,顺序尊重东道主惯例;(2)由中方主办的外交活动,参照国内外交活动奏唱国歌的要求奏唱。

此外,驻外外交机构举行升国旗仪式时,奏唱中国国歌。举行开馆仪式、国庆招待会、庆祝建交等活动,奏唱中国国歌。驻在国有特殊规定和习惯做法的除外。

由于外交活动的重要性和外交礼仪的特殊性,为了维护国家尊严,国歌法规定,外交部及驻外外交机构应当向有关国家外交部门和有关国际组织提供国歌标准演奏曲谱和国歌官方录音版本,供外交活动中使用。"驻外外交机构",包括中华人民共和国驻外国的使馆、领馆以及常驻联合国等政府间国际组织的代表团等代表机构。

第七章 国歌的监督管理

第一节 国歌的监管体系

国歌是国家的象征和标志,代表着国家的主权和尊严,在维护国家统一与安定、增强公民的国家观念、弘扬爱国主义精神等方面起着重要作用。为了维护国歌的尊严、培育和践行社会主义核心价值观,国歌法不仅对应当奏唱国歌的场合、奏唱国歌的礼仪等提出了一系列规范要求,还规定了县级以上各级人民政府及其有关部门在各自职责范围内对国歌奏唱、播放和使用,进行监督管理的职责。

一、我国国歌监管的变化

新中国成立初期,中央人民政府下设典礼局,负责国家礼仪相关事务。典礼局后改隶属于全国人大常委会,又因机构改革而撤销。目前全国人大常委会办公厅下设的外事局也负责相关外事礼仪相关事务,但是与国内事务相关的礼仪,外交部还成立有专门的礼宾司。1984 年 8 月,中宣部印发《关于中华人民共和国国歌奏唱的暂行办法》。2014 年 12 月 12 日,中共中央办公厅、国务院办公厅印发《关于规范国歌奏唱礼仪的实施意见》明确规定,地方各级人民政府对本行政区域内的国歌奏唱行为实施监督管理。对在不适宜的场合违规奏唱国歌并造成不良社会影响的现象,对奏唱国歌时不合礼仪的行为,要批评教育,严肃纠正,增强国歌奏唱的严肃性和规范性。

2017 年制定国歌法前,一直没有明确国歌的主管部门。国歌具体实践问题主要由综合性事务管理部门负责,缺乏配套性、连贯性规则体系的构建。

二、2017 年国歌法制定后的监管体系

将国歌明确由统一的部门进行管理是国际上国家象征法治化管理的通例,更有利于发挥国歌作为国家象征的整合功能,能够统一各领域管理出现的混

乱,对于推动宪法实施,培育和弘扬社会主义核心价值观,完善国家治理能力和治理体系现代化具有重要意义。

（一）统筹主体、分领域多层次监管的体系

一是中央层面应当由国务院办公厅统筹。依据国歌法规定,外交活动中奏唱国歌的场合和礼仪,由外交部规定,作为国务院有关部门的外交部,制定好外交活动中与奏唱国歌的场合和礼仪相关的办法,以及确保向有关国家外交部门和有关国际组织提供国歌标准演奏曲谱和国歌官方录音版本,就是其履行监督管理职责的重要内容。国务院体育行政部门的一项重要监督管理职责就是,应当向有关国际体育组织和赛会主办方提供国歌标准演奏曲谱和国歌官方录音版本,供国际体育赛会使用。组织审定国歌标准演奏曲谱,并组织录制国歌官方录音版本的职责,由国务院确定的文化部门或者其他部门承担。

2020年修改国旗法、国徽法,分别规定,国务院办公厅统筹协调全国范围内国旗、国徽管理工作。按照修改国旗法、国徽法的原则、精神,国务院办公厅也应该统筹全国范围内国歌管理有关部门;地方各级人民政府统筹协调本行政区域内国歌管理有关工作。国家层面由国务院办公厅进行监督管理国歌的主要考虑:首先是国歌管理涉及外交、公安、交通、海关、市场监管等多方面,由国务院办公厅统筹协调,更有利于开展工作。其次是国旗法、国徽法规定了国务院办公厅统筹协调全国国旗、国徽管理有关工作,中央政府层面由国务院办公厅承担统筹协调国歌监督管理职能更为妥当。由国务院相关部门统筹国歌具体管理工作较为适宜。

二是明确县级以上各级人民政府及其有关部门在各自职责范围内,对国歌的奏唱、播放和使用进行监督管理。依据国歌法规定,县级以上各级人民政府教育行政部门,作为监督管理主体,有责任确保国歌列入中小学教材,确保中小学将国歌作为爱国主义教育的重要内容,组织学生学唱国歌等。县级以上各级人民政府新闻出版广电部门的一项重要监督管理职责就是,确保新闻媒体积极开展对国歌的宣传,普及国歌奏唱礼仪知识,确保国庆节、国际劳动节等国家法定节日、纪念日,中央和省、自治区、直辖市的广播电台、电视台按照规定时点播放国歌。"有关部门"的范围较为广泛,县级以上各级人民政府教育、文化、体育、公安、工商行政管理、新闻出版广电等有关部门以及军队有关部门,都是在各自职责范围内对国歌奏唱、播放和使用进行监督管理的责任主体。

（二）多个分领域多层次监管的体系

在外交、体育领域由相应主管部门监管的原因在于其领域的特殊性。外交、体育有相关的国际习惯、惯例,难以有统一的规则,因此需要相关主管部门监管。上述领域使用较为普遍、广泛,也有专门的对应部门予以监管。

一是外交领域。外事活动和国家驻外使馆、领馆以及其他外交代表机构对外使用国歌有其特殊性,且情形较多,在国歌法中难以对此作出具体的规定,因此授权外交部规定。在外交活动中奏唱国歌,是外交礼仪的重要组成部分,事关国家的形象与民族的尊严。根据外交惯例,我国国家主席和国务院总理对外国进行国事访问和正式访问期间,外国国家元首和政府首脑举行欢迎仪式时会演奏我国国歌和往访国国歌;在我国领导人出访期间两国领导人共同出席的两国或者多边会议中的国家级大型活动,也会演奏我国国歌和另一国家国歌。国歌法第九条第一款规定,外交活动中奏唱国歌的场合和礼仪,由外交部规定。国歌法制定后,为了在对外活动中正确使用国歌,外交部制定《关于在外交活动中奏唱中华人民共和国国歌的规定》。

二是体育领域。根据国际体育组织规则,唱国歌是体育比赛开幕式、闭幕式、颁奖中的重要仪式,奏唱国歌往往与升国旗同时进行。升国旗、奏国歌时,要求运动员、教练员、裁判员及现场观众全体起立,面向国旗行注目礼。从实践看,国际体育赛事中一般均播放获得冠军运动员所属国的国歌录音。我国体育法专门规定,对外体育交往要坚持独立自主、平等互利、相互尊重的原则,维护国家主权和尊严。为此,国歌法第十条第三款规定,国务院体育行政部门应当向有关国际体育组织和赛会主办方提供国歌标准演奏曲谱和国歌官方录音版本,供国际体育赛会使用。

三、关于监督管理的职责内容

县级以上各级人民政府及其有关部门在各自职责范围内对国歌奏唱、播放和使用进行监督管理的职责内容,主要表现在以下方面。

一是确保国歌奏唱的场合适当,在应当奏唱国歌的场合奏唱国歌,在应当禁止使用的场合禁止使用国歌。在本地区重要政治性会议的开幕式、闭幕式,宪法宣誓仪式,升国旗仪式,各级机关举行或者组织的重大庆典、表彰、纪念仪式等,国家公祭仪式,重大外交活动,重大体育赛事,以及其他应当奏唱国歌的场合,应当奏唱国歌。国歌不得用于或者变相用于商标、商业广告,不得在私人丧事活动等不适宜的场合使用,不得作为公共场所的背景音乐等。

二是确保国歌奏唱的礼仪符合规范。奏唱国歌,应当按照国歌法所附国歌的歌词和曲谱,不得采取损害国歌尊严的奏唱形式。奏唱国歌时,在场人员应当肃立,举止庄重,不得有不尊重国歌的行为。外交活动中奏唱国歌的场合和礼仪,遵从外交部的规定。

三是加强国歌的教育宣传,鼓励公民和组织在适宜的场合奏唱国歌。同时,要积极维护国歌的尊严,依法惩处违反国歌法的行为。在公共场合,故意篡改国歌歌词、曲谱,以歪曲、贬损方式奏唱国歌,或者以其他方式侮辱国歌的,由公安机关处以警告或者十五日以下拘留;构成犯罪的,依法追究刑事责任。

第二节　国歌的教育宣传

一、开展国歌教育宣传的必要性

开展爱国主义教育是公民教育的重要内容,也是国家的责任和义务。将国家象征纳入爱国主义教育、开展宣传教育活动,在很多国家得到法律法规和政府政策的保障。例如,《俄罗斯国歌法》规定,在普通教育机构和职业教育机构(无论其所有制形式如何),新学年开学第一天的第一堂课之前,以及上述教育机构为庆祝国家和地方官方节日而举办庆祝活动时奏唱国歌。俄罗斯政府批准的《俄罗斯联邦公民爱国主义教育国家纲要(2016—2020)》明确规定,"在年轻的一代中培养对俄罗斯联邦国徽、国旗、国歌以及祖国的其他历史、符号和古迹的自豪感、敬畏感和尊崇感";并且明确由俄罗斯国防部、儿童和青少年爱国主义教育中心、俄罗斯地方政府举办全俄儿童和青少年爱国歌曲比赛。《巴西国家象征法》第四十条规定,不具备国歌知识的人员,不得从事公共服务。

在国歌法制定过程中,有不少专家以及单位提出,一些公民特别是青少年,很多不能准确地唱好国歌,有的不能完整地唱出国歌。由于对国歌产生的历史背景和国歌的精神内涵等宣传教育不够,有些人只注重国歌的旋律、歌词,忽略了国歌蕴含的丰富历史价值和精神内涵。调查显示,2012 年,武汉的某所大学在一次统考中要求写出国歌曲作者和歌词,答对者仅 1/3。[1] 可见,开展国家象征教育的必要性十分突出。

我国历来重视国歌的宣传教育,明确将奏唱国歌作为对学生和公民进行思想政治教育、爱国主义教育和道德建设的要求,将国歌纳入爱国主义教育在我国由来已久。1984 年 8 月,中共中央宣传部《关于中华人民共和国国歌奏唱的暂行办法》明确规定:"小学要将教唱国歌列入课程,应根据歌词的内容对学生进行爱国主义教育。从歌中体会中华民族苦难深重的历史和中华先烈不屈的战斗精神,从而激发民族责任感,从小树立为祖国奋斗、献身的坚定信念。"1994

---

[1] 《大学近代史考国歌歌词默写 学生得满分者仅 1/3》,载中国新闻网,https://www.chinanews.com.cn/cul/2012/06-29/3995945.shtml。

年中共中央《爱国主义教育实施纲要》将国旗、国徽、国歌教育作为爱国主义教育的重要组成部分,明确规定在国际体育比赛的颁奖仪式上,升中国国旗、奏中国国歌时,运动员要面向国旗肃立,唱国歌;成年公民和小学三年级以上学生都应当会唱国歌,并能理解国歌的内容和国旗、国徽的含义。《爱国主义教育实施纲要》明确:"唱国歌是公民表达爱国情感的一种神圣行为,在升国旗仪式和大型集会等活动中,要奏国歌,而且要提倡齐唱国歌。奏、唱国歌时应庄严肃立。在国际体育比赛的颁奖仪式上,升中国国旗、奏中国国歌时,运动员要面向国旗肃立,唱国歌。""成年公民和小学三年级以上学生都应当会唱国歌,并能理解国歌的内容和国旗、国徽的涵义。"2014 年《中共中央办公厅、国务院办公厅关于规范国歌奏唱礼仪的实施意见》明确提出:"国歌凝结着中国共产党领导人民争取民族独立、人民解放和实现国家富强、人民富裕的全部奋斗,是鼓舞人民奋勇前进的强劲旋律,是进行爱国主义教育的鲜活教材。热爱、尊重国歌,学唱、传唱国歌,规范、普及国歌奏唱礼仪,对于激发人们爱国报国情感、培育和践行社会主义核心价值观,具有重要作用。"也明确要求"各类学校要将国歌歌词和曲谱作为教育教学的重要内容"。2019 年 11 月,中共中央、国务院《新时代爱国主义教育实施纲要》明确规定,认真贯彻执行国旗法、国徽法、国歌法,学习宣传基本知识和国旗升挂、国徽使用、国歌奏唱礼仪。在全社会广泛开展"同升国旗、同唱国歌"活动,让人们充分表达爱国情感。各级广播电台、电视台每天定时在主频率、主频道播放国歌。

二、国歌纳入中小学教育

(一)必要性

中小学教育是青少年进入国家教育体系的开端。中小学开展国歌教育对中小学生自身、国家都具有重要意义。对中小学生而言,有助于其养成良好的综合素质,养成良好的行为习惯、自我意识、规则意识等,有利于打造良好人生的发展基础;对国家而言,将有利于培养具有国家意识、法治意识、道德意识的良好公民。国歌作为爱国主义教育的重要内容,将国歌教育纳入中小学教育也是必然之义。

不同的国家,采取不同的形式将国歌纳入教育体系。例如,《墨西哥国徽、国旗和国歌法》第四十六条规定,所有幼儿园、小学和中学必须接受国歌教育。《巴西国家象征法》第三十九条规定,在所有公立或私立学校一、二年级,都必须讲授国旗的图案及其含义,以及国歌歌词的演唱和解读。公立、私立小学,每周必须奏唱国歌一次。2019 年法国通过修改法律,明确全国所有小学和中学必须在课堂内展示法国国旗、法国国歌歌词以及法国座右铭和欧盟旗帜。而在此之前,法国法律仅要求学校升挂国旗。法国作出该规定的目的在于加强公民精神,培养中小学生的爱国情怀,加强中小学生的国家认同感。①

（二）历史沿革

我国一直高度重视国歌在中小学爱国主义教育和社会主义核心价值观教育中的重要作用。1996 年原国家教委《关于要求各级各类学校在重要场合奏唱国歌的通知》,就明确要求:"各级各类学校要通过马克思主义理论课、思想品德课和思想政治课以及其他有关课程让学生了解国歌的基本内容,理解国歌歌词的含义,了解《义勇军进行曲》激励无数中华儿女为中华民族的解放事业浴血奋战、勇往直前,为祖国的社会主义建设事业艰苦创业、忘我奋斗的巨大作用,深刻理解今天提倡重要场合奏唱国歌的现实意义。要通过音乐课或党团组织生活、课外活动等时间,组织师生学唱国歌。"2004 年《中宣部、教育部中小学开展弘扬和培育民族精神教育实施纲要》进一步强调,"全体中小学生都应会唱国歌"。2014 年,中共中央办公厅、国务院办公厅印发的《关于规范国歌奏唱礼仪的实施意见》还对学校开展国歌教育作出专门规定,明确要求"小学、幼儿园要组织学生学唱国歌"。

2017 年,我国制定国歌法,国歌纳入中小学教育是国歌法第一条立法目的"弘扬爱国主义精神,培育和践行社会主义核心价值观"的具体体现。

（三）开展国歌教育的内容

中小学开展国歌教育不仅是要让中小学生认识国歌、学唱国歌,更重要的是要通过国歌教育弘扬爱国主义精神,培育和践行社会主义核心价值观。

一是注重国歌的历史。国家象征教育要让中小学生充分了解国歌历史。中小学应当通过音乐课、历史课等不同的课程详细介绍国歌的历史,让中小学生充分了解国歌创作的时代背景、国歌的由来、国歌词曲作者以及国歌歌词曲谱的内涵。诞生于中华民族危亡之际的中华人民共和国国歌,在新的历史条件下继续鼓舞全国各族人民不断前进,建设一个繁荣富强的新中国。

二是注重国歌的精神内涵。国歌《义勇军进行曲》蕴含着丰富的爱国主义精神和社会主义核心价值观,倾注着中华民族争取祖国独立、繁荣、富强的炽热感情,塑造了勤劳、勇敢、智慧的中国人民形象。通过历史课、思想品德课等其他有关课程,让学生明白国家象征并不是虚无的符号,而是国家的精神和国家荣誉的载体,让学生了解中华民族革命和建设的艰辛历程。

---

① 刘玲玲:《"开学第一课"从爱国讲起》,载《人民日报》2019 年 9 月 11 日,第 17 版。

三是注重采取适应中小学生教育的方法。国歌教育应当突破一般课程侧重于知识和技能的传授,将国歌教育与爱国主义教育、社会主义核心价值观教育有效融合,充分发挥国家象征的感染力。采取适应中小学生教育的方法,利用中小学生可塑性最强的时期,通过组织升国旗、唱国歌等爱国主义教育实践活动,将国歌教育融入中小学生的学习生活,教育学生理解国歌的精神内涵,激发学生的民族自豪感和责任感。

（四）教育方式

爱国主义教育开展多年以来,通过国家象征开展爱国主义教育的形式越来越多样化。

一是开展主题活动。例如,在 2019 年正值新中国成立 70 周年之际,在全社会广泛开展"同升国旗、同唱国歌"活动,让人们充分表达爱国情感。

二是新闻媒体宣传。各级广播电台、电视台每天定时在主频率、主频道播放国歌。2019 年 5 月,中共中央办公厅、国务院办公厅印发《关于隆重庆祝中华人民共和国成立 70 周年广泛组织开展"我和我的祖国"群众性主题宣传教育活动的通知》要求,"从现在到今年年底,每天早上 7 时,各级广播电台、电视台在主频率、主频道整点播放国歌"。

三是组织各类仪式。各类仪式中往往使用国家象征以凸显其庄重性、正式性。我国宪法宣誓仪式、入党入团入队仪式等仪式环节中均有唱国歌或者升国旗的程序。通过公开宣誓、重温誓词等形式,强化国家意识和集体观念。

三、国歌宣传的主体、内容

（一）宣传的主体

按照国歌法的规定,新闻媒体应当宣传国歌的知识,引导公民和组织正确使用国歌。在我国,新闻、出版、广播、电影、电视等单位以及新兴媒体是向广大人民群众宣传国家各项方针政策、法律法规,传播社会主流价值的主渠道。鉴于新闻媒体在宣传教育中具有重要的作用和广泛的影响,为了进一步加强国歌的宣传,国歌法规定新闻媒体应当积极开展对国歌的宣传。因此,各种新闻媒体应当运用多种宣传方式,积极开展国歌的宣传教育。

宣传也是爱国主义教育的重要途径。各级党委、政府以及人民团体、群众组织在国家象征方面也负有重要责任。按照《新时代爱国主义教育实施纲要》的规定,各级党委和政府承担起主体责任,加强对新时代爱国主义教育的组织领导。各级工会、共青团、妇联和文联、作协、科协、侨联、残联以及关工委等人民团体和群众组织,要发挥各自优势,面向所联系的领域和群体广泛开展爱国主义教育。

(二)宣传的内容

按照国歌法的规定,应当宣传国歌的知识,国歌法还明确普及国歌奏唱礼仪知识。2014 年中共中央办公厅、国务院办公厅印发了《关于规范国歌奏唱礼仪的实施意见》,对国歌宣传提出了明确要求:(1)普及国歌内容。各类新闻媒体和宣传文化阵地要加大国歌内容的宣传力度,结合历史和现实解读国歌的内涵和蕴含的精神,使人们理解国歌、记住国歌、唱好国歌。(2)普及国歌奏唱礼仪知识。要综合运用多种方式进行国歌奏唱礼仪宣传,使人们知晓国歌适宜奏唱的场合和应当遵守的礼仪规范。因此,新闻媒体积极开展国歌的宣传,加强对国歌内容和蕴含的精神的宣传,还要普及国歌奏唱的礼仪知识。

四、国歌的新闻媒体宣传

在电视广播新闻媒体上播放国歌是国歌宣传的重要途径。俄罗斯规定了国家电视台和广播公司播放国歌的时间。《俄罗斯国歌法》规定,俄罗斯联邦国歌由国家电视台和广播公司播放:在每天节目开始前和结束后播放,如果是 24 小时频道,则在地方时间 6 时和 24 时整点播放;新年之夜,在莫斯科克里姆林宫斯帕斯克塔钟于地方时间 24 时敲响后播放。《墨西哥国徽、国旗和国歌法》规定,在法律规定的时间,广播、电视播放国歌时,须在其当天节目开始时和结束时。电视播放国歌,还必须同时显示国旗图案。国歌的节拍速度由内政部规定。菲律宾规定,菲律宾主办或参加的国际竞赛、地方竞赛、广播和电视台节目开始和结束时、电影开始和结束时或剧院演出开始前以及政府允许的其他场合可以奏唱国歌。

(一)国家法定节日、纪念日的范围

我国国歌法第十三条规定,国庆节、国际劳动节等重要的国家法定节日、纪念日,中央和省、自治区、直辖市的广播电台、电视台应当按照国务院广播电视主管部门规定的时点播放国歌。根据法律法规,国家法定节日、纪念日主要分为以下两种情况。

一是我国法律设立的节日、纪念日共 13 个(截至 2022 年 10 月底)。(1)3 月 12 日植树节。(2)4 月 15 日全民国家安全教育日。(3)每年 5 月的第三个星期日为全国助残日。(4)6 月 5 日环境日。(5)8 月 1 日中国人民解放军建军节。(6)9 月 3 日中国人民抗日战争胜利纪念日。(7)9 月 5 日中华慈善日。(8)9

月 10 日教师节。(9)每年 9 月的第三个星期六为全民国防教育日。(10)9 月 30 日烈士纪念日。(11)10 月 1 日国庆日。(12)农历九月初九老年节。(13)12 月 4 日国家宪法日。(14)12 月 13 日南京大屠杀死难者国家公祭日。

二是行政法规决定的节日、纪念日。国务院制定的行政法规《全国年节及纪念日放假办法》第二条规定了全体公民放假的节日:新年、春节、清明节、劳动节、端午节、中秋节、国庆节。第三条规定了部分公民放假的节日及纪念日:妇女节、青年节、儿童节、中国人民解放军建军纪念日。《全国年节及纪念日放假办法》第五条规定:"二七纪念日、五卅纪念日、七七抗战纪念日、九三抗战胜利纪念日、九一八纪念日、教师节、护士节、记者节、植树节等其他节日、纪念日,均不放假。"

我国国家法定的节日、纪念日较多。在国歌法制定征求意见过程中,有的意见提出,不同的节日、纪念日所承载的历史、文化内涵和民众的情感也是不同的。在国庆节、中国人民抗日战争胜利纪念日这样的节日、纪念日播放国歌,毫无疑问是适宜的;不过在某些节日、纪念日,如清明节、中秋节,是否必须播放国歌,还是需要再斟酌考虑的。国歌法只规定在重要的国家法定节日、纪念日应当播放国歌,没有要求天天播放,主要考虑到重要的国家法定节日、纪念日具有集中传播社会主流价值观的独特优势,在这些节日、纪念日播放国歌,更有利于公民加深对国歌深刻内涵的理解,更有利于加强国歌与公民之间的情感联系,也更有利于国歌精神的传播。

(二)播放国歌的时间节点

在固定时间奏唱国歌,主要是起到提示、注意作用。2017 年 9 月 29 日,国家新闻出版广电总局《关于学习宣传贯彻〈中华人民共和国国歌法〉的通知》明确:"在国庆节、国际劳动节等重要的国家法定节日、纪念日,中央人民广播电台、中央电视台,中国教育电视台,省、自治区、直辖市的广播电台、电视台,新疆生产建设兵团广播电视台,应当于北京时间上午 10 点整在其主频率、主频道播放国歌。中国国际广播电台应当在适当的时点依法播放国歌。广播电台、电视台播放国歌应当与前后节目相协调,维护国歌尊严。"

第三节　国歌的知识产权

最主要的三种知识产权是著作权、专利权和商标权。各国对于国歌的知识产权保护一般是禁止用于注册商标、专利。很多国家的法律对国旗、国歌、国徽、国家名称等国家象征的知识产权作了规定。有些国家对于国家象征的知识产权范围保护得较宽,包括商标权、版权、专利权、设计权等权利,如马来西亚、印度、菲律宾、特立尼达和多巴哥、新西兰等国家。也有一些国家主要保护国家象征的商标权,如德国、加拿大等。就国歌的著作权而言,基于各国历史文化、政治传统等因素,情况较为复杂。

一、基本情况

国歌通常由个人创作,经广泛传播并经国家认可之后成为国歌,也有一些国家的国歌通过公开征集,并经国家正式认可确定。世界很多国家没有对国歌的版权进行法律规定,如美国、土耳其、爱尔兰等。也有一些国家确定了国歌的版权,如加拿大、法国等。通常情况下,国歌著作权有以下三种情况。

一是政府确定国家享有国歌版权。如加拿大、澳大利亚政府明确,国歌的歌词和曲谱没有版权,属于公共领域范畴。但澳大利亚政府宣称拥有国歌歌词的版权,也具有国歌曲谱特殊使用的权利。作为国歌版权的拥有者,澳大利亚政府允许社会公众在非商业目的场合免费使用。对于以非商业目的的国歌使用、演奏或者重新录制,不需要获得许可;但如有商业目的,须向政府申请许可。加拿大政府则明确,由于国歌属于公共领域,可以在未经政府许可的情况下,用于商业用途。加拿大政府认为,对于曲谱旋律的编排可以进行版权保护。

二是政府购买国歌的版权。新西兰没有国歌法,知识产权法律也没有对其进行特殊规定。新西兰有两首国歌,即《天佑国王》和《天佑新西兰》。《天佑国王》是英国以及部分英联邦国家的国歌。《天佑新西兰》原为新西兰诗人写作的诗歌,经谱曲后成为新西兰广为传唱的歌曲。1934 年,新西兰政府从私人公司手中购买了《天佑新西兰》的版权。该歌曲在 1940 年被新西兰政府定为国家歌曲(national song),1977 年经英国女王同意后被正式定为国歌(national anthem)。《天佑新西兰》在 1977 年后成为公有财产,一般情况下公众使用国歌没有版权限制。但国歌的特殊使用以及录音将受到版权限制。对于商业上的重复使用,必须得到权利人许可。

三是未确认国歌的版权。如爱尔兰没有专门针对国歌版权进行规定。爱尔兰国歌《战士之歌》在 2012 年国歌创作者的版权到期后,该国对是否专门将国歌纳入版权制作领域发生争议,有个别议员提议制定国歌版权的相关议案,但响应者寥寥,最终没有制定专门针对国歌版权的规定。

二、国歌著作权经典案例

国歌作为音乐作品,最主要的权利是版权即著作权,通常分为人身权和财产权,人身权主要包括署名权、修改权、保护作品完整权等;财产权包括复制权、使用权和获得报酬权等。就国歌作为音乐作品而言,通常著作权的人身权属于国歌作品创作者:根据国际上知识产权保护的惯例,作品中的精神权利始终归作者所有,因此国歌的署名权属于国歌作品的创作者。保护作品完整权是指,未经著作权人许可,不得对作品进行实质性修改,更不得故意改变或用作伪的手段改动原作品;修改权是指著作权人对自己创作的作品享有修改权。保护作品完整权、修改权可以因法律法规或者著作权的转移而不同;一般情况下,国歌的保护作品完整权、修改权受到一定的限制,实践中有相关实践案例。国歌作者权、复制权、使用权和获得报酬权等涉及财产利益,如果国歌作品创作者与国家相关机构没有明确约定,很容易引起纠纷。

自 21 世纪以来,随着人们著作权意识的逐渐提高,关于国歌著作权的争议也开始逐渐增多,主要源于 20 世纪许多国家在确定国歌的过程中,没有对国歌著作权(主要是改编权、获得报酬权等)进行规定,导致国歌著作权常见的争议是国歌原创作者的继承人就国歌或者改编的歌曲的商业运用或者推广是否享有获得报酬的权利。具体而言,典型的争议如下。

(一)国歌作者继承人能否获得报酬

越南近年来关于国歌版权发生了一次较大的争议。越南国歌《进军歌》由阮文高(1923—1995)作曲及填词,于 1945 年 8 月革命前诞生。1946 年召开的北越第一届国会第二次会议正式确定《进军歌》为国歌。1976 年 7 月 2 日,统一的越南国会通过决议,确定《进军歌》为全国统一后的越南社会主义共和国国歌。

2015 年 8 月,歌词作者阮文高大儿子请求越南音乐版权保护中心对该歌曲播放、使用的所有情形征收版权费,包括政治场合、免费文艺演出以及国歌的商业使用,学生在学校歌唱以及重大庆典奏唱除外。尽管官方宣传阮文高的妻子在 2010 年给越南文化部发出公开信,将该歌曲赠予公众。但阮文高的大儿子提出,他的家庭从没有一致同意将该歌曲赠予公众,文化部没有权力决定是否以及何时将该歌曲赠予公众,因此他们有权授权音乐版权保护中心对其父亲的歌曲(包括《进军歌》)收取版权费。但是很多音乐家反对这一观点,认为国歌理应属于公众,应该允许公众在毫不担心版权费的情况下唱国歌。

2015 年 8 月初,在阮文高大儿子的请求下,越南音乐版权保护中心开始对《进军歌》的播放、使用收取版权费。但仅仅过了几天,越南文化部就叫停了这一收费行为。越南文化部认为,《进军歌》作为国歌使用时应该免收版权费,并且仍然在世的阮文高的妻子在 2010 年发出公开信将国歌赠予公众、政府和执政党。随后,阮文高大儿子提出,只有在 1946 年将该歌曲认定为国歌的越南国会和政府才有权讨论这个问题。遭到很多人反对后,他随后放弃了相关主张。

（二）国歌改编后国歌著作权人是否有权获得报酬

2010 年 1 月,奥地利联邦教育、艺术和文化部发起了关于教育改革的宣传活动,目的是强调儿童教育和国家未来的重要性。广告公司制作的宣传影片主要部分是一部约一分钟的短片,其展示了许多奥地利伟大人物儿童时期的照片,并配有由奥地利国歌改编的歌曲,倡导奥地利的教育改革。这部短片在奥地利电视台以及互联网上传播。奥地利国歌作者的继承人在 2006 年与一家音乐公司签署协议,将包括奥地利国歌歌词在内的一批歌曲的知识产权转让。该音乐公司以上述公司制作的宣传片使用改编后的国歌歌词为由请求法院判决给予赔偿。

原告认为,1946 年奥地利政府公开征集国歌歌曲,国歌歌词原作者投稿的作品获得政府认可并被确定为国歌。国歌歌词作者同意将版权授予政府。但国歌歌词不属于"为官方使用而制作的官方作品",不能排除版权保护。即使该国歌歌词在联邦教育服务部门的法规公报中出版,也不能改变这一事实。奥地利政府授予的国歌歌词的版权,并不包括对国歌歌词改编的权利。广告公司对国歌歌词改编,属于商业用途,也严重损害了作者在作品中的精神权利。

法院经审理认为,政府在宣传活动中授权广告公司对国歌歌词的改编是版权所有人应有的、法律允许的权利。国歌歌词作者参与国歌歌词征集,已经证明作者默认若其歌词成为国歌将会用于国歌的典型使用方式。在政府教育部门主导的宣传广告中使用改编后的国歌歌词属于正常国歌歌词的使用方式。而且政府教育部门将其运用于电视、互联网等渠道并不是商业目的,无法确定奥地利政府通过上述活动寻求或者可能获得直接的经济利益。[1] 最终奥地利法院驳回了音乐公司的起诉。

三、我国国歌的著作权

我国历来重视对著作权的保护,专门制定了著作权法。国歌涉及的人身权和财产权的具体问题,属于民事权利的保护,不是国歌法规范的内容,可以依据著作权法的规定执行。

国歌法在起草过程中,较好地处理了与著作权法的关系:一方面,注重与著作权法相衔接,如附件所附国歌的词曲谱,标明了词曲作者的姓名,保护了作者

---

[1] Österreichischen Obersten Gerichtshofs: Textliche Bearbeitung der österreichischen Bundeshymne(ZUM 2011,360).

的署名权;国歌法规定不得恶意修改国歌歌词,不得采取损害国歌尊严的奏唱形式,符合著作权法规定的保护作品完整权的要求。另一方面,为了维护国歌的尊严,对作者享有的著作权作出必要的限制。《义勇军进行曲》被定为国歌后,就不再是一首普通的音乐作品,它的特殊性在于,国歌在公权力范围内使用包括公开场合奏唱国歌,涉及著作权的一些民事权利要受到一定的限制和制约。如国歌法规定,国歌"不得作为公共场所的背景音乐",如果是一般的音乐作品,是无须作此限制的。国歌法作此限制,主要考虑到公共场所比较广泛,一些场合不宜奏唱国歌。

2005 年 5 月 26 日,国家版权局办公室《关于对〈世界各国国歌〉编辑、配器版权问题的复函》(国权办〔2005〕17 号),对于国歌的著作权也进行了明确:"首先,从文艺创作角度而言,国歌与其他文学艺术作品并无本质差别,应当同等地受到著作权法保护。其次,国歌著作权的保护期应当按照我国著作权法第 20 条和第 21 条规定来判断,即署名权、修改权、保护作品完整权的保护期不受限制,而发表权和各项财产权利的保护期为作者终生及死亡后五十年,截止于作者死亡后第五十年的 12 月 31 日,合作作品的,截止于最后死亡的作者死亡后第五十年的 12 月 31 日。"根据著作权法的规定,国歌的复制权、发行权等保护截止于作者死亡后第五十年的 12 月 31 日。聂耳先生去世比较早。田汉先生于 1968 年 12 月 10 日去世,对田汉先生作词的国歌复制权、发行权等的保护截止于 2018 年 12 月 31 日。在此之前,依据著作权法第二十二条、第二十三条的规定,在一些情况下,合理使用作品,可以不经著作权人许可,不向其支付报酬。国歌法第四条规定的场合应当属于合理使用的范围,不需要向著作权人付费。但国歌如果用于商业演出等用途的,要依法向著作权人付费。

公民可免费下载中国人大网和中国政府网上的国歌标准演奏曲谱和国歌官方录音版本。国务院确定的部门组织审定曲谱和组织录制录音版本时,将严格依据著作权法的规定进行。

此外,对于外国国歌著作权,上述复函明确:"对于外国人创作的国歌,按照我国著作权法第 2 条规定,如果根据作者所属国或者经常居住地国同中国签订的协议或者共同参加的国际条约享有著作权的,受我国著作权法保护。就请示函中提到的 190 个国家国歌的著作权问题,当以上述原则和规定详细检视,一一审核。"

第八章 法律责任

国歌是国家统一和凝聚力的象征，鼓舞公民为国家而奋进，激励公民为国家发展而努力。侮辱国歌的行为就是侮辱国家象征、损害国家尊严的行为，应当承担法律责任。我国国歌法第十五条规定，在公共场合，故意篡改国歌歌词、曲谱，以歪曲、贬损方式奏唱国歌，或者以其他方式侮辱国歌的，由公安机关处以警告或者十五日以下拘留；构成犯罪的，依法追究刑事责任。

一、行政法律责任

国歌法第六条规定，奏唱国歌应当按照本法附件所载国歌的歌词和曲谱，不得采取有损国歌尊严的奏唱形式。如果要求使用有损国歌尊严的奏唱形式奏唱国歌的行为人承担法律责任，往往要根据情节严重程度、影响范围程度等因素来确定。实践中出现过在网络直播中采取不尊重国歌的方式奏唱国歌，并被追究行政责任的案例。

（一）篡改国歌歌词

2018 年，谢某某将中华人民共和国国歌《义勇军进行曲》的歌词进行篡改，另更名为"时代之歌"，并想把这首歌作为自己的"成名曲"。经调查，谢某某先后在荔浦百汇广场、阳朔西街口等公众场合演奏其篡改的"时代之歌"，但谢某某不满足于现场传播，还在正火热的某视频 App 上注册了账号，发布自己演奏"时代之歌"的相关视频，以此吸引"粉丝"关注，以便进一步通过在网络平台上开直播的方式获取利益。谢某某随意篡改国歌歌词且到处传播的行为，对社会造成了一定的影响，7 月 16 日，当地公安局依法对谢某某处以治安拘留五日。[①]

2021 年 9 月 26 日，江苏省常州市河海派出所接到辖区居民举报，称有人在微信群内发布篡改国歌歌词的信息。涉事人陈某因对其所住社区近期公示的将要安排物业入驻及小区停车收费管理方案不满，故意篡改国歌歌词并于 9 月

---

① 《桂林一男子篡改歌词被拘留？原因让人愤怒》，载百度百家号，https://baijiahao.baidu.com/s?id=1606488630324204230。

25 日发表在该小区的业主微信群内,以引起群内人员关注、鼓动其他业主抵制物业入驻小区,造成恶劣社会影响。

随后,涉事人陈某被公安机关依法处以警告。[1]

（二）将国歌作为背景音乐

2021 年 12 月 14 日中午,广西横州市六景镇居民阿辉(化名)在朋友圈看到一条短视频,视频内容是关于阿辉曾任职公司的负面信息。阿辉在该公司工作了好几年,但经常被公司拖欠工资,所以阿辉对该公司极为不满。看到这条短视频,阿辉心中暗爽,出于报复心理,他把短视频下载到手机,然后想配用一个慷慨激昂的音乐,但是由于阿辉个人的法律意识淡薄,不知道维护国歌的神圣,然后就私自配用了国歌这个配乐,重新编辑后发到朋友圈。12 月 16 日,违法嫌疑人阿辉到案接受调查,如实供述了自己的违法行为。经审讯,阿辉对其侮辱国歌的违法行为供认不讳,根据《中华人民共和国国歌法》第十五条及《中华人民共和国行政处罚法》第三十二条第(一)项、第(三)项之规定,对阿辉处以行政拘留三日的处罚。[2]

（三）以不尊重国歌的方式奏唱国歌

2018 年 10 月 7 日晚,虎牙直播平台的网红主播杨某直播时,在环境不严肃的直播间内,将国歌作为自己所谓"网络音乐会"的"开幕曲",擅自篡改国歌曲谱,并且以嬉皮笑脸的方式表现国歌内容。有网友当即举报了该主播的这一不当行为。10 月 10 日,该直播平台封禁其直播间,冻结其直播账号,下架了全部相关影像作品,并作出对其整改教育的处理。10 月 14 日,上海市公安局静安分局依据《中华人民共和国国歌法》第十五条的规定"在公众场合,故意篡改国歌歌词、曲谱,以歪曲、贬损方式奏唱国歌,或者以其他方式侮辱国歌的,由公安机关处以警告或者十五日以下拘留;构成犯罪的,依法追究刑事责任",对杨某处以行政拘留五日的处罚。与此类似的案例还有,如 2017 年 11 月 14 日,内蒙古宁城县网红王某利用"快手"直播平台,以搞怪方式唱国歌。宁城县公安局根据国歌法第十五条的规定,对王某作出行政拘留十五日的处罚。

二、刑事法律责任

按照我国国歌法第十五条的规定,在公共场合,故意篡改国歌歌词、曲谱,

---

[1]　《篡改国歌歌词,影响恶劣！江苏一男子被处罚》,载中国长安网,http://www.chinapeace.gov.cn/chinapeace/c100007/2021－09/30/content_12543217.shtml。

[2]　广西广播电视台新闻频道:《横州:男子用国歌配乐纠纷视频 被行政拘留 3 日》,载广西网络广播电视台网,https://news.gxtv.cn/article/detail_81b7dc1233cf404593ee6a2105dd6fbb.html。

以歪曲、贬损方式奏唱国歌,或者以其他方式侮辱国歌构成犯罪的,依法追究刑事责任。按照刑法第二百九十九条的规定,在公共场合,故意篡改中华人民共和国国歌歌词、曲谱,以歪曲、贬损方式奏唱国歌,或者以其他方式侮辱国歌,情节严重的,处三年以下有期徒刑、拘役、管制或者剥夺政治权利。

"故意篡改国歌歌词、曲谱"是指主观为了达到侮辱、泄愤等目的修改国歌法所附的《义勇军进行曲》歌词、曲谱的内容。"歪曲、贬损方式"主要是指,故意以轻佻、极慢、极快等不适宜的形式奏唱国歌来损害国歌尊严和形象;"其他方式侮辱国歌"是指,虽然按照本法规定的歌词和曲谱来奏唱国歌,但通过不适宜的场合或者伴随动作来损害国歌的尊严和形象,如在带有侮辱性的场合奏唱国歌或者奏唱时伴随的如竖中指、吹口哨等侮辱性的行为举止。如果要构成刑事犯罪,上述行为必须达到情节严重。对情节严重的认定,不是一个单一的标准,而是需要采取综合性判断,涉及行为人的动机、目的、手段、场合、次数等。

关于"公共场合",2017年国歌法制定时,当时的法律委员会审议时,还专门对此进行了研究。国歌法草案二次审议稿第十五条规定:"在公共场合,恶意修改国歌歌词,以歪曲、贬损方式奏唱国歌,或者以其他方式侮辱国歌的,由公安机关处以警告或者十五日以下拘留;构成犯罪的,依法追究刑事责任。"有的常委会组成人员提出,在网络上以及私人场合发现有侮辱国歌的行为,也应当追究其法律责任,建议删去"在公共场合"的表述。法律委员会经研究认为,草案二次审议稿中的"在公共场合",指当众、公开的情境。不论是在现实的公共场所还是在互联网,都是通过公开传播的方式,当众公然侮辱国歌的行为,都构成了对国家尊严、公共秩序的损害,均应按照本法追究其法律责任。国旗法、国徽法和刑法对侮辱国旗、国徽的行为应当追究法律责任的规定,都要求是在"公共场合"或者"公众场合"实施的行为,考虑到国歌法应与上述法律规定相衔接,建议保留本条中"在公共场合"的规定。① 法律委员会对公共场合的阐释,考虑到了随着互联网时代实践的发展,公共场合的范围也发生变化,奏唱国歌的情形更加多样。

截止到2022年6月,就作者收集到的情况,目前在中国裁判文书网等网址,没有看到侮辱国歌行为承担刑事法律责任的案件。但是在国歌法制定过程中,就一些问题进行争论,具体如下。

(一)唱不准国歌是否会承担法律责任

国歌法对国歌的奏唱提出了一些基本要求,如果公民唱歌跑调,唱不准国

---

① 《全国人民代表大会法律委员会关于〈中华人民共和国国歌法(草案二次审议稿)〉修改意见的报告》,载武增主编:《中华人民共和国国旗法、国歌法、国徽法导读与释义》,中国民主法制出版社2021年版,第275页。

歌;或者记不准国歌歌词,是否违法?国歌与国旗、国徽最大的不同在于后者有固定的物质载体,具有明显的识别度,而国歌是音乐作品,需要通过演奏、演唱者的奏唱来体现国歌的形象。为此,国歌法第六条规定:"奏唱国歌,应当按照本法附件所载国歌的歌词和曲谱,不得采取有损国歌尊严的奏唱形式。"对公民和组织奏唱国歌提出了基本要求。每一个公民都应当学唱国歌、会唱国歌、唱好国歌。但是,考虑到每个人的歌唱水平有差异,有的人唱歌跑调,也有的人可能因其年龄、智力等原因记错歌词,国歌法并未简单地规定公民唱不准国歌或者记不准歌词,就是不尊重国歌,要承担法律责任。根据国歌法的规定,只有在公共场合,故意篡改国歌歌词,以歪曲、贬损方式奏唱国歌,或者以其他方式侮辱国歌的,才需要承担相应法律责任。

（二）嘘国歌是否会承担法律责任

嘘国歌是需要承担法律责任的,在一些国家有相关的案例。近年来,在法国发生影响较大的是 2008 年侮辱法国国歌事件。2008 年 10 月 14 日,法国队和突尼斯队在巴黎举行的一场足球比赛中,由于《马赛曲》受到突尼斯球迷一片嘘声,80% 接受《巴黎人报》调查的法国人感觉自尊心受到了伤害和侮辱。为此,两名法国部长因没有离开球场以示抗议,受到本国政府的责备。时任总统尼古拉·萨科齐召见了相关负责人,要求他们必须说明如何避免这类事件再次发生。时任总理弗朗索瓦·菲永要求采取严厉的预防措施,如果《马赛曲》再遭到嘘声,必须立即取消整场比赛。时任内政部部长米谢勒·阿利奥－马里表示,被镜头拍下来的《马赛曲》起哄者将被追究法律责任。

（三）未遵守国歌奏唱礼仪是否会承担责任

礼仪的养成需要"教化"而非"惩罚"。例如,在天安门广场举行升国旗奏唱国歌的情况,的确有许多游客在国旗升起、国歌响起的过程中拍照摄像、有的家长将孩子扛到肩上,未遵守奏唱礼仪。国歌法没有规定未遵守奏唱礼仪要承担法律责任,但是,如果在公共场合奏唱国歌时,不仅不遵守奏唱礼仪,还存在国歌法第十五条规定的违法行为的,即"在公共场合,故意篡改国歌歌词、曲谱,以歪曲、贬损方式奏唱国歌,或者以其他方式侮辱国歌的",将由公安机关处以警告或者十五日以下拘留;构成犯罪的,还要依法追究刑事责任。

（四）法律规定禁止使用的情形不一定承担法律责任

将国歌用于商标、商业广告、私人丧事活动等不适宜的场合,以及作为公共场所的背景音乐等,但又没有构成"在公共场合,故意篡改国歌歌词、曲谱,以歪曲、贬损方式奏唱国歌,或者以其他方式侮辱国歌的",可以按照商标法、广告法、治安管理处罚法等法律给予处罚。广告法和商标法对不适当使用国歌的行为以及相应的处罚作出了规定。按照广告法的规定,将国歌用于或者变相用于商业广告的,应当由工商行政管理部门责令停止发布广告,对广告主处二十万元以上一百万元以下的罚款,情节严重的,并可以吊销营业执照,由广告审查机关撤销广告审查批准文件、一年内不受理其广告审查申请;对广告经营者、广告发布者,由工商行政管理部门没收广告费用,处二十万元以上一百万元以下的罚款,情节严重的,并可以吊销营业执照、吊销广告发布登记证件。按照商标法的规定,已经注册的商标,违反商标法第十条规定,将国歌用于或者变相用于商标的,或者是以欺骗手段或者其他不正当手段取得注册的,由商标局宣告该注册商标无效;其他单位或者个人可以请求商标评审委员会宣告该注册商标无效。

第三编

国徽法律制度

　　国徽是国家重要的视觉符号。国徽通过特定的图形和色彩,反映一国政治特色和历史文化传统。国徽从诞生之日起,作为代表国家的象征,就在社会生活的各个方面产生重要影响。国徽图案庄重精美,使用形式丰富多样,既可铭刻于青铜、誊录于丝帛、书写于简牍、印刷于纸张,也可呈现于网络。目前,国徽渗透到国家机构日常办公的方方面面,从其印章、文件、建筑物等很多场景可以看到国徽的图案。而同时,在人的一生中,重大事项都离不开国徽,都需要得到象征国家的国徽的认可。

第一章　国徽概论

第一节　国徽概述

一、国徽的起源及其演变

（一）纹章的出现

国徽起源于纹章，而纹章起源于图腾、徽章、标志等。在我国公元前 5 世纪至公元前 3 世纪的战国时期已经出现徽章。例如，《战国策·齐策一》记载："秦假道韩、魏以攻齐。齐威王使章子将而应之……章子为变其徽章，以杂秦军。"这是我国有文字记载关于徽章的最早一例。也有观点认为此处所指的徽章实际指的是旗帜。通说认为，纹章的起源大致在 10 世纪至 12 世纪。

在欧洲，早期的纹章主要用于骑士比赛及战争过程中授予荣誉和帮助识别。由于骑士佩戴重盔甲和面具，在战争中很难区分，因此骑士们开始使用个人标志在盔甲上以区别于他人。其中，盾或保护罩是纹章图案中最重要的元素。人们尝试用不同的颜色、形状及象征物来装饰盾牌。纹章"coat of arms"一词是一个更为古老的术语"coatarmour"的变体，指的是一种带有纹章图案的骑士装备——罩袍或者战袍。在中世纪后期的大部分时间里，骑士们习惯于把他们穿在甲胄外面。在纹章起源时，主要功能具有纯粹的实用性，起到区别与标识作用。

随着骑士作用和地位进一步上升，骑士的纹章标志逐渐开始与特定家族、特定机构（如学校、教会、行会、政府、公司等）相连，并给旁观者传递特定的图像语言。在西欧中世纪末，大概在 13 世纪，家族纹章开始兴起流行。每一件纹章对于其主人而言，都变成了一件作品，并开始由继承法像财产一样对待，但是不能转让，除个别例外情况外。纹章开始具有代表家族血统、代表同盟关系、标志财产所有权，甚至标志职业的作用。通常有个人有权继承或者被特定机构授予纹章。也是在 13 世纪，纹章的制度建设开始体系化，产生纹章登记簿、用于纹章的特定术语,进而形成了专门研究徽章的学问称为纹章学(heraldry)。① 到14世纪后半叶,英国骑士法庭开始监督纹章纠纷。即使到今天,在英格兰和苏格兰,某些特定法律仍然禁止未经授权的徽章使用。通过王室授权,专门的纹章学院至今仍授予家族及个人纹章的设计、登记、注册。

(二)国家纹章(国徽)的演变

1. 第一个阶段:王室纹章时期

14世纪纹章的使用已经深入各行各业,很多城镇开始设计自己的纹章。欧洲君主们采用的王室纹章不仅为统治者本身所认同,很快也得到整个王国的支持。单一民族的独立国家在中世纪时已日渐成形,开始采用王室纹章作为国家纹章的情况日益普遍。随着欧洲航海运动和殖民主义的扩展,越来越多的国家开始确立自己的国徽。

在王室纹章被确立为国徽的早期,国徽不允许王室之外的个人和组织使用,但允许在象征王室的国家意义的物品上使用,如法国王室在13世纪就将百合花纹章作为英国国王个人的象征,印在王室发行的硬币上,随后百合花纹章出现得越来越广泛,在15世纪出现在国家机构的印章、法院的文书上,等等。

2. 第二个阶段:国徽开始运用时期

从16世纪世界历史进入近现代后,国徽的运用仍然较少。直到18世纪末,随着民族解放运动,近现代意义的国家诞生,国徽开始确立并被广泛运用。在欧洲许多国家仅存在王室纹章的情况下,18世纪末美国独立战争后确立美国大印章,19世纪初拉丁美洲独立的各国抛弃原有的王室纹章,纷纷确立具有本国特色的国徽,如墨西哥于1823年确立独立后的国徽、智利1830年独立后确立本国国徽等。

而由于欧洲王室基于自身标志的需求,确立的国徽普遍较晚,19世纪以前只存在王室纹章,不允许其他个人和组织使用;19世纪以后,才慢慢向国家纹章(国徽)过渡。目前,在欧洲,很多欧洲国家将王室纹章作为国徽,如瑞典王国将瑞典王室纹章作为国徽;1830年比利时王室确定将王室纹章确立为国徽;芬兰共和国1919年将16世纪芬兰王室的纹章细微改动后作为国徽。一些君主立宪制国家,仍然存在王室纹章,但法律没有确定国徽的情况,如丹麦王室纹章自12世纪确立,至今仍只能有王室使用。英国王室纹章自1801年确立,没有确立国徽,至今仍有王室使用。此外,在东亚,日本徽章也成熟较早,并一直保留到现在。

---

① 由于过去的盾形纹章通常由国王的传令官(heralds)设计,因此纹章这种艺术形式被称作"heraldry"。参见[英]米兰达·布鲁斯 - 米特福德、菲利普·威尔金森:《符号与象征》,周继岚译,生活·读书·新知三联书店2014年版,第318页。

在王室纹章上升至国家纹章(国徽)之时,一些国家专门制定国徽的法律法规,对国徽的样式、使用、管理等作出规范,对国徽予以特殊保护。

3. 第三个阶段:国徽开始被广泛运用

在第一次世界大战后,当时新独立的国家开始确立国徽。在第二次世界大战后,亚非拉国家掀起了民族独立运动的高潮,新成立的国家均根据本国特色设计本国的国徽。"二战"以后,国徽广泛成为新成立国家的必备要素。同时,各国也开始同时制定国徽相关法律,明确国徽的图案设计,应当悬挂国徽的情形、禁止使用国徽的情形等。

二、国徽功能发挥的特征

国徽的表现形式是独特的图案,但其发挥作用是基于人为赋予其意义。国徽图案的组成往往是一国最具有代表性的、最鲜明的物质特征的表现形式。国徽作为国家象征,与国旗、国歌一样,首要功能是识别功能,代表国家、国家机构,但是区别于国旗、国歌,国徽的功能发挥有所不同。

一是运用范围限缩。国旗、国歌在国内外各种场合广泛使用,在对外交往中发挥着重要作用,用于欢迎外国国家元首或政府首脑,以及国际体育竞赛、国际庆典庆祝活动等。而国徽使用的场合、情形较国旗、国歌少,国徽主要运用于国内机构,应用于国内政府机构的建筑物、印章、出版物、证照上等,标志国家机构,象征一定的权威性。当然一些国家驻外使领馆同时悬挂国徽,如美国。

二是认可功能增强。象征作用进一步限缩,国旗代表国家,国徽也代表国家,同时代表政府机构的作用进一步体现。在很多国家,国徽的使用象征着国家或者授权的行动。国徽主要由国家机构及公共机构使用。国家机构也有权决定可以使用国徽的具体范围。

由于国徽适用范围、场合和便利性比国旗、国歌在实践中受到的客观条件约束更多且在法律上受到更多的限制,故国徽的使用更能体现国家机构的权威性,引发公民对国家机构的敬畏心态,深层次促进对国家的尊重和热爱。

第二节　我国国徽的演变

在我国古代社会,存在着象征部落、族群的纹章、纹样。这些纹样主要由贵族、王室用于日常祭祀、重要活动等场合。进入封建社会后,随着古代礼制发展的日益完备,专用于帝王的图案的制度也开始形成。我国多数朝代以"天朝"自居,有着纹饰的传统,也有类似国家的象征物,如国玺。帝王专属纹饰(包括龙凤纹饰)等逐渐形成较为完备的规则体系。清末以来,受到国外国家观念的影响,开始逐渐考虑设计近现代意义上的国徽。但直到民国,才有官方正式确立的国徽。从我国封建帝制结束,中华民国(1912—1949年)共使用过两款国徽:北洋政府的十二章国徽、南京国民政府的青天白日国徽。至今,公认的共有三种国徽。

一、民国时期的国徽

民国时期按照历史阶段,可以分为两个不同的阶段,分别采取了不同的国徽。

一是北洋政府国徽。北洋政府时期的中华民国国徽是中国首个国徽,名曰"十二章国徽"或"嘉禾国徽",图案结合了我国古代礼服的十二章花纹以及西方纹章的布局。图案中含有日、月、星辰、山、龙、凤等十二种吉祥物,象征国运之长久美好。1913年2月,中华民国教育部发文称该国徽正式启用。但在当时,该国徽并没有得到充分的重视,也没有在社会中流行开来。

二是南京政府国徽。南京国民政府时期的青天白日国徽是以陆皓东设计的青天白日旗为蓝本制作的。1928年,国民政府制定《中华民国国徽国旗法》,青天白日国徽被确定为中华民国国徽。1928年12月17日,中华民国政府公布施行《中华民国国徽国旗法》,规定了国徽与国旗的基本样式。其中第一条规定:"中华民国之国徽定为青天白日,其式如左:一、青地圆形。二、白日。三、白光芒十二道。四、白日与十二道光芒间留青地一圈。"该法并附了国徽图案及说明。其寓意为:"青天""白日""满地红"三色象征的就是"平等、博爱、自由",十二道光芒象征一天十二个时辰及一年十二个月,寓意不断努力,自强不息。至于满地红,则是象征革命先烈为建立民国所流的鲜血,以及鲜血换回来的自由。

二、新中国国徽的确定

1949年6月15日,新政治协商会议筹备会议第一次会议召开,拟定新中国的国旗、国徽、国歌是此次会议的重要任务之一。

1949年7月4日,新政治协商会议筹备会第六小组召开第一次会议,决定公开征求国旗、国徽图案及国歌词谱。新政治协商会议筹备会《征求国旗国徽图案及国歌辞谱启事》中对于国徽的要求"国徽应注意:(甲)中国特征;(乙)政权特征;(丙)形式须庄严富丽"[1]。启事还明确应征国旗国徽图案者须附详细

---

[1] 中央档案馆编:《中华人民共和国国旗国徽国歌档案》(上卷),中国文史出版社2014年版,第40页。

之文字说明。会议还决定设立国旗、国徽图案评选委员会及国歌辞谱评选委员会,分别聘请专家参加。征集启事分别送《人民日报》《光明日报》《大众日报》等报纸公布发表。截止到 8 月 20 日,新政协筹备会共收到了 900 幅国徽设计图案,但投稿者大都把国徽误解为国标,把国徽想象为普通的证章和纪念章,负责征集国徽图案的评委和专家们认为这些图案不可用。在这种情况下,毛泽东建议由原小组继续设计,将来由中央人民政府决定。

经过反复研究论证,清华大学营建系梁思成、中央美术学院张仃分别牵头、集体创作设计的国徽图案获得认可。1950 年 6 月,中国人民政治协商会议第一届全国委员会第二次会议通过中华人民共和国国徽图案及对该图案的说明,提请中央人民政府委员会核准发布。1950 年 6 月 28 日,中央人民政府委员会第八次会议通过《中华人民共和国国徽图案》及其说明。说明的内容为:"国徽的内容为国旗、天安门、齿轮和麦稻穗,象征中国人民自'五四'运动以来的新民主主义革命斗争和工人阶级领导的以工农联盟为基础的人民民主专政的新中国的诞生。"1950 年 9 月 20 日,中央人民政府委员会办公厅公布《中华人民共和国国徽图案制作说明》,确立国徽图案具体的制作方法。新中国的国徽造型精致大方,格调饱满,富有深刻寓意,彰显华美大气之风,取得了广泛认同。

第三节 中华人民共和国国徽的法治化

一、新中国成立初期:国徽法治化伊始

新中国成立之初,1950 年 9 月 20 日,中央人民政府主席毛泽东发布中央人民政府命令:"中国人民政治协商会议第一届全国委员会第二次会议所提出的中华人民共和国国徽图案及对该图案的说明,业经中央人民政府委员会第八次会议通过,特公布之。"通过中央人民政府的命令,正式确立中华人民共和国的国徽。

在中央人民政府确定国徽图案的同日,考虑到对国徽使用、管理的实际需求,1950 年 9 月 20 日,中央人民政府委员会第八次会议通过并颁布实施《中华人民共和国国徽使用办法》。主要内容包括:一是中华人民共和国之国徽在中央机关、地方机关、驻外使馆及领事馆悬挂。国徽应悬挂于机关大门上方正中处;国徽之悬挂于礼堂者,应悬挂于主席台上方正中处。二是国徽之其他使用。包括:(1)中央人民政府颁发的有关荣誉之文书证件(如奖状、勋章及奖章证书等),外交文书(如国书、条约及全权证书等)及外交部所发各种护照之封面,均

加印国徽;(2)外交部及驻外各使领馆所用之钢印、戳记中间应雕刻国徽;正式公文用纸应加印国徽;(3)中央人民政府主席、政务院总理及外交部部长与驻外各使馆馆长以职位之名义对外所用信封、信笺、请柬等上面,均加印国徽;(4)外交部及驻外各使领馆得于外交官制服、信封、信笺及其他器具用品(如餐具、文具等)上之适当地方,加印或镶嵌国徽,其详细办法,由外交部拟订经政务院核准后施行;(5)除以上列举外,如尚有其他必要用途时,由使用机关报请中央人民政府委员会办公厅批准后,始能使用。三是国徽不得用于下列场合:(1)私人婚丧庆吊礼节中的点缀;(2)工商业品的标记、装饰、广告、图案;(3)机关、学校、团体的证章、纪念章及其他徽章;(4)日常生活的陈设布置。《中华人民共和国国徽使用办法》的颁布标志着我国在国徽法治化领域迈出了重要一步,国徽的使用、管理进入了法治化进程。

《中华人民共和国国徽使用办法》制定后起到了积极作用,但仍有一些具体实践问题还没有涉及。1950年以后中央政府委员会办公厅多次答复相关方面关于国徽具体使用过程中问题的请示,主要包括:悬挂国徽的尺寸、外事处如何悬挂国徽、国徽图案悬挂地点等。通过上述答复,国徽使用过程中的具体问题进一步得到了明确。

1954年9月20日,第一届全国人民代表大会通过1954年宪法,其中第一百零五条规定:"中华人民共和国国徽,中间是五星照耀下的天安门,周围是谷穗和齿轮。"其后,我国1975年、1977年、1978年宪法和1982年宪法及历次修正案,均没有对此作过修改。

二、制定国徽法:国徽法治化的定型

至20世纪90年代,随着我国政治、经济和文化事业的发展,《中华人民共和国国徽使用办法》中规定的许多内容已不适应实际需要,如对使用国徽及其图案的范围规定得较窄,办法中列举的许多国家机构的名称已发生变化。对国徽的制作、国徽的规格和对侮辱国徽者的处罚等许多重要内容,都未规定,从而造成了实际生活中国徽及其图案的使用情况比较混乱。一些人大代表曾多次建议,为了维护国徽的尊严,增强公民的国家观念,应尽快修改原国徽使用办法,完善国徽立法。为适应政治、经济和文化发展,维护国徽的尊严,增强公民的国家观念,需要专门制定一部国徽法,将办法相关内容上升为法律。

1991年3月2日,第七届全国人民代表大会常务委员会第十八次会议通过国徽法。国徽法主要是明确了国徽悬挂的范围、国徽图案的使用范围、法律责任。此外,关于国徽图案及其制作方法,考虑到原中央人民政府委员会公布的国徽图案及其制作说明无须修改,还应按照这个国徽图案及其图案说明制作。

因此,原国徽图案及其制作说明与国徽法一并公布。

三、2020 年修改国徽法:国徽法治化发展的新阶段

国徽法自 1991 年颁布施行以来,对于保障国徽的正确使用,维护国徽的尊严,增强公民的国家观念,弘扬爱国主义精神,发挥了重要作用。同时,随着我国政治和社会的发展,国徽法实施中也遇到一些新情况、新问题,主要是:国家机关使用国徽的情形需要进一步完善;国徽图案的使用需要进一步规范,哪些出版物、证件证照、网站等能够使用国徽图案需要明确;国徽的通用尺度也不适应现实需要,国徽制作、销售、悬挂、使用、收回的监督管理部门还不够明确等。针对实践中存在的突出问题,为落实习近平总书记重要批示精神,全国人大常委会法制工作委员会经过广泛征求意见,充分调研论证,起草了国徽法修正草案。2020 年 10 月,第十三届全国人大常委会第二十二次常委会会议通过修改国徽法的决定。修改国徽法,完善应当悬挂国徽的场所,增加国徽图案的使用情形,悬挂非通用尺度国徽的批准程序和悬挂要求,明确国徽的监管部门等,强化国徽使用的规范性和严肃性,加强国徽使用的管理监督,有利于形成维护国徽尊严的意识和社会氛围,有利于维护国家的形象和尊严。主要修改内容如下。

一是完善国徽尺度。现行国徽法规定了三种通用尺度,同时规定"在特定场所需要悬挂非通用尺度国徽的,报国务院办公厅批准"。一些地方反映,现在国家机关办公场所的建筑物体量比以前大,悬挂现有的三种通用尺度的国徽,有时显得不协调,实践中使用非通用尺度的情况比较普遍,一般按照建筑物体量决定国徽大小,也没有逐件报国务院办公厅审批。考虑实际情况,本次修改,对使用非通用尺度国徽作原则要求,删去报国务院办公厅批准的程序,将上述规定修改为:"需要悬挂非通用尺度国徽的,应当按照通用尺度成比例适当放大或者缩小,并与使用目的、所在建筑物、周边环境相适应。"

二是增加国徽图案、徽章的使用情形。根据实践发展的需要,补充完善国徽使用的情形。其一是根据国家机关信息化建设的情况,规定有关国家机构"应当在其网站首页显著位置使用国徽图案";其二是完善中央国家机关领导人员以职务名义对外使用的信封、信笺、请柬等使用国徽图案的规定;其三是增加规定标示国界线的界桩、界碑和标示领海基点方位的标志碑以及其他用于显示国家主权的标志物可以使用国徽图案;其四是增加规定中国人民银行发行的法定货币可以使用国徽图案;其五是增加规定国家机关工作人员使用的工作证件、执法证件等,国家机关颁发的营业执照、许可证书、批准证书、资格证书、权利证书等,学位证书,居民身份证、中华人民共和国护照等可以使用国徽图案;

其六是增加规定国家机关和武装力量的徽章可以将国徽图案作为核心图案;其七是明确公民在庄重场合可以佩戴国徽徽章,表达爱国情感。这样规定,是因为有的国家工作人员在履职或者宪法宣誓等庄重场合,佩戴国徽徽章,表达不负党和人民重托的情怀,表达爱国情感,是积极的,应当鼓励和支持。

三是严格规范国徽及其图案的使用范围。原国徽法规定比较严格,规定了可以使用国徽图案的情形、不得使用的情形,明确在法律规定的范围以外需要悬挂国徽或者使用国徽图案的,由全国人大常委会办公厅或者国务院办公厅会同有关主管部门规定。因此,实践中国旗图案在不少商品上都有使用,使用国徽图案的比较少。有的意见认为,国徽既是国家的标志,也是国家机关的印信,实践中,国徽及其图案的使用非常慎重。为了加强国徽及其图案的规范使用,进一步限定国徽和国徽图案的使用范围。其一是增加规定"授予专利权的外观设计"不得使用国徽和国徽图案;其二是将国徽和国徽图案不得用于"日常生活的陈设布置"修改为不得用于"日常用品和日常生活的陈设布置"。根据国徽法的规定,原则上商品不能使用国徽图案,国际赛事中服装上使用国徽图案,是经过批准的。

四是增加国徽教育宣传的规定。为了加强国徽教育,增强公民的国家观念,弘扬爱国主义精神,本次国徽法修改,增加规定,国徽应当作为爱国主义教育的重要内容,中小学应当教育学生了解国徽的历史和精神内涵。新闻媒体应当积极宣传国徽知识,引导公民和组织正确使用国徽及其图案。

五是明确国徽的监管部门。原国徽法规定国徽的监督管理主体为地方各级人民政府,没有明确具体部门,在实践中导致监管不到位的情况。为进一步加强国徽监督管理,此次修改,增加规定由国务院办公厅统筹协调全国范围内国徽管理有关工作,地方各级人民政府统筹协调本行政区域内国徽管理有关工作。同时,规定地方各级人民政府市场监督管理部门对本行政区域内国徽的制作和销售,实施监督管理;县级人民政府确定的部门对本行政区域内国徽的悬挂、使用和收回实施监督管理。

第二章　国徽的构成

第一节　国徽图案的图形

一般认为,图案主要有以下几个构成要素:图形、颜色、比例。在实际使用过程中,还需要包括尺寸。就国徽而言,国徽图案的构成是指国徽图案物本身的构成要素,包括图形、颜色。图形是指在一个二维空间中可以用轮廓划分出若干的空间形状,描画出物体的轮廓、形状或外部的界限。国徽图案的图形是指图案内部的构成部分。

一、国徽图案概述

国徽图案是国徽意义的重要依托。根据纹章学,纹章由盾牌、头盔、羽饰、斗篷和饰环在内的几部分组成。[①] 而国徽图案起源于纹章(徽章),比纹章更加灵活多变。通常而言,国徽图案具有以下特征:一是具有民族、国家特色;二是简洁鲜明、形体简洁、形象明朗,使国徽图案具有一定通用性;三是图案优美精致,符合美学原理,使国徽图案的符号形式符合本民族对美的共同感知。国徽图案具备以上特色有利于识别、理解和记忆,使其富有感染力,

在实践中,国旗图案与国徽图案有着重要区别,其主要区别如下。

一是图案设计的形状。国徽图案形状不固定,盾形国徽较为常见。其原因在于国徽来源的王室纹章起源于骑士的盾牌。此外,国徽还有圆形、椭圆形、方形、菱形等形状。国旗图案形状固定,除尼泊尔国旗采用三角形,其他国家的国旗均为长方形,通常比例为3∶2。在欧洲40多个国家中,有20多个国家法律法规中区分政府专用国旗和民用国旗,其中10余个国家的政府专用国旗采用燕尾形,即国旗右侧部分分叉,国旗图案中间不添加特殊图案,如丹麦、挪威、瑞典等国。

---

① [英]斯莱特:《纹章插图百科:探讨纹章的世界历史及其当代应用的权威指南》,王心洁等译,汕头大学出版社2009年版,第53页。

　　二是图案设计的原则。国徽以庄严华丽为原则。国徽起源于纹章（徽章），而最初的纹章诞生于战场和骑士比武场，目的是便于从远处识别。纹章大多采用对比度强烈的纯色，以及十分明显的单线条勾勒图案。而由于国徽图案往往被赋予整合功能，图案的各组成部分往往被赋予代表不同的群体，国徽图案的内容也更加复杂，国徽图案的象征意义更大。国旗以简洁易识别为原则。首要的原则是旗帜的图案必须能够被制作出来印在布上，并在高空悬挂时仍能代表一个团体或个人。旗帜的设计与标识设计有较大的区别，因为旗帜飘扬在高空中时，人们是在远距离、多角度的条件下看旗帜的。由此导致在实际应用中，旗帜一般被设计成简单色彩和简单图案的组合。因此，国旗作为国家象征属于无须深入反思、极易在视觉上被直接感受的事物。

　　1949 年 7 月，新中国成立前，新政治协商会议筹备会《征求国旗国徽图案及国歌辞谱启事》中，关于国旗、国徽的区别在图案设计方面，对于国旗要求是："（丙）形式为方形，长阔三与二之比，以庄严简洁为主；（丁）色彩以红色为主，可用其他配色。"对于国徽的要求是："（丙）形式须庄严富丽"。国旗图案形式庄重简洁，适应国旗的动态呈现，可以提高国旗的视觉识别度；国徽图案形式庄重富丽，适应国徽悬挂于大使馆、国家重要机关等建筑上的静态表现。这种对设计的要求，是符合设计规律的。

二、中华人民共和国国徽的图案

　　新中国成立之初，1950 年 6 月 28 日，中央人民政府委员会第八次会议通过的《中华人民共和国国徽图案》明确国徽图案的具体样式，并附了具体说明：国徽的内容为国旗、天安门、齿轮和麦稻穗，象征中国人民自五四运动以来的新民主主义革命斗争和工人阶级领导的以工农联盟为基础的人民民主专政的新中国的诞生。1950 年 9 月 20 日，中央人民政府委员会办公厅公布的《中华人民共和国国徽图案制作说明》，明确了国徽图案的组成、颜色、制作方法等。

　　1991 年 3 月 2 日，第七届全国人大常委会第十八次会议通过了国徽法。国徽法第二条明确国徽按照 1950 年中央人民政府委员会通过的《中华人民共和国国徽图案》和中央人民政府委员会办公厅公布的《中华人民共和国国徽图案制作说明》制作。

　　宪法、国徽法均规定，中华人民共和国国徽，中间是五星照耀下的天安门，周围是"谷穗"和齿轮。国徽法所附《中华人民共和国国徽图案》的说明规定："国徽的内容为国旗、天安门、齿轮和麦稻穗，象征中国人民自'五四'运动以来的新民主主义革命斗争和工人阶级领导的以工农联盟为基础的人民民主专政的新中国的诞生。"中华人民共和国国徽由清华大学建筑系梁思成、林徽因、李宗津、莫宗江、朱畅中等人所组成的设计小组与中央美术学院张仃、张光宇等人所组成的设计小组集体创作。

1994年，原国家技术监督局发布《国徽》（GB 15093-1994），并于2008年进行了修改，修改后称为《国徽》（GB 15093-2008）。该标准规定了用于悬挂的国徽的技术要求，试验方法，检验规则及包装、标志要求等。该标准适用于以纤维增强塑料或铝合金制作的、用于悬挂的国徽。以印刷等工艺制作的其他材质的平面国徽图案应参照该标准相关要求执行。

三、国徽图案的争议——"谷穗"与"麦稻穗"

（一）国徽图案中"麦稻穗""谷穗"的变化

1. 从"嘉禾""麦稻"到"麦稻穗"

1949年7月15日至26日，负责拟定新中国的国旗、国徽、国歌政协筹备会在各大报刊上发布启事征集国徽图案。在早期，国徽设计构想图案时多使用"嘉禾"代表农民，该词是书面用语，泛指生长茁壮的禾稻、稻谷。1950年6月21日，一届全国政协二次会议国徽审查组提出的报告初步确定了国徽的图案，其中明确"以齿轮和麦稻象征工农，麦稻并用"。1950年6月23日，一届全国政协二次会议讨论通过了国徽图案审查委员会拟定的国徽图案，并在《中华人民共和国国徽图案及对设计图案的说明》中解释道："以齿轮和麦稻象征工农，麦稻并用，也寓含着地广物博之意，以绶带紧结齿轮和麦稻象征工农联盟。"6月28日，中央人民政府委员会第八次会议讨论通过了《中华人民共和国国徽图案》，并在《中华人民共和国国徽图案》说明中明确："国徽的内容为国旗、天安门、齿轮和麦稻穗，象征中国人民自'五四'运动以来的新民主主义革命斗争和工人阶级领导的以工农联盟为基础的人民民主专政的新中国的诞生。"

2. 从"麦稻穗"到"谷穗"

根据档案，1954年3月14日，宪法草案初稿（四读稿）第九十七条规定，"中华人民共和国的国徽中间是红地，红地上是五星和北京天安门，周围是麦稻穗，下面是齿轮"。1954年3月23日，中国共产党中央委员会正式通过向宪法起草委员会提出的1954年宪法草案（初稿），其中第九十六条规定："中华人民共和国的国徽，中间画着五星照耀下的北京天安门，周围画着谷穗和齿轮。"根据现存档案推测，可能是在1954年3月18日至23日期间，有关人员或者部门提出将"麦稻穗"修改为"谷穗"，但是未查询到修改的提出者及其理由。在此后的宪法草案版本中一直保留"谷穗"的用法。

1954年5月31日，在中南海勤政殿举行宪法起草委员会第五次全体会议，刘少奇主持会议。对于国徽的规定,修改意见在表述上有三种方案:(1)中华人民共和国国徽,中间是五星照耀下的天安门,周围是谷穗和齿轮。(2)中华人民共和国的国徽,是红底金纹,中间是五星照耀下的天安门,周围是谷穗和齿轮。(3)中华人民共和国国徽图形,红底金纹,中间是五星照耀下的天安门。周围是谷穗和齿轮。会议讨论结果:通过第一个方案。

1954年6月23日,中央人民政府委员会第三十次会议通过1954年宪法草案,其中第一百零五条规定,"中华人民共和国国徽,中间是五星照耀下的天安门,周围是谷穗和齿轮"。在全民讨论过程中,一些意见提出,将"谷穗"修改为"麦稻穗",与国徽制作图案说明保持一致。但经查询,宪法起草委员会以及后来的关于宪法的起草说明都没有对此进行解释。

1954年9月20日,第一届全国人民代表大会通过1954年宪法,其中第一百零五条规定的仍是"谷穗"。其后,我国1975年、1977年、1978年宪法和1982年宪法及历次修正案,均没有对此修改。

（二）制定国徽法时关于"谷穗""麦稻穗"的意见

1990年国务院提交的国徽法草案,按照宪法的表述,在第二条仅一款规定:"中华人民共和国国徽,中间是五星照耀下的天安门,周围是谷穗和齿轮。"国徽法修改过程中,也有相关部门提出将"谷穗"改为"麦稻穗"。如有的部门提出,1950年6月28日,中央人民政府公布的国徽图案制作说明中的用语是"麦稻穗"而不是"谷穗"。由于"谷穗"一词比较笼统,建议将"谷穗"改为"麦稻穗"。有的部门认为,"谷"的意义不确定,既可指"谷类作物",也可指"谷子（粟）",方言则指"稻或稻谷"。有的单位提出,"谷穗"改为"麦稻穗",以便与1950年中央人民政府委员会的说明相一致。

在国徽法制定过程中,当时的全国人大法律委员会关于国徽法草案审议结果的报告、草案修改稿修改意见的汇报中,没有提到"麦稻穗"改为"谷穗"。1991年3月2日,七届全国人大常委会十八次会议通过国徽法,并在第二条增加一款规定:"中华人民共和国国徽按照一九五〇年中央人民政府委员会通过的《中华人民共和国国徽图案》和中央人民政府委员会办公厅公布的《中华人民共和国国徽图案制作说明》制作。"

（三）国徽图案中"谷穗""麦稻穗"的相关争论

有学者认为,国徽用红黄二色,图案由五星、天安门、麦稻穗及齿轮等四组具有象征意义的图案构成。因此,这四组图案的确认,必须要一丝不苟,不可有所含混。一些观点认为,"谷穗""麦稻穗"的区别主要有:一是形状区别。"谷穗"颗粒为细小的球状体,且颗粒结成小柱状体构成。现在的国徽图案外环为麦穗,尤其以麦芒以及麦粒为特征;里环是单粒对生尖状体,是稻粒构成的稻穗。二是用语区别。宪法和国徽法用语是"谷穗",但按照《现代汉语词典》的解释,"谷"字不仅仅是指"谷子(粟)",也可以指"谷类作物""稻或稻谷"。如果宪法、国徽法中"谷穗"的"谷"字是指"谷类作物",即对稻、麦、谷子、高粱、玉米等作物的统称,不够确切;如果宪法、国徽法的"谷穗"的"谷"字是指"稻或稻谷"的话,又少了麦子,不够全面。①

有的观点提出,为了尊重历史的本意,建议修改目前宪法第四章第一百四十二条关于国徽图案的规定,修改为:"中华人民共和国国徽,中间是五星照耀下的天安门,周围是麦稻穗和齿轮。"其他与之有关的法规也应相应修正,以避免在有关的宣传介绍中出现误解和歧义,从而影响国家象征的形象和尊严。②有的观点提出,运用宪法解释或者法律解释,将宪法、国徽法条文规定的"谷穗"解释为"麦稻穗",能够确保国徽法条文与国徽法所附1950年制定的国徽图案制作说明的含义保持一致。也有的观点提出,按照宪法的规定,可以不进行修改。宪法是国家的根本法,国徽法第一条明确规定,"依据宪法,制定本法",国徽法第二条第一款的"谷穗"有明确的宪法依据。国徽法所附的国徽制作说明是1950年制定的,是历史上形成的,对于历史文献不宜进行修改。

从广义上讲,"谷"意指"五谷",包括了"麦稻",在很多公民无法区分国徽上的"穗",到底是指"麦穗""稻穗",还是"谷穗"的情况下,用更具有概括性的"谷穗"也是合理的。

第二节　国徽图案的颜色

不同的颜色具有不同的寓意,国徽的颜色不仅仅是一种装饰手段,还能够反映国徽制定者所希望反映的理念、信仰、目标。对于国徽颜色的关注就是对国徽寓意的关注。

一、国徽的颜色概述

国徽的颜色是国徽图案的重要组成部分,是国徽作为国家象征的重要特征之一。大多数国家国徽的颜色由法律法规规定。各国常运用国徽不同的颜色表达不同的寓意,因此各国国徽图案一般为彩色。

---

① 赵评春:《将"谷穗"正名为"麦稻"》,载《瞭望》2007年第35期,第35页。
② 史春林:《国徽中的图案是谷穗还是麦稻穗》,载《当代中国史研究》2008年第4期,第88页。

为方便国徽图案在特殊情况下的使用,一些国家在法律法规中还明确了黑白色、单色的国徽图案样式及其使用范围。例如,《俄罗斯国徽法》规定:(1)国徽彩色样式用于以下公文用纸:联邦宪法性法律和联邦法律;总统命令和指示;联邦会议联邦委员会决议;联邦会议国家杜马决议;联邦政府命令和指示;宪法法院判决;最高法院判决等。(2)国徽黑白样式用于以下公文用纸:总统办公厅、总统驻联邦区全权代表、联邦行政机关、联邦总检察院、联邦调查委员会、最高法院。(3)不带盾纹的国徽黑白样式用于以下公文用纸:跨部门保护国家机密委员会;总统直属机关、组织和机构;联邦政府直属机关、组织和机构;联邦法院;联邦检察机关。在澳大利亚,《国徽信息和准则》规定,国徽三种不同的版本以用于不同的目的:彩色版本、常规版本(黑白色)、简化版本(黑白色)。澳大利亚政府可使用常规版本。在美国,法律没有明确国徽及其图案使用的场合,实践中国徽以彩色形式展示在美国所有驻外使领馆大门处。国徽也可以以黑白颜色出现,也可以印刷、雕刻、蚀刻、展示、覆盖、镶嵌等其他合适方式在相关物品上使用,其颜色可以根据物品的不同而有所区别。

二、我国国徽颜色的确定

我国国徽法对于国徽图案及其颜色的规定沿用了 1950 年中央人民政府委员会办公厅公布的《中华人民共和国国徽图案制作说明》。国徽图案制作说明规定:"国徽之涂色为金红二色:麦稻、五星、天安门、齿轮为金色,圆环内之底子及垂绥为红色;红为正红(同于国旗),金为大赤金(淡色而有光泽之金)。"

在国徽图案设计的过程中,就对国徽图案颜色及其寓意的解读十分重视。1950 年 6 月 17 日,清华大学营造系按照全国政协会议国徽小组的要求,设计国徽图样的设计说明书中提出,"以革命的红色为天空,象征无数先烈的流血牺牲"。"红色描金,是中华民族形式的表现手法,兼有华丽与庄严的效果。采用作为国徽,是为中国劳动人民所爱好,并能代表中国精神。"1950 年 6 月 20 日,在全国政协第一届全国委员会第二次会议国徽审查小组会议上,国徽审查小组成员对国徽的颜色发表了意见。周恩来、马叙伦提出:印时用金色和红色。若用黄色和红色,显得不够美观。金色和红色表现了中国特点。红色绿色虽然明朗,但不够庄严。会议记录还注明,"全体组员均同意以上意见"。[①]

国徽图案制作说明中的"大赤金(淡色而有光泽之金)"是古代用语,多用于建筑等领域,目前一般较少使用。有的观点认为,"大赤金"的颜色是指足金

---

① 中央档案馆编:《中华人民共和国国旗国徽国歌档案》,中国文史出版社 2014 年版,第 419—420 页。

的颜色,也即 99.99% 金箔的颜色。1994 年,原国家技术监督局发布国家标准《国徽》(GB 15093 - 1994),明确了用于以纤维增强塑料或铝合金制作的、用于悬挂的国徽以及以印刷等工艺制作的其他材质的平面国徽图案的颜色。明确国徽红是国徽徽面上使用的、色度图上特定区域的红色,国徽黄是国徽徽面上使用的、色度图上特定区域的黄色。国徽国家标准明确的是用于悬挂的国徽的具体颜色,还明确了徽面颜色的色度,色度数据以 CIE 标准照明体 D65 和 CIE1964 标准色度系统计算。

三、实践中的国徽颜色

实践中,国徽使用非国家确立的颜色主要是单色、其他颜色等,主要情形有:

1. 国家机关颁发的证书、证件。大部分国家机关颁发的证书、证件使用国徽图案的颜色,与国徽图案制作说明要求的金红两色不符,如公安机关颁发的身份证中国徽图案的颜色是红白两色,护照是金、深褐色两色;人力资源部门颁发的社会保障卡是红、白两色。

2. 人民币。新中国成立后,经中央批准,1955 年中国人民银行开始发行带有国徽图案的第二套人民币。第二套人民币的背面均包括国徽图案,国徽图案的颜色根据人民币整体的颜色而不同。除第五套人民币的硬币图案不包含国徽图案外,其他人民币的纸币和纪念币的图案都印有国徽图案。近年来,人民银行采取公告的方式,确定人民币及纪念币中国徽图案的颜色。整套人民币发行时,中国人民银行公告还专门明确"经国务院批准"。在第五套人民币中,5 元、10 元、20 元、50 元、100 元的每种货币的国徽的颜色随货币整体颜色而改变,均为两种颜色构成。100 元人民币国徽图案为红白两色构成,50 元人民币则为绿白构成。纪念币中国徽的颜色由于货币整体的颜色而变成了单色。

3. 部分商品使用单色、其他颜色国徽图案。一些单位或个人未经批准,生产销售的日常生活和工作用品上使用单色的国徽图案。例如,驾驶证、保安帽、徽章、领带夹、工作证等。

4. 部分建筑物使用单色国徽图案。例如,公安部大楼前的警徽图案内部有完整的国徽图案。警徽图案雕刻在岩石上,国徽的颜色与岩石相同。

鉴于各类使用国徽图案的颜色情况不一,带来对国徽颜色的认识混淆。

一是对于悬挂的国徽,必须按照法定颜色。1991 年通过的国徽法第二条第二款规定,中华人民共和国国徽按照 1950 年中央人民政府委员会通过的《中华人民共和国国徽图案》和中央人民政府委员会办公厅公布的《中华人民共和国国徽图案制作说明》制作。1950 年 9 月 20 日,中央人民政府委员会办公厅公布

《中华人民共和国国徽图案制作说明》中明确:"国徽之涂色为金红二色:麦稻、五星、天安门、齿轮为金色,圆环内之底子及垂绥为红色;红为正红(同于国旗),金为大赤金(淡色而有光泽之金)。"

二是对于使用国徽图案作为其他国家机构的核心图案,或者使用国徽图案的颜色的可以根据实际情况作出相应的调整。实际上,在国徽图案制作说明公布之前,1950年9月12日,中央人民政府出版总署办公厅《关于在杂志上发表国徽照片、中央人民政府命令、国徽图案说明以及发表时应注意之事项致各杂志社的函》,要求"国徽暂时按照片制单色版发表,以后可按新华书店彩色版翻印"[①]。

第三节　国徽的尺寸

国徽的尺寸涉及国徽与外部实物的对比关系,是国徽实物呈现的大小。

一、国徽的尺寸概述

国徽尺寸是国徽在实际使用过程中需要考虑的问题。各国国徽制作说明对国徽组成部分的图案、比例作出了规定,但是悬挂使用的国徽尺寸,需要根据实际情况确定。

新中国成立后,中央人民政府于1950年9月20日发布的《中华人民共和国国徽使用办法》未就国徽尺寸作出规定。随后,一些地方先后请示中央人民政府委员会办公厅悬挂国徽尺寸的问题,1950年12月,中央人民政府委员会办公厅的一份回函中,明确当时制作的"大中小三号国徽并非法定尺寸,乃是为了统一制造而有的规定","实际上悬挂应视建筑的大小而定"。[②]

考虑到实践中常用的大中小三种尺度的国徽使用已经形成了惯例,为了对国徽尺寸作出规范,1991年制定国徽法时,对一般情况下悬挂国徽的直径的通用尺度作了规定,包括下列三种:(1)100厘米;(2)80厘米;(3)60厘米。在特定场所需要悬挂非通用尺度国徽的,报国务院办公厅批准。2020年修改国徽法时,删除了悬挂非通用尺度国徽须报国务院办公厅批准的规定。实践中,政府、法院、检察院系统通过发布规范性文件,对本系统内的各级国家机关悬挂国徽的具体直径作了区分,主要是根据国家机关的不同级别,规定了相对应的不同直

---

① 中央档案馆编:《中华人民共和国国旗国徽国歌档案》(下卷),中国文史出版社2014年版,第453页。

② 中央档案馆编:《中华人民共和国国旗国徽国歌档案》(下卷),中国文史出版社2014年版,第568、592页。

径尺度的国徽。

（一）县级以上地方各级人民政府悬挂的国徽直径

国务院在1980年7月7日发布的《国务院办公厅关于悬挂国徽等问题给湖北省人民政府办公厅的复函》中，对县级以上地方各级人民政府悬挂国徽的直径作了规定：省、自治区、直辖市人民政府悬挂的国徽，直径为80厘米；自治州、县、自治县、市、市辖区人民政府及地区行政公署悬挂的国徽，直径为60厘米。县以上各级人民政府悬挂的国徽由国务院统一制发。

（二）各级人民法院悬挂的国徽直径

1993年12月8日，最高人民法院向各省、自治区、直辖市高级人民法院发布了《关于法庭的名称、审判活动区布置和国徽悬挂问题的通知》（法发〔1993〕41号），通知中规定，各级人民法院国徽直径的通用尺度为：基层人民法院、人民法庭悬挂的国徽，直径为60厘米；中级人民法院悬挂的国徽，直径为60厘米；高级人民法院悬挂的国徽，直径为80厘米；最高人民法院悬挂的国徽，直径为100厘米。

（三）各级人民检察院悬挂的国徽直径

最高人民检察院于1994年2月23日发布了《关于各级检察机关升挂国旗悬挂国徽的通知》，要求各省、自治区、直辖市人民检察院按照通知的规定，根据检察院的级别悬挂相应直径的国徽。各级人民检察院国徽直径的通用尺度为：基层人民检察院（含同级专门人民检察院）悬挂的国徽，直径为60厘米；省辖市人民检察院、人民检察院分院（含同级专门人民检察院）悬挂的国徽，直径为60厘米；省、自治区、直辖市人民检察院悬挂的国徽，直径为80厘米；最高人民检察院悬挂的国徽，直径为100厘米。

二、国徽的非通用尺寸

一般情况下，在有关场合悬挂的国徽直径应当是国徽法规定的通用尺度。非通用尺度的国徽，是指其直径不是60厘米、80厘米或100厘米的国徽。悬挂非通用尺度的国徽，主要是由于悬挂国徽的场所过大或过小，需要悬挂与场所大小相匹配的国徽。比如，人民大会堂东门上悬挂的国徽，最大处直径为5.6米，悬挂这一大型国徽，主要是为了与人民大会堂的高大的建筑结构与恢宏的气势相适应。按照1991年通过的国徽法，在特殊情况下，在特定场所需要悬挂非通用尺度国徽的，需要履行特定的批准手续。悬挂非通用尺度的国徽，需要履行特定的批准手续,即报国务院办公厅批准,国务院办公厅是这一事项的主管部门,其他单位需要悬挂非通用尺度的国徽,均须报国务院办公厅批准。《最高人民法院关于法庭的名称、审判活动区布置和国徽悬挂问题的通知》中也规定,人民法院如遇特殊情况需悬挂非通用尺度国徽时,应按国徽法的规定上报批准,即报国务院办公厅批准。

2020 年国徽法修改过程中,对于是否删除该规定,有不同的意见。有的认为,不同层级政府对应不同尺度国徽是一种规则,是政府层级的体现。我国自古以来讲究礼制,中央政府与地方政府在使用国家象征方面应有一定区分,不能僭越。有的认为,一是当前悬挂非通用尺度国徽的情形,仍然占据一定比重。据浙江一国徽定点厂家销售数据统计,悬挂式国徽每年销量情况如下:其一是国徽法规定的三种通用尺度(最长直径)销量:(1)60 厘米:每年 500—600 个,销售的对象主要是法院(用于室内审判庭悬挂)。(2)80 厘米:每年约 300 个。(3)100 厘米:每年约 300 个。其二是非通用尺度销量(主要用于地方政府定制):(1)1.2 米:每年生产 30—50 个;(2)1.5 米:每年生产 30 个左右;(3)2 米:每年生产 10 个左右。二是实践中各地使用非通用尺度国徽情况较多,而据国务院办公厅统计,国徽法通过后,报国办批准悬挂的非通用尺度的国徽极少。三是与国家机构悬挂国徽类似的,国家机构悬挂于机关正门的牌子的大小根据建筑物的大小确定,不作统一规定。1979 年 11 月 5 日,全国人大常委会办公厅《关于县级以上地方各级人民代表大会常务委员会悬挂中华人民共和国国徽和挂机关名称牌子的通知》、1980 年《国务院办公厅关于悬挂国徽等问题给湖北省人民政府办公厅的复函》,分别对县级以上地方人大常委会、人民政府悬挂的机构牌子作出了要求,均要求"牌子的大小根据建筑物的大小确定,不作统一规定"。另外,出于简政放权,也为了适应实际情况,经征求相关部门意见,综合各方面因素,不再保留悬挂非通用尺度国徽报国务院批准的规定。

2020 年修改国徽法删除悬挂非通用尺度的国徽报国务院批准的规定,并明确需要悬挂非通用尺度国徽的,应当按照通用尺度成比例适当放大或者缩小,并与使用目的、所在建筑物、周边环境相适应。悬挂国徽的尺寸既需要考虑是用于室内会议室、室外建筑物等不同使用目的,还需要考虑周边建筑物的整体性、象征性、协调性,以及考虑所悬挂国徽建筑物所在地的规划、气候等周边环境因素。同时符合使用目的、周围建筑、周边环境,才能选择悬挂适当尺寸的国徽,产生较大对比度,以强化国徽醒目度和觉察度,提升国徽的尊严。各地各部门在悬挂国徽监督管理工作中,可以按照该标准进行监督管理,纠正不妥做法。

第三章 国徽的使用情形

第一节 应当悬挂国徽的情形

国徽作为国家的象征和标志,首要应用是悬挂于国家机构的建筑物外或办公室内。国家机构从广义的角度而言,通常包括:立法机关、行政机关、司法机关、军事机关,行政机关还特别包括对外机构。

一、历史沿革

新中国成立初期确立国徽后,中央人民政府于1950年9月20日公布的《中华人民共和国国徽使用办法》就明确了悬挂国徽的主体,主要包括下列三类:(1)中央机关:中央人民政府委员会;中国人民政治协商会议全国委员会;中央人民政府政务院;中央人民政府外交部及其直属机关。(2)地方机关:各大行政区人民政府(军政委员会);民族自治区人民政府;省、市、县人民政府及人民行政公署。(3)驻外国使馆及领事馆。

1991年制定国徽法,扩大悬挂国徽的国家机构的范围,悬挂国徽的机构进一步明确。除县级以上各级人民政府外,下列机构应当悬挂国徽:(1)县级以上各级人民代表大会常务委员会;(2)中央军事委员会;(3)各级人民法院和专门人民法院;(4)各级人民检察院和专门人民检察院;(5)外交部;(6)国家驻外使馆、领馆和其他外交代表机构。乡、民族乡、镇的人民政府可以悬挂国徽,具体办法由省、自治区、直辖市的人民政府根据实际情况规定。此外,国徽法第五条明确部分机构的特定场所应当悬挂国徽:(1)县级以上各级人民代表大会及其常务委员会会议厅;(2)各级人民法院和专门人民法院的审判庭。

根据国家监察体制改革,监察委员会作为国家机构,也应当悬挂国徽。2020年修正后的我国国徽法第五条进一步规定,各级监察委员会应当悬挂国徽;国徽法于1991制定时考虑到一些乡、民族乡、镇的人民政府由于驻地办公场所尚不具备悬挂国徽的条件,经过三十年发展,乡级政府都已经具备悬挂国徽条件且都已经悬挂国徽,所以删除了"乡、民族乡、镇的人民政府可以悬挂国徽,具体办法由省、自治区、直辖市的人民政府根据实际情况规定"。

二、应当悬挂国徽的情形

国徽的使用可以分为国徽实物的使用和国徽图案的使用。国徽实物的使用往往带有政治意义,主要用于国家机关的建筑物、有政治意义的场所、表示国家主权的场合等。

(一)国家机关的建筑物

国徽的重要用途之一就是悬挂于国家机构的建筑物、办公场所等设施。从国家机构使用国徽的情形来说,分为以下几种类型:(1)政府办公场所、高级官员住所;(2)办公室、会议室,包括立法机构、司法机构的场所。一些国家还专门明确议员可以使用国徽,但是必须强调在履职期间,如《澳大利亚国徽信息和准则》规定,议员在履行议会职责过程中可以使用国徽。

在美国,法律没有明确国徽及其图案使用的场合,实践中由美国政府批准,美国国徽图案使用于公共纪念碑、公共建筑和其他美国政府的建筑物上。国徽以彩色形式展示在美国所有驻外使领馆大门处。《俄罗斯国徽法》详细规定了国徽悬挂的场所,包括规定总统正式官邸正面、办公室;以及各个国家机构(包括从中央到地方,立法、司法、行政等各个机构)所在建筑物正面、会议厅及负责人的办公室。《澳大利亚国徽信息和准则》规定,国徽由澳大利亚政府部门和机构,法定和非法定机构,议会,法院、法庭使用。议员在履行议会职责过程中可以使用国徽。

我国国徽法也规定了悬挂国徽的机构、场所,包括各类国家机关。国徽法第四条中规定,下列机构应当悬挂国徽:(1)各级人民代表大会常务委员会;(2)各级人民政府;(3)中央军事委员会;(4)各级监察委员会;(5)各级人民法院和专门人民法院;(6)各级人民检察院和专门人民检察院;(7)外交部;(8)国家驻外使馆、领馆和其他外交代表机构;(9)中央人民政府驻香港特别行政区有关机构、中央人民政府驻澳门特别行政区有关机构。按照国徽法第五条的规定,县级以上各级人民代表大会及其常务委员会会议厅,乡、民族乡、镇的人民代表大会会场;各级人民法院和专门人民法院的审判庭也应当悬挂国徽。

(二)有政治意义的场所

有政治意义的场所通常是指举行重要会议、活动,开展对外交往的场所。这些场所悬挂国徽通常起到凝聚民众力量、宣扬政治观点的作用。1991年国徽法规定北京天安门城楼、人民大会堂应当悬挂国徽。我国国徽图案的正中间就是五星照耀下的天安门。天安门,坐落在中华人民共和国首都北京市的中心、故宫的南端,以杰出的建筑艺术和特殊的政治地位为世人所瞩目。天安门在我国具有特殊的象征地位,特别是作为开国大典的举行地,其象征着中国人民自五四运动以来的新民主主义革命斗争和工人阶级领导的以工农联盟为基础的人民民主专政的新中国的诞生。人民大会堂是全国人民代表大会开会地和全国人民代表大会常务委员会的办公场所,是党、国家和各人民团体举行政治活动的重要场所。人民大会堂也是党和国家领导人和人民群众举行政治、外交、文化活动的场所。

第二节　国徽图案的使用情形

由于国徽图案精美,因此国家机关愿意将其用于各类合适的场合。与王室纹章类似,国徽用于表示国家认可的物品证件,还可以用以装饰国家机关的会议场所、重要庆典场所。

一、表示国家认可的物品证件

表示国家权力对相关内容的认可文件证书,包括印章、货币、身份证件、出版物、国家机构颁发的证明文件等。

（一）印章

现代国家的国徽来源于中世纪欧洲王室的纹章,与中世纪欧洲王室将其纹章用于其认可的文件上的功能相似,其所具有的很独特的一项功能就是现代国家普遍将其作为印章印在相关文书上,表示国家权力对相关内容的认可或者表示文件的真实性。一些国家的法律明确作出规定,只有法定和经过批准的特定机构的印章才可以使用国徽图案。例如,《俄罗斯国徽法》规定,联邦国家权力机关、其他国家机关、组织和机构、具有独立国家权力职能的任何所有权形式的机关、组织和机构,以及国家民事登记机关印章上,印刻国徽。一些国家还规定了包含国徽图案印章的制作、审批事宜。例如,德国内政部颁布公章制作、官方标志和印刷品上使用联邦鹰准则规定,联邦行政办公室可以批准生产联邦印章,其中包括使用联邦鹰制作印章。

只有法定和经过批准的特定机构的印章才可以使用国徽图案是一项国际惯例。在我国只有法定机构的印章才能使用国徽图案,其他机构、组织的印章中间一般只能使用五角星图案或者不带图案。1950 年 9 月 20 日,中央人民政府发布的《中华人民共和国国徽使用办法》规定,"外交部及驻外各使领馆所用之钢印、戳记中间应雕刻国徽"。1991 年我国国徽法进一步明确规定,下列机构的印章应当刻有国徽图案:(1)全国人民代表大会常务委员会,国务院,中央军事委员会,最高人民法院,最高人民检察院;(2)全国人民代表大会各专门委员会和全国人民代表大会常务委员会办公厅、工作委员会,国务院各部、各委员会、各直属机构、国务院办公厅以及国务院规定应当使用刻有国徽图案印章的办事机构,中央军事委员会办公厅以及中央军事委员会规定应当使用刻有国徽图案印章的其他机构;(3)县级以上地方各级人民代表大会常务委员会、人民政府、人民法院、人民检察院,专门人民法院,专门人民检察院;(4)国家驻外使馆、领馆和其他外交代表机构。按照宪法、法律的规定,上述机构均为法定机构,其印章应带有国徽图案。根据国家监察体制改革,将纪检监察部门改革为国家监察委员会,成为国家机构。作为国家机构,监察委员会的印章也应该刻有国徽图案。2020 年修改国徽法增加规定了国家监察委员会,县级以上地方各级监察委员会的印章使用国徽图案。

(二)货币

国徽图案庄严美观,体现本国家特色,很多国家都将国徽图案印制或者刻制在货币上,以体现货币发行权属于国家,维护货币的权威性和法律地位。一些国家的法律明确规定法定货币可以使用国徽图案。有的国家规定,国徽图案可以用于货币,如澳大利亚国徽信息和准则规定,国徽作为澳大利亚象征的因素可以在纸币、硬币中使用。

中国人民银行法规定,中国人民银行是中华人民共和国的中央银行。中华人民共和国的法定货币是人民币。人民币由中国人民银行统一印制、发行。中国人民银行发行新版人民币,应当将发行时间、面额、图案、式样、规格予以公告。我国国徽图案既规正庄严又自然美观,体现了中华民族的民族气魄和时代精神,新中国成立初期,我国发行的人民币已经开始使用国徽图案。1950 年 6 月 28 日,中央人民政府委员会第八次会议通过国徽图案。经中央批准,1955 年中国人民银行发行的第二套人民币首次带有国徽图案。第二套人民币的背面均包括国徽图案,国徽图案的颜色根据人民币整体的颜色而不同。除第五套人民币中的硬币图案不包含国徽图案外,第二、第三、第四、第五套人民币的图案都印有国徽图案。此外,中国人民银行发布的纪念币也是使用国徽图案,如2006 年中国人民银行发布关于龙门石窟、颐和园普通纪念币第 18 号公告明确,上述两枚纪念币正面主景图案均为国徽,内缘下方依次刊"中华人民共和国"国名和"2006"年号。近年来,越来越多的纪念币不再使用国徽图案。

修正后的国徽法第九条第二款规定:中国人民银行发行的法定货币可以使

用国徽图案。2020 年 10 月 24 日,中国人民银行公开的《中华人民共和国中国人民银行法(修订草案征求意见稿)》提出,将增加规定:人民币包括实物形式和数字形式。这将为发行数字货币提供法律依据。未来中国人民银行发行的数字货币也是可以使用电子版国徽图案的。

(三)文书、出版物

有一些国家规定国家机构的文书、出版物中印制、加盖国徽图案。例如,《俄罗斯国徽法》区分彩色和黑白色各自使用的国家机构。美国总统颁布《无需特别授权加盖大徽章规则》规定,以下文件加盖美国大徽章:(1)总统对条约、公约、议定书或其他国际协定的公告;(2)批准条约的文书;(3)全权谈判条约和批准书;(4)总统交其他国家政府的国书、信函等;(5)发给美国驻外使领事官员的授权书。

新中国成立之初,我国就对可以使用国徽图案的文书、出版物进行了规定。1950 年《中华人民共和国国徽使用办法》规定,国徽可以用于以下情形:"中央人民政府颁发的有关荣誉之文书证件(如奖状、勋章及奖章证书等),外交文书(如国书、条约及全权证书等)及外交部所发各种护照之封面,均加印国徽";"正式公文用纸应加印国徽";"中央人民政府主席、政务院总理及外交部部长与驻外各使馆馆长以职位之名义对外所用信封、信笺、请柬等上面,均加印国徽";"外交部及驻外各使领馆得于外交官制服、信封、信笺及其他器具用品(如餐具、文具等)上之适当地方,加印或镶嵌国徽,其详细办法,由外交部拟订经政务院核准后施行"。1991 年制定国徽法进一步细化扩大了文书、出版物等应当印有国徽图案的情形,包括:(1)全国人民代表大会常务委员会、中华人民共和国主席和国务院颁发的荣誉证书、任命书、外交文书;(2)中华人民共和国主席、全国人民代表大会常务委员会委员长、国务院总理、中央军事委员会主席、最高人民法院院长和最高人民检察院检察长以职务名义对外使用的信封、信笺、请柬等;(3)全国人民代表大会常务委员会公报、国务院公报、最高人民法院公报和最高人民检察院公报的封面;(4)国家出版的法律、法规正式版本的封面。

2020 年修改国徽法时,在原国徽法的基础上,根据实践发展情况,增加了中华人民共和国副主席、全国人大常委会副委员长、国务院副总理、国务委员、中央军委副主席、国家监察委员会主任以职务名义对外使用的信封、信笺、请柬等,以及明确国家出版的法律、法规的汇编的正式版本封面也应当印有国徽图案。

针对目前一些出版物滥用国徽图案的现象,2020 年 8 月提交全国人大常委会审议的国徽法修正草案在第四项列明国家出版的法律、法规正式版本的封面应当印有国徽图案后,增加规定了"除前款第四项规定外,其他出版物需要在封面上印有国徽图案的,应当报国家出版主管部门批准"。但在国徽法修订审议过程中,有很多意见提出,其他出版物封面印有国徽图案要报国家出版主管部门批准的规定,增加了行政许可事项,与当前"放管服"改革精神要求不一致,而且增加审批程序,也可能会大大限制在合适出版物上使用国徽的情形。不增加该规定,在现有出版物审批条件下,对出版物封面使用国徽图案的规范也是可以的。

(四)证件、证照

证件是用来证明身份、经历等的证书和文件。证照是用来证明资历、条件等的证书和执照。国家机关颁发的证件、证照使用国徽图案将增加其可行度、权威性。很多国家对此作出规定。如根据澳大利亚政府的品牌政策,国徽可以作为澳大利亚部门和机构标志的因素,除非负责品牌政策的部长明确排除使用。可以使用的国徽物品包括信笺、文件、出版物、网站、标志、工作人员身份证件。韩国公共行政和安全部制定的《国徽规则》第三条规定,国徽可用于以下各类文件、建筑或物品:(1)送交外国、国际组织、驻韩国使领馆的官方文件;(2)任命1级及以上公务员(高级别官员);(3)公民身份证件,以及中央政府各部门负责人认为需要使用国徽图案的文件、建筑或物品。

新中国成立之初,1950年制定的《中华人民共和国国徽使用办法》中规定,国徽不得用于机关、学校、团体的证章、纪念章及其他徽章,没有禁止用于证件、证照。长期以来,我国各类国家机关颁布的各类证件、证照大量使用国徽图案。为了进一步明确相关证件、证照可以使用国徽图案。2020年修改国徽法,增加规定,下列证件、证照可以使用国徽图案:"(一)国家机关工作人员的工作证件、执法证件等;(二)国家机关颁发的营业执照、许可证书、批准证书、资格证书、权利证书等;(三)居民身份证,中华人民共和国护照等法定出入境证件。"

二、国家主权的展示场合

国旗树立于或者载于国家主权所在处,支持其代表的国家的主张,也代表其所在地的归属。通常各国为表明国家主权,明确在出境入境口岸的适当场所以及标示国界线的标志上可以使用国徽图案。标示国界线的界碑、界桩等具有重要特殊意义,我国刑法、治安管理处罚法对破坏界碑、界桩的行为给予专门惩罚。刑法第三百二十三条规定,故意破坏国家边境的界碑、界桩或者永久性测量标志的,处三年以下有期徒刑或者拘役。一些国家法律明确规定,标示国界线的界桩、界碑等可以使用国徽图案。例如,《俄罗斯国徽法》规定,俄罗斯联邦界标(主界桩)上及边境口岸设置俄罗斯联邦国徽。鉴于出境入境口岸代表国家尊严和形象,1991 年国徽法第五条中规定,出境入境口岸的适当场所应当悬挂国徽。各地口岸建设在基本布局上有基本相通之处,出境入境口岸的适当场所,通常包括如边检大楼正上方、边检大厅、跨境通道入境方向等。

1993 年 8 月 31 日,国务院批复同意的《对外使用国徽图案的办法》(外发〔1993〕20 号)中明确,在边境重镇及边境重要交通干线等地树立的界碑上可以使用国徽图案。该办法实施二十多年来,用于国界线的显示国家主权的标志物形式日益增多,上述规定已经不足以涵盖实际工作需要。为进一步凸显标示国界线的标志物的重要性,弥补法律空白,2020 年修改国徽法增加规定,标示国界线的界桩、界碑和标示领海基点方位的标志碑以及其他用于显示国家主权的标志物可以使用国徽图案。根据我国与陆地边界邻国签署的《边界管理制度协定》的相关规定,国界线,亦称国界、边界线或边界,是指分割我国与相关陆地邻国之间领陆和领水的界线,及沿该线划分上空和底土的垂直面。界桩、界碑是指在实地标定国界线位置的实体标志。界桩通常为木桩,界碑通常为石碑、水泥碑等,标志碑通常也是石碑或者水泥碑。根据领海及毗连区法第二条、第三条、第四条的规定,我国领海为邻接我国陆地领土和内水的一带海域。我国领海基线采用直线基线法划定,由相邻基点之间的直线连线组成。我国国内法及《联合国海洋法公约》中尚无对领海基点及其标志的法律定义。实践中,领海基点一般是指沿海国在采用直线基线的情况下,划定领海基线的起讫点。领海基线是确定一国领海及其管辖海域向海界线的测量线。领海基点标志是标示领海基点的实体标志,根据建筑类型分为石碑标志和灯塔标志,根据建设位置分为基点式和方位点式标志。建立在领海基点原点的标志,称为基点式标志。受地理和地质等客观条件限制,无法在基点原点处建立标志时,在距离基点原点较近位置建设的标志,称为方位点式标志。近年来,我国政府多次对外公布经正式确定的领海基点方位点,并在方位点立标志碑,以显示我国主权。

三、国家表彰奖励性质的物品

使用国徽图案的物品,一定程度上代表国家认可的文件,因此有的国家还规定国家元首、政府首脑颁布的奖章可以使用国徽图案,如《俄罗斯国徽法》第七条规定,国徽置于联邦国家奖章及配套文件;国家高等职业教育机构优秀毕业奖章。韩国公共行政和安全部制定的《国徽规则》第三条规定,国徽可用于总统颁发的荣誉勋章和表彰;国立和公立大学的毕业证书和文凭。

此外,国徽图案的使用情形及其许可,很多国家授权政府首脑或者政府相关部门确定,如《俄罗斯国徽法》第七条规定,正式使用国徽的其他场合,由联邦总统规定。《韩国国徽规则》第三条规定,中央政府各部门负责人认为需要使用国徽图案的文件、建筑或物品。

四、国家机构官方网站

随着公众对国家机构信息公开的要求越来越高,很多国家电子政务的发展日益成熟,国家机构官方网站建设也越来越规范化,一些国家对政府网站的标志进行了专门规范。有的国家要求政府官方网站使用国家象征图案(如国旗、国徽图案),如根据澳大利亚政府制定的《国徽信息和准则》规定,联邦官方网站页面应标有国徽图案,以显示信息的权威和来源。国徽应处于显著位置并准确地展示,以让人清晰地辨识。此外,国徽展示处于显著位置的准则也适用于电子文件。澳大利亚政府信息管理机构负责政府官方网站使用国徽图案事宜。有的国家立法、司法机构网站使用本机构自行设计的徽章,如美国众议院、德国议院官方网站首页上方左侧位置使用该机构的徽章图案。

2006年12月29日,国务院办公厅印发《关于加强政府网站建设和管理工作的意见》(国办发〔2006〕104号)要求,首页显著位置应标注本行政机关的合法名称,并可根据需要设计网站标志图案。该意见没有对政府网站是否适用国徽图案作出规定。2020年修改国徽法的过程中,有意见提出,实践中,各类机构使用国徽图案存在一些不规范的地方。很多政府机构网站在首页左上方或者上方中间位置使用国徽图案,有的政府机构网站没有使用国徽图案,建议就可以使用国徽图案的网站范围进行明确。国家机构的官方网站是该机构面向社会的窗口,是公众与该机构互动的渠道,对于促进政务公开、推进依法行政、接受公众监督、改进管理、全面履行职能具有重要意义。

为进一步体现国家机构网站的权威性,国徽法修改规定,本法第六条规定的机构应当在其网站首页显著位置使用国徽图案。国徽法第六条规定,印章应当刻有国徽图案的机构,包括权力机关、行政机关、军事机关、监察机关、司法机关、驻外机构等。实践中,国家机构使用国徽图案的,一般在网站首页上方的左侧或者中间显著位置。为了确保国家机构网站根据网站实际情况使用国徽图案,国徽法规定,特定国家机构的网站首页显著位置使用国徽图案,显著位置可以是网页上方的左侧或者中间位置,或者右侧的显著位置。

1950年6月28日,中央人民政府委员会第八次会议通过《中华人民共和国国徽图案》,明确国徽图案的样式及其说明;1950年9月20日,中央人民政府办公厅公布《中华人民共和国国徽图案制作说明》,明确国徽图案制作方法以及国徽图案方格墨线图、国徽图案纵断面图。1991年3月2日,七届全国人民代表大会常务委员会第十八次会议通过国徽法,将上述两份文件列入附件。国徽法以及上述两份文件明确国徽的图案样式,但由于制定较早,没有网站使用的国徽图案标准版本。

2020 年国徽法修改过程中,有意见提出,在使用国徽图案的政府网站中,不同的国徽图案的分辨率、颜色也不一致,损害了政府官方网站的严肃性。有的意见提出,在正文或者附件中进一步明确政府网站使用国徽图案的样式、颜色、大小等具体标准,明确国徽图案标准电子版本的审定、制作和发布事宜。有的建议,参照国歌法的规定,国歌法第十条中规定,国歌标准演奏曲谱、国歌官方录音版本由国务院确定的部门组织审定、录制,并在中国人大网和中国政府网上发布。为进一步方便国徽法第六条规定的机构在其网站首页显著位置使用国徽图案,参照国歌法的规定,国徽法修改时增加规定,国徽图案标准版本在中国人大网和中国政府网上发布。国徽图案标准是指按照国徽图案制作说明制作的国徽图案电子版本。

五、国徽徽章

(一)国徽徽章的规范模式

很多国家规定,只有国家机构可以悬挂、使用国徽,但普通公民能否使用国徽徽章则各国情况不一,主要分为以下几种。

1. 除法定禁止情形外可以使用国徽徽章

美国法律没有对普通公民是否可以使用国徽徽章作出规定。在实践中,销售、使用国徽胸章的情形较为常见。美国白宫特许礼品店官方网站、美国国家档案馆纪念品店官方网站均销售国旗、国徽徽章;美国各大电商网店也有销售国旗、国徽徽章。在一些表达爱国主义活动的场合,美国公民也会佩戴国旗或者国徽胸章。但是《美国法典》第十八编第一章第三十三节第七百一十三条规定,如无理由证明使用国徽徽章,可能让人错误地认为其使用得到美国政府及其部门、机构或组织的批准或者支持,应当给予处罚。俄罗斯 2000 年国徽法曾经规定,只有官方机构、国营公司以及公务人员,才可以使用带有国徽的徽章。2017 年 12 月,俄罗斯议会通过了一项国徽法的修正案规定,允许俄罗斯公民在非官方情况下使用国徽徽章。

2. 经批准可以使用国徽徽章

有的国家对公民和组织使用国徽及其图案的限制较为严格,任何人未经许可或者授权不得使用国徽及其图案。新西兰《旗帜、标志和名称保护法》第十三条、第二十四条规定,在法律规定、政府事前书面批准、英国王室官员在履行官方职务等三种情形下,公民和组织可使用国徽。如任何人违反本法规定,使人相信其得到政府的批准、认同、支持,以悬挂、展示或其他方式使用国徽图案,应给予相应处罚。新西兰文化和传统部官方网站要求,在一些国家活动场合,如英国王室访问、禧年庆祝活动等,公民和组织都可以临时展示国徽(包括徽章)。

3. 普通公民不得使用国徽徽章

有的国家严格限制国徽及其图案的使用,明确只有政府部门才有权使用国徽及其图案。例如,冰岛国徽法第十条规定,冰岛国徽是冰岛政府的标志,只有政府才能使用国徽。

(二)我国国徽徽章入法

1950年9月20日,中央人民政府颁布的《中华人民共和国国徽使用办法》中有涉及带有国徽图案的勋章、徽章的规定。第三条规定,中央人民政府颁发的有关荣誉之文书证件(如奖状、勋章及奖章证书等),外交文书(如国书、条约及全权证书等)及外交部所发各种护照之封面,均加印国徽。第四条规定,国徽不得用于机关、学校、团体的证章、纪念章及其他徽章。现行国徽法没有勋章、徽章的相关规定,国务院相关部门也没有制定国徽徽章的相关规定。

徽章根据佩戴位置的不同可以区分为胸徽、帽徽、肩章等。胸徽是一种一般佩戴于外衣右胸处的一种徽章。帽徽是军人、警察等特殊职业人员佩戴在大檐帽上的徽章。肩章指军人、警察等特殊职业人员佩戴在制服肩部的衔级识别标志的徽章。目前,一些帽徽、胸徽、肩徽使用国徽徽章,或者帽徽、胸徽、肩徽的徽章图案中带有国徽图案,而领徽中较少使用国徽图案。

1. 帽徽、肩徽使用国徽徽章或者使用国徽图案情况

20世纪90年代以前,一些政府部门公职人员制服中的帽子、肩章也直接使用国徽徽章,但随着许多部门相继规定了本系统单独的徽章(以国徽图案为主体或者类似国徽图案,如警徽、税务徽章、海关徽章等)。这些公职人员制服的帽徽、肩徽开始使用本系统的徽章。如2009年以前,我国检察院检察官制服中有大檐帽,大檐帽正面前方是国徽图案的帽徽。2009年以后检察官不再穿戴大檐帽,统一在胸前佩戴检徽。目前检察院检徽的基本图案由盾牌、五颗五角星、长城和橄榄枝图形构成,与国徽图案类似。公安机关在1972年至1983年,制服的帽徽也是国徽徽章。1983年以后,才开始使用警徽。

2. 胸徽使用情况

目前在许多电商平台上,国徽胸徽往往与国旗胸章、党旗胸章同时销售,国徽胸章的样式、规格品类较多,但少于国旗胸章、党旗胸章。在样式方面,有的仅有国徽图案,有的除国徽图案外,上方带有“为人民服务”字样。在规格方面,徽章直径最长处长度从2厘米至4厘米不等。此外,还有很多与国徽图案很类似的徽章、挂件、纪念章也有销售,还有一些厨师服等服装佩戴有国徽胸徽或者衣服外衣右胸处印有国徽图案。

实践中,佩戴国徽徽章的往往是公职人员居多。近年来,一些地方推行人大代表佩戴国徽,如2019年辽宁省鞍山市人大常委会出台规定,要求在全市人大代表中推行履职佩戴国徽胸章。一些地方单位自行设计的胸徽主体部分也使用国徽图案,如2018年福建省德化县三班镇人大自行为人大代表设计徽章,该徽章中间主体图案是国徽,国徽图案四周印制"三班镇第十八届人民代表大会代表(2017—2020)"。三班镇人大主席团出台了《人大代表佩戴徽章履职工作制度》,要求人大代表做到"三必戴":以代表身份参加的各项活动,必须佩戴代表徽章;出席人大相关会议,必须佩戴代表徽章;在履行工作职责过程中,必须佩戴代表徽章。

在国徽法修改过程中,有意见提出增加规定宪法宣誓等重要仪式或重要场合,应当佩戴国徽徽章,可以进一步增强公民的国家意识,表达为国家服务的意愿。为了进一步明确国徽徽章的使用,2020年修改国徽法增加规定:"公民在庄重的场合可以佩戴国徽徽章,表达爱国情感。"

六、国徽使用的批准情形

国家机构内部使用国徽及其图案的使用是否需要专门主管机构批准,各国情况不一样。《俄罗斯国徽法》明确,在不侮辱的情况下,国家机构可以在其他场合使用俄罗斯联邦国徽及其图案。国家机关使用国徽一般也需要内部审批程序,如美国国务院在其网站专门明确,国务卿无权授予或拒绝使用大徽章或复制、仿制其图案的任何部分。国务院仅向官方提供大徽章图案,具体事务由国务院公共事务局负责。

我国国徽法第十二条规定,在本法规定的范围以外需要悬挂国徽或者使用国徽图案的,由全国人民代表大会常务委员会办公厅或者国务院办公厅会同有关主管部门规定。除了法律规定应当悬挂国徽或者使用国徽图案的情形外,在实践中还有一些其他的情况,虽然不属于应当使用国徽图案的情况,但是根据需要可以使用国徽图案。因此,本条授权由全国人大常委会办公厅或者国务院办公厅会同有关主管部门,对在国徽法规定的范围以外需要悬挂国徽或者使用国徽图案的作出规定。

目前,全国人大常委会办公厅、国务院办公厅没有关于公民和组织申请使用国徽图案的相关规定。对于国家体育代表队使用国徽图案,已有相关规定。1993年国务院批准的外交部《对外使用国徽图案的办法》第七条规定,国家体育代表团、队参加国际体育比赛时,可以按照有关规定在其人员的服装上使用国徽图案。1998年国家体育总局制定的《国家队队服国家标志式样与使用办法》明确,代表中国参加国家综合性运动会、国际单项体育比赛的运动员、教练员在比赛期间所穿的专用服装,包括专用礼服、专用领奖服和专用比赛服等可以使用国旗、国徽图案。

自 1991 年国徽法实施至 2020 年 10 月,经过国务院办公厅批准的情形如下:

1. 关于悬挂国徽的情形,共 2 次。2007 年 1 月 9 日,国务院办公厅印发《关于同意中央军委外事办公室综合办公楼悬挂国徽的函》(国办函〔2007〕6号),同意中央军委外事办公室的请示,同意其在新建成的综合办公楼悬挂国徽,国徽直径为 80 厘米。2007 年 5 月 18 日,国务院办公厅印发《关于同意首都机场新建专机及公务机楼悬挂国徽的函》(国办函〔2007〕56 号),同意民航总局的请示,在首都机场新建专机及公务机楼悬挂国徽,国徽直径为 80厘米。

2. 关于使用国徽图案的情形,共 4 次。2002 年 11 月 25 日,国务院办公厅印发《关于同意在民间组织登记证书上使用国徽图案的复函》(国办函〔2002〕92 号),同意民政部的请示,同意在"社会团体法人登记证书"、"民办非企业单位登记证书"和"社会团体分支(代表)机构登记证书"上使用国徽图案。2003年 11 月 7 日,国务院办公厅印发《关于同意发行特种邮票时使用国旗国徽图案的复函》(国办函〔2003〕75 号),同意信息产业部的请示,国家邮政局在 2004 年国庆节发行的《国旗国徽》特种邮票上使用国旗和国徽标准图案。2005 年 8 月15 日,国务院办公厅印发《关于同意在国家版图意识教育宣传画上使用国旗、国徽图案的复函》(国办函〔2005〕76 号),同意国土资源部的请示,在国家版图意识教育宣传画上使用国旗和国徽图案。2006 年 4 月 29 日,国务院办公厅印发《关于同意在"中国藏学研究珠峰奖"获奖证书上使用国徽图案的复函》(国办函〔2006〕36 号),同意中央统战部的请示,在"中国藏学研究珠峰奖"获奖证书上使用国徽图案。

3. 关于使用国徽图案作为国家机关徽章的核心图案的情形,共 1 次。2003年 6 月 19 日,国务院办公厅印发《关于同意国家质量监督检验检疫总局在局徽上使用国徽图案的复函》(国办函〔2003〕42 号),同意在国家质量监督检验检疫总局局徽上使用国徽图案,必须正确设计、使用和悬挂,不得将带有国徽图案的局徽使用在商标、广告以及国徽法明确规定禁止使用的其他场合,以尊重和爱护国徽及其图案。

2018 年 7 月 23 日,某省人大常委会法制工作委员会就国徽图案具体使用询问全国人大常委会法制工作委员会,人大代表、人大常委会组成人员、人大机关干部名片以及人大机关的办公用品等是否可以印有国徽图案?全国人大常委会法工委作出如下法律询问答复:《中华人民共和国国徽法》规定,中华人民共和国国徽是中华人民共和国的象征和标志。一切组织和公民,都应当尊重和爱护国徽。国徽及其图案不得用于商标、广告、日常生活的陈设布置等用途,在国徽法规定的范围以外需要使用国徽图案的,应由全国人民代表大会常务委员会办公厅或者国务院办公厅会同有关主管部门规定。除以全国人大代表身份参加外事活动,由全国人大常委会办公厅统一印制名片以外,代表在执行代表职务过程中,以及在各自的生产、工作和日常生活中使用名片,不得印制国徽图案。各级人大代表和代表所属单位或者组织的礼品、纪念品、办公用品、日常生活用品等,不得使用国徽图案。地方各级人大常委会机关的礼品、纪念品、办公用品等,未经全国人大常委会办公厅批准,不得使用国徽图案。[①]

第三节　国徽的特殊使用领域

一、体育领域使用国徽

体育领域主要使用国旗、国歌,国徽主要用于国家机构及其开展的活动中,国徽图案使用的较少。《国家队队服国家标志式样与使用办法》第三条规定,国家队队服采用以下式样的国家标志,包括:中华人民共和国国旗、国徽。国旗、国徽的印制要符合国旗法、国徽法的相关要求。第五条规定,国家队专用和服:上衣胸前国家标志为国旗或国徽。

一些国家详细规定了许可公民和组织使用国徽图案的情形、程序。《澳大利亚国徽信息和准则》第四节中规定,在本准则规定外使用国徽及其图案的须向总理内阁部下属的荣誉、象征和领地部门申请。体育比赛中使用国徽须遵守以下规定:(1)参与国际比赛的澳大利亚运动代表队可以向荣誉、象征和领地部门申请在制服上使用国徽图案。申请书由有权的代表队或赞助商以书面形式提出(注明:队名、位置、日期和比赛名称)。(2)只有澳大利亚运动委员会承认的运动队可获得许可使用国徽,以及总理内阁部部长或其委托人经与委员会商量,也可以允许其认为申请符合的运动队使用国徽图案。(3)获得许可后,国徽图案可用于运动员比赛服装和制服、随行官员的制服上,但不得用于商品或者赞助商物品上。(4)每次许可比赛使用国徽图案是一次性的,但是如果国际比赛是连续性的,可以许可参赛队在该项国际比赛中多次使用。(5)每次申请必须个案处理,在比赛开始的四个月内必须处理。(6)一旦申请获得许可,必须将比赛的名称和日期放在制服和比赛服上国徽图案的下方。国徽周围不得印制

---

① 《2018—2019 年法律询问答复》,载中国人大网,http://www.npc.gov.cn/npc/c5948/202009/be1bc5414a424d069e00edc9fd73775a.shtml。

广告或赞助商名称,国徽上方也不得出现文字或图案。

在我国,外交部《对外使用国徽图案的办法》第七条规定,国家体育代表团、队参加国际体育比赛时,可以按照有关规定在其人员的服装上使用国徽图案。国家体育总局《国家队队服国家标志式样与使用办法》第五条中规定,国家队队服的专用和服:上衣胸前国家标志为国旗或国徽。第六条规定,国家队运动员、教练员未经国家体育总局同意,不得穿着带有国家标志的国家队队服参加广告和商业推广活动。

2008 年北京奥运会组织委员会、2022 年北京冬奥会和冬残奥会组织委员会是由党中央、国务院同意,并经中央编办批准的独立法人事业单位,是执行国家重大任务成立的临时性机构,任务完成后撤销。两个组委会分别于 2007 年、2019 年向国务院办公厅申请在本次奥运会特许商品上使用国旗图案,均获得国务院办公厅批准。目前,国家体育总局国家队队服的赞助商、2022 年北京冬奥会运动服装的特许商品授权商均为安踏体育用品公司。根据上述规定和批复,安踏制作的国家队队服上带有国旗或者国徽图案;安踏对外销售的特许服装是带有国旗图案的运动装。

二、涉外领域使用国徽

1950 年 9 月 20 日,中央人民政府委员会通过的《中华人民共和国国徽使用办法》涉及涉外领域使用国徽的规定。该办法明确规定:(1)中央人民政府外交部及其直属机关、驻外国使馆及领事馆悬挂国徽。(2)外交文书(如国书、条约及全权证书等)及外交部所发各种护照之封面,均加印国徽。(3)外交部及驻外各使领馆所用之钢印、戳记中间应雕刻国徽;正式公文用纸应加印国徽。(4)外交部部长与驻外各使馆馆长以职位之名义对外所用信封、信笺、请柬等上面,均加印国徽。(5)外交部及驻外各使领馆得于外交官制服、信封、信笺及其他器具用品(如餐具、文具等)上之适当地方,加印或镶嵌国徽,其详细办法,由外交部拟订经政务院核准后施行。除以上列举外,如尚有其他必要用途时,由使用机关报请中央人民政府委员会办公厅批准后,始能使用。

1991 年国徽法规定:(1)外交部、国家驻外使馆、领馆和其他外交代表机构应当悬挂国徽。(2)国家驻外使馆、领馆和其他外交代表机构的印章应当刻有国徽图案。(3)中华人民共和国主席、全国人民代表大会常务委员会委员长、国务院总理、中央军事委员会主席、最高人民法院院长和最高人民检察院检察长以职务名义对外使用的信封、信笺、请柬等应当印有国徽图案。同时 1991 年国徽法第八条规定,外事活动和国家驻外使馆、领馆以及其他外交代表机构对外使用国徽图案的办法,由外交部规定,报国务院批准后施行。根据国徽法授权,

1993 年 8 月经国务院批准,9 月外交部发布施行《对外使用国徽图案的办法》。该办法施行近 30 年来,对保障国徽的正确对外使用,在对外交往中维护国徽尊严发挥了重要作用。

该办法的主要内容如下。

一是以职务名义使用的外交文书、信笺、信封、请柬、贺卡、赠礼卡等,应当印有国徽图案的国家工作人员范围:(1)中华人民共和国主席、副主席;(2)全国人民代表大会常务委员会委员长、副委员长;(3)国务院总理、副总理、国务委员;(4)中央军事委员会主席、副主席;(5)最高人民法院院长;(6)最高人民检察院检察长;(7)外交部部长;(8)国家和政府的特使;(9)国家驻外使馆、领馆和其他外交代表机构的馆长。外交部副部长以职务名义使用的外交文书,可以印有国徽图案。

二是外交文书、信笺和信封,应当印有国徽图案的机构范围:(1)全国人民代表大会常务委员会;(2)国务院;(3)中央军事委员会;(4)最高人民法院;(5)最高人民检察院;(6)外交部;(7)国家驻外使馆、领馆和其他外交代表机构。

三是印章刻有国徽图案的机构范围:(1)外交部办公厅和有关业务部门;(2)国务院各有关部、委外事司(局);(3)各省、自治区、直辖市人民政府的外事办公室;(4)计划单列市、经济特区和沿海开放城市人民政府的外事办公室;(5)国家驻外使馆和常驻联合国代表团的领事、经济、商务、军事、文化、科技、教育等业务主管部门;(6)国家办理签证的机关和签发出境入境证件的机关。

四是条约加印国徽图案的范围:以中华人民共和国、中华人民共和国政府或者中华人民共和国政府部门名义缔结的条约、协定,可以加封刻有国徽图案的火漆印;上述条约、协定的批准书、核准书、接受书、加入书、文件夹的封面,应当印有国徽图案。

五是应当印有国徽图案或者印有带国徽图案的印章的范围:(1)中华人民共和国护照和其他具有护照性质的证件;(2)国家办理签证的机关颁发的签证;(3)外交部业务部门为外国驻华使馆、欧洲共同体委员会驻华代表团、阿拉伯联盟驻华代表处、联合国系统组织驻华代表机构的人员和外国驻华新闻机构、记者颁发的有关证件;(4)中华人民共和国外交信使、领事信使的有关证件和外交邮袋、领事邮袋封印;(5)国家驻外使馆、领馆颁发的船舶国籍临时证书;(6)各省、自治区、直辖市人民政府外事办公室为外国驻华领馆的人员和常驻当地的外国新闻机构、记者颁发的有关证件。

此外,办法还规定,国家体育代表团、队参加国际体育比赛时,可以按照有关规定在其人员的服装上使用国徽图案。在边境重镇及边境重要交通干线等地树立的界碑上可以使用国徽图案。

三、国徽在军事领域的运用

在我国,军事领域主要使用国旗,仅少部分场合使用国徽,主要是一些涉外军事场合。例如,2007年1月9日,《国务院办公厅关于同意中央军委外事办公室综合办公楼悬挂国徽的函》(国办函〔2007〕6号)明确,同意中央军委外事办公室在新建成的综合办公楼悬挂国徽。

第四节　国徽的禁止使用情形

国家象征及其图案的使用应当符合国家象征的性质和特性,只用于适合的场合。在平时工作、学习、娱乐等活动中,使用国徽或者国徽的图案,是非常不严肃的,是应当禁止的。我国国徽法规定了国旗不得使用的多种情形。

一、不得以不适当方式使用

使用破损、污损或者不合规格的国徽有损国徽的尊严。我国国徽法第十四条规定,不得悬挂破损、污损或者不合规格的国徽。破损国徽是指破裂、损坏的国徽,污损是指污染损坏的国徽。不得悬挂破损、污损或者不合规格的国徽的主体包括国徽法第四条、第五条规定的机构、场所。不合规格的国徽是指没有按照国徽制作说明制作的国徽。根据国徽法规定,在法定以及其他规定场所和机构悬挂国徽时,不得使用破损、污损或者不合规格的国徽。依法使用完整、洁净、符合规格的国徽,切实维护国徽尊严,是尊重国徽和维护国家尊严的法定要求。

二、不得用于不适当用途

(一)不得用于日常生活用品

日常生活用品使用国徽及其图案,降低了国徽的尊严。一些国家明确禁止将国徽及其图案用于日常生活用品。例如,《澳大利亚国徽信息和准则》明确,国徽及其图案不得用于日常用品、纪念品、商品。也有的国家法律法规明确,国徽及其图案可以用于日常生活、工作用途,如《瑞士联邦国徽和其他公共标志保护法》第八条中规定,联邦国徽可以用于:"(1)作为词典、参考书、科学作品或类似作品中的插图;(2)用于装饰节日和活动;(3)用于装饰工艺美术品,例如杯子、纹章彩色玻璃和用于节日和活动的纪念币。"

我国国徽法第十三条中规定,国徽及其图案不得用于日常用品、日常生活的陈设布置。日常用品是指公民日常使用的物品,比较广泛,通常包括:家居用品、洗漱用品、厨房用品、装饰用品、化妆用品、床上用品等。日常生活的陈设布置通常是指家庭室内陈设,包括家具、灯光、室内织物、装饰工艺品、字画、家用电器、盆景、插花、挂物、室内装修以及色彩等内容。

(二)不得用于其他徽章、纹章

在很多国家,除法律法规规定的情形以及经过法定授权主体批准以外,国徽图案不得用于个人和其他组织的纹章、徽章。一些国家和地区对此作了明确规定,《俄罗斯国徽法》规定,俄罗斯联邦主体、市政机关、任何所有权形式的社会团体、企业、机构和组织徽章(纹章标志),不得与俄罗斯联邦国徽相同。俄罗斯联邦国徽不得用作俄罗斯联邦主体、市政机关、社会团体、企业、机构和组织徽章的纹样基础(纹章标志)。1997年香港地区临时立法会制定国旗国徽条例时,行政长官办公室确认:"在建筑物内或汽车内展示有国旗图案的布置作装饰之用,并不构成罪行。但法案禁止任何公司或组织的标识包含国旗或国徽的图案。"[①] 考虑到一些国家机关和武装力量已将国徽图案作为核心图案,并获得广泛认同,2020年国徽法修改,增加规定:"国家机关和武装力量的徽章可以将国徽图案作为核心图案。"

实践中,有意见提出,基于特定需要,如影视剧拍摄、教学模拟法庭等,经有关部门批准,可以使用国徽及图案。理由是国徽图案的创意属于国家意志,不属于私人的智力成果,不能设定知识产权,也不能用于私人主体营利。但是对于一些影视剧的拍摄要涉及国徽,教学模拟法庭也涉及国徽,对于这些正常的工作需要,向有关部门提出申请,经过批准就可以,这属于一般许可,不宜用"特许"。

(三)不得用于商标、授予专利权的外观设计、商业广告

国徽法第十三条规定,国徽及其图案不得用于商标、授予专利权的外观设计、商业广告。在理解和运用本规定上和国旗及其图案不得用于商标、授予专利权的外观设计、商业广告的原理和实践是一致的,第一编关于国旗及其图案禁止使用的情形已经对此进行详细阐述,此处不再赘述。

---

① 　香港地区临时立法会:《1997年5月31日内务委员会会议文件国旗及国徽条例草案及区旗及区徽条例草案委员会报告》,载香港特区立法会网站,https://www.legco.gov.hk/yr97-98/chinese/hc/papers/h3105322.htm。

三、不得用于商业用途

(一)国徽商业用途的立法例

国徽通常由国家机构及其公职人员在官方场合使用。如果出现带有国徽图案的物品，往往被认为属于国家机构或者得到其认可。因此，在大部分国家，需要经批准，国徽才能用于商品。只有少数国家可以不经批准用于商品。在国际上，国徽商业用途的立法例主要分为以下三种类型：

一是经批准后使用。通常国家机构及其公职人员在官方场合才使用国徽图案，为了防止欺诈发生，一些国家明确，商品经批准才能使用国徽图案。如澳大利亚政府制定的《国徽使用指南》明确，考虑到澳大利亚国徽图案作为澳大利亚正式象征的重要性，仅仅在允许的情况下才能使用（澳大利亚运动队参加国际比赛、教育出版物等）。国徽图案不得用于商业服装、纪念品以及其他日常用品。

二是无须批准，可以使用国徽图案。在少数国家，无须政府批准，商品可以使用国徽图案。2017年12月，俄罗斯通过修改国徽法的决议明确，"在不侮辱俄罗斯联邦国徽的情形下，俄罗斯联邦国家权力机关及其他联邦国家机关、俄罗斯联邦主体国家权力机关及其他俄罗斯联邦主体国家机关、地方自治机关及市政机关、公民、社会团体、企业、机构和组织可在其他场合使用俄罗斯联邦国徽及其图案"。根据该条规定，在不构成侮辱的情况下，商品可以使用国徽图案。公民和组织尤其可以在纪念品和礼品上描绘国徽，在群众性公共活动、体育比赛、公共协会代表大会以及日常生活中的其他情况下使用国徽。

三是商品不能使用国徽图案。一些国家明确限定了国徽及其图案的使用范围，没有规定其他场合、情形可以使用国徽及其图案，如巴西、斯洛文尼亚、匈牙利等国，实践中不允许商品使用国徽图案。

(二)国内情况

在新中国成立初期，国徽图案因其精美，就有用于商业活动而被制止的行为。1950年9月20日，中央人民政府委员会第八次会议通过的《中华人民共和国国徽使用办法》中规定，国徽不得用于下列场合："工商业品的标记、装饰、广告、图案"；"机关、学校、团体的证章、纪念章及其他徽章。"1950年9月20日，《人民日报》发表社论，提出："全国人民应当遵守中央人民政府规定的国徽使用办法，不要滥用滥作；印有国徽图案的印刷品，不要随处抛弃；不要把国徽图案用作个人住室的陈设与点缀,也不要把国徽图案用作工商业品的标记与装饰。"①

1991 年国徽法第九条规定,在本法规定的范围以外需要悬挂国徽或者使用国徽图案的,由全国人大常委会办公厅或者国务院办公厅会同有关主管部门规定。第十条规定,国徽及其图案不得用于:(1)商标、广告;(2)日常生活的陈设布置;(3)私人庆吊活动;(4)国务院办公厅规定不得使用国徽及其图案的其他场合。随后,具有舆论引导作用的《人民日报》刊载《国徽图案不能随意作装饰》一文指出:"近期,市场上出现一批以中华人民共和国国徽图案为装饰的摩托车钥匙圈、西服领带夹、皮带扣、公文包、手提包、衣物、打火机等,这些商品不少属于粗制滥造。以不合规格的国徽图案作装饰,这种行为违反了国徽法的有关规定,应当予以禁止。"②

2020 年修改国徽法,修改了国徽及其图案不得使用的范围,增加了授予专利权的外观设计;将"广告"修改为"商业广告";"日常生活的陈设布置"修改为"日常用品、日常生活的陈设布置"。上述规定明确不得使用国徽及其图案的范围,但没有明确公民和组织申请使用国徽图案的问题。

近年来,国务院办公厅批准了多个国家机构申请使用国徽及其图案的请示,如原国土资源部申请国家版图意识教育宣传画上使用国旗、国徽图案等多为国家宣传用途,而非商业用途;仅存在少量商业用途的,如信息产业部申请特种邮票时使用国旗国徽图案等。但国务院办公厅或者相关部门没有批准公民和其他组织使用国徽及其图案的事例。目前,国家体育总局国家队队服的赞助商、2022 年北京冬奥会运动服装的特许商品授权商均为安踏体育用品公司。根据上述规定和批复,安踏公司制作的国家队队服上带有国旗或者国徽图案;安踏公司对外销售的特许服装是带有国旗图案的服装。

在实践中,虽然没有相关部门批准商品使用国徽图案,但在一些电子商务网站仍有一些商品使用国徽图案,如挂件、服装、礼品等。根据收集到的资料,大量不规范使用国徽图案的情况,主要分为以下类型:一是日常生活、工作、娱乐用品大量使用国徽图案,如衣服(厨师衣服、保安衣服)、帽子(保安帽、运动帽)、钱包;领带、驾驶证皮套、皮带;餐具、汽车挂件;书籍、笔记本;工作证、手机套、徽章等各类生活、工作、娱乐用品。二是在物品中使用类似国徽图案。有的物品上出现类似国徽图案,如类似国徽的奖牌、徽章等。三是不规范使用国徽图案。国徽法所附国徽图案制作说明明确,"国徽之涂色为金红二色",市面上有些物品将国徽图案印成黑白色。

上述情况出现的原因主要有:一是一些企业没有严格遵守国徽法关于国徽

---

① 《尊敬国徽,爱护国徽》,载《人民日报》1950 年 9 月 20 日,第 1 版。
② 练建安、林坚:《国徽图案不能随意作装饰》,载《人民日报》1993 年 6 月 19 日,第 5 版。

及其图案不得用于"日常生活的陈设布置"的规定,任意生产、销售带有国徽图案的产品。二是国徽相关法律法规没有明确公民和组织是否可以使用国徽及其图案,一些公民和组织有意、无意使用带有国徽图案的物品。三是国徽相关法律法规也没有规定公民和组织使用国徽及其图案的申请程序、情形等,导致一些希望使用国徽图案的实际需求难以实现。

第四章 国徽的使用规则

第一节 国徽的悬挂规则

为维护国徽作为国家象征的尊严,需要在显著的位置悬挂、使用国徽。悬挂、使用国徽及其图案的规则包括:

一、单独悬挂规则

单独悬挂、使用时,国徽位于建筑物正面或者正门上方。例如,《俄罗斯国徽法》明确规定,国徽悬挂于国家机构官邸、办公楼建筑物的正面。《澳大利亚国徽信息和准则》规定,国徽应悬挂于联邦政府部门或机构建筑物的正面显著位置。国徽也可以在室内悬挂。当国徽悬挂于建筑物正面位置,构成建筑物主要组成部分时,建筑物应当为国徽留出适当空间。

新中国成立初期,我国就对国徽悬挂的规则作了规定,国徽应当悬挂于机关正门上方正中处。1950年9月20日,我国中央人民政府公布的《中华人民共和国国徽使用办法》明确悬挂国徽位置:(1)国徽应悬挂于机关大门上方正中处。(2)国徽之悬挂于礼堂者,应悬挂于主席台上方正中处。1979年11月5日,全国人大常委会办公厅颁布的《关于县级以上地方各级人民代表大会常务委员会悬挂中华人民共和国国徽和挂机关名称牌子的通知》,明确县级以上地方各级人大常委会都悬挂中华人民共和国国徽,并且明确"国徽应悬挂于机关正门上方正中处"。1980年7月7日,《国务院办公厅关于悬挂国徽等问题给湖北省人民政府办公厅的复函》,明确县级以上地方各级人民政府都悬挂国徽,要求"国徽一般应悬挂于机关正门上方正中处"。1991年制定国徽法,统一规范了应当悬挂国徽的机构、场所,并且统一明确"国徽应当悬挂在机关正门上方正中处"。2020年修改国徽法,继续规定:"国徽应当悬挂在机关正门上方正中处。"

国徽法没有直接明确室内悬挂国徽的规则,司法机关室内悬挂国徽较为常见,对此作了明确。1993年最高人民法院通过《关于法庭的名称、审判活动区布置和国徽悬挂问题的通知》，明确规定："人民法院、人民法庭的法庭内法台后上方正中处悬挂国徽；与法院其他建筑相对独立的审判法庭正门上方正中处悬挂国徽；人民法院和人民法庭机关正门上方正中处悬挂国徽；人民法院的审判委员会会议室内适当处悬挂国徽。"《中华人民共和国人民法院法庭规则》第二条规定："法庭是人民法院代表国家依法审判各类案件的专门场所。法庭正面上方应当悬挂国徽。"

2020年，最高人民检察院通过《人民检察院检察听证室设置规范》明确：检察听证室"背景墙上方正中处悬挂国徽。国徽下方居中标注'检察听证'字样，使用'大黑'字体；最下方居中标注检察院名称，使用'大标宋'字体，统一采用金黄色金属悬挂方式。有条件的地方，背景墙可加射灯照明。国徽规格、字体大小与背景墙大小相协调"。

多个机关在同一办公场所的，仅悬挂1枚国徽。我国国徽法第四条、第五条规定了多个应当悬挂国徽的机构、场所，在地方一些国家机关可能在同一个办公场所的，仅需要悬挂1枚国徽。1981年4月8日，国务院办公厅印发《关于各省、自治区、直辖市人民政府外事办公室悬挂国徽问题的通知》明确：各省、自治区、直辖市人民政府外事办公室如单独办公，可以挂国徽和外办名称的牌子；如与政府一起办公，则可以不单独悬挂。

二、同时悬挂规则

当国徽与其他徽章并列使用时，其他徽章不得超过国徽图案大小、国徽不得在其他徽章之下等。例如，《俄罗斯国徽法》第九条规定，同时放置俄罗斯联邦国徽和俄罗斯联邦组成实体、市政单位、公共协会或企业、机构及组织的徽章（纹章），如果面对的话，俄罗斯联邦国徽位于另一枚徽章（纹章）的左侧；当同时放置奇数个徽章（纹章符号）时，俄罗斯联邦国徽位于中央，当同时放置偶数个徽章（但不止两个）时则位于中心左侧。同时放置俄罗斯联邦国徽和其他徽章（纹章标志）时，俄罗斯联邦、市政机构、公共协会或企业、机构及组织的组成实体的徽章（纹章标志）的大小不得超过俄罗斯联邦国徽的大小，而俄罗斯联邦国徽的大小不能放置在其他徽章下方（纹章符号）。

在我国，通常悬挂国徽时不能与其他徽章并列悬挂。2018年，最高人民法院《关于规范法院文化标识和文化环境布设工作的通知》对于禁止与国徽并列的情形作了规定："严格按照规定正确使用国徽法徽。各级人民法院在机关正门上方正中处、审判法庭内的显著位置，应统一悬挂国徽，不得悬挂法徽，不得将国徽和法徽并列悬挂。"

在我国，按照香港、澳门特别行政区基本法的规定，港澳特别行政区除悬挂和使用中华人民共和国国徽外,还可悬挂和使用香港、澳门特别行政区区徽。港澳区徽与国旗同时悬挂时,需要突出国徽的位置。1996 年 8 月 10 日,全国人民代表大会香港特别行政区筹备委员会第四次全体会议通过《中华人民共和国香港特别行政区区旗、区徽使用暂行办法》第二条第一款规定,在香港特别行政区,凡国旗与区旗、国徽与区徽同时悬挂时,应当将国旗或国徽置于较突出的位置。1999 年 1 月 16 日,全国人民代表大会澳门特别行政区筹备委员会第五次全体会议通过《中华人民共和国澳门特别行政区区旗、区徽使用暂行办法》第二条规定,凡国旗与区旗同时升挂、悬挂、使用时,国旗应当大于区旗,应将国旗置于中心、较高或者突出的位置,国旗在右,区旗在左("左""右"的位置应以旗的正面面向观众为基准)。列队举持国旗和区旗行进时,国旗应当在区旗之前。凡国徽与区徽同时悬挂、使用时,处理原则同本条第一款的规定。

香港特区本地立法也对国徽、区徽同时悬挂时的位置作了规定。香港特区政府制定的《区旗及区徽条例》附件 3《区旗及区徽展示及使用办法》规定,在香港特别行政区,凡国旗与区旗、国徽与区徽同时悬挂时,应当将国旗或国徽置于较突出的位置。列队举持国旗和区旗行进时,国旗应在区旗之前。平列悬挂国旗和区旗时,国旗在右,区旗在左。于室内展示国旗及区旗,在确定旗帜后方墙壁的"左""右"时,以人背向该墙而立,面向前方时的"左""右"为准。于建筑物外展示国旗及区旗,在确定该建筑物的"左""右"时,以人立于建筑物前,面向该建筑物前门时的"左""右"为准。

第二节　国徽图案的使用规则

使用国徽图案,也需要突出国徽的尊严。使用国徽图案时,应当同尊重使用国徽实物适用同样的规则。基于国徽图案的特殊性,我国国徽法对使用国徽图案时需要遵循的规则作了进一步规定。

使用国徽图案时要确保国徽图案处于显著位置。我国国徽法第七条第一款规定,本法第六条规定的机构应当在其网站首页显著位置使用国徽图案。国徽法第六条规定机构包括:(1)全国人民代表大会常务委员会,国务院,中央军事委员会,国家监察委员会,最高人民法院,最高人民检察院;(2)全国人民代表大会各专门委员会和全国人民代表大会常务委员会办公厅、工作委员会,国务院各部、各委员会、各直属机构、国务院办公厅以及国务院规定应当使用刻有国徽图案印章的办事机构,中央军事委员会办公厅以及中央军事委员会规定应当使用刻有国徽图案印章的其他机构;(3)县级以上地方各级人民代表大会常务委员会、人民政府、监察委员会、人民法院、人民检察院,专门人民法院,专门人民检察院;(4)国家驻外使馆、领馆和其他外交代表机构。

司法领域对于国徽图案的使用较多,相关规则也比较规范。1992年,最高人民法院办公厅印发《关于试行〈人民法院公文处理暂行规定〉若干问题的解答》的通知,要求"加盖人民法院印章要保持国徽完整,即年月日位于印章国徽图案下沿的空白处"。2016年,最高人民法院《关于印发〈人民法院民事裁判文书制作规范〉〈民事诉讼文书样式〉的通知》,对民事裁判文书中的国徽图案作了进一步细化要求。在裁判文书的落款部分,要求:"院印加盖在日期居中位置。院印上不压审判员,下不压书记员,下弧骑年压月在成文时间上。印章国徽底边缘及上下弧以不覆盖文字为限。公章不应歪斜、模糊。"对于印制封面的,要求:"封面可参照以下规格制作:1.国徽图案高55mm,宽50mm。2.上页边距为65mm,国徽下沿与标题文字上沿之间距离为75mm。3.标题文字为'××××人民法院××判决书(或裁定书等)',位于国徽图案下方,字体为小标宋体字;标题分两行或三行排列,法院名称字体大小为30磅,裁判文书名称字体大小为36磅。4.封面应庄重、美观,页边距、字体大小及行距可适当进行调整。"近年来,随着信息技术的发展,在线审判称为人民法院审判的重要方式。在线审判时使用国徽图案的要求也开始明确。2021年,最高人民法院通过的《人民法院在线诉讼规则》第二十四条第一款规定:"在线开展庭审活动,人民法院应当设置环境要素齐全的在线法庭。在线法庭应当保持国徽在显著位置,审判人员及席位名称等在视频画面合理区域。"

第五章 国徽的监督管理

第一节 国徽的监管体系

一、我国国徽象征监管的变化

在我国古代,有纹饰等表示服饰等级的标志,但没有形成单独的用以识别家族、传承家族的纹章学。纹饰标志与旗帜一样,在官方正式场合属于古代礼仪部门所掌管。

新中国成立初期,中央人民政府下设典礼局,负责国家礼仪相关事务。典礼局后改隶属于全国人大常委会,因机构改革而撤销。目前,全国人大常委会办公厅下设的外事局负责外事礼仪相关事务,与国内事务相关的礼仪,外交部成立有专门的礼宾司。1950年9月20日中央人民政府公布《中华人民共和国国徽使用办法》,明确了国徽使用的各类机构及其他使用场合,同时明确,外交领域详细办法由外交部拟订经政务院核准后施行;"除以上列举外,如尚有其他必要用途时,由使用机关报请中央人民政府委员会办公厅批准后,始能使用"。实践中,各地关于国旗、国徽使用的各类问题,先后由中央人民政府委员会办公厅、政务院办公厅、国务院办公厅负责答复。

2020年修改国徽法前,一直没有明确国徽的主管部门,相关事宜主要由综合性事务管理部门负责,从而产生一些问题:一是管理非专业性,综合性部门负责人员不固定。二是管理没有长远性。缺乏配套性规则体系的构建,如1991年国徽法第十条中明确规定"国务院办公厅规定不得使用国徽及其图案的其他场合",但国务院办公厅一直未作出相关规定。近年来,一些部门发布了国徽相关通知,但缺乏统一性、连贯性。

二、2020年国徽法修改后的监管体系

将国徽明确由统一的部门进行管理是国际上国家象征法治化管理的通例,

有利于发挥国旗、国徽作为国家象征的整合功能,能够统一各领域管理出现的混乱,对于推动宪法实施,培育和弘扬社会主义核心价值观,完善国家治理能力和治理体系现代化具有重要意义。

(一)统筹主体、分领域多层次监管的体系

明确国家象征的主管部门,是此次国徽法的重要突破,对于完善我国的国家象征监督管理具有重要意义。

一是中央层面由国务院办公厅统筹。2020 年修改国徽法,增加规定,国务院办公厅统筹协调全国范围内的国徽管理工作。地方各级人民政府统筹协调本行政区域内国徽管理有关工作。国家层面由统一部门进行监督管理国徽的主要考虑:其一是国徽管理涉及外交、公安、交通、海关、市场监管等多方面,由国务院办公厅统筹协调,更有利于开展工作。其二是 1991 年国徽法规定了地方各级人民政府统筹协调本行政区域内国徽管理有关工作,中央政府层面由国务院办公厅承担统筹协调职能更为妥当。其三是从实际工作角度出发,一直以来,国务院办公厅承担着国徽的有关工作。

二是地方层面。明确县级人民政府确定的部门对本行政区域内国徽的悬挂、使用和收回实施监督管理。在国徽法修改的过程中,有的提出,"确定的部门"也可能在实践中出现落实困难的问题,也可能出现确定的部门不一致、衔接不顺的问题,从而导致监管不到位。为了便于法律及时、便捷、高效地实施,方便人民群众反映国徽法实施过程中出现的问题,建议对"确定的部门"予以明确,考虑到 1990 年国旗法、1991 年国徽法规定的监督管理主体为各级人民政府,按照工作惯例,各级人民政府办公厅(室)代表政府在国旗、国徽使用的监督管理方面做了大量的工作,代表性、权威性得到认可,国旗、国徽使用的监督管理主体确定为办公厅(室)较为适宜。实践中,县级人民政府在具体执法中起到重要作用,但政府部门承担具体执法的情况各不相同。有的赋予市政管理部门负责本区域国徽相关规则,有的赋予公安部门负责相关工作,而且由于各地实行执法部门改革,有的建立了综合性的执法队伍,有的地方赋予乡镇(街道)以执法权。因此,在修法过程中,为确保国徽法修改落到实处,没有专门明确具体执法部门,而由县级人民政府具体确定相应的执法部门。

实践中,一些地方根据实践情况增加行业主管部门。如 2021 年 6 月,宣城市人民政府办公室印发《关于规范国旗国徽使用管理的通知》明确,市教体、住建、卫健、公安、交通运输、城管执法、市场监管等部门要按照各自职责,对管理范围内国旗国徽升(悬)挂、使用、制作、销售等情况进行监督检查。重点加强城市主要街区和道路沿街升挂国旗、悬挂国徽的监督管理,对不合规的情况及时予以整改。

三是明确各级人民政府市场监督管理部门对国徽的制作和销售,实施监督管理。国徽的全过程管理涉及多领域,其制作、销售对于国家象征的使用管理起到重要作用。

(二)多个分领域多层次监管的体系

在外交、体育领域由相应主管部门监管的原因在于其领域的特殊性。外交、体育领域有相关的国际习惯、惯例,难以有统一的规则,因此需要相关主管部门监管。上述领域使用国徽的情况较为普遍、使用范围较为广泛,上述领域也有专门的对应部门予以监管。

一是外交领域。外事活动和国家驻外使馆、领馆以及其他外交代表机构对外使用国徽有其特殊性,且情形较多,在国徽法中难以对此作出具体规定。因此,授权外交部规定,并报国务院批准后施行。国徽法第十一条规定,外事活动和国家驻外使馆、领馆以及其他外交代表机构对外使用国徽图案的办法,由外交部规定,报国务院批准后施行。国徽法制定后,为了在对外活动中正确使用国徽,外交部制定《对外使用国徽图案的办法》。

二是体育领域。1998 年国家体育总局制定《国家队队服国家标志式样与使用办法》,里面明确了使用国徽图案的情形。

此外,1979 年 11 月 5 日,全国人大常委会办公厅颁布《关于县级以上地方各级人民代表大会常务委员会悬挂中华人民共和国国徽和挂机关名称牌子的通知》,明确县级以上地方各级人民代表大会常务委员会都悬挂中华人民共和国国徽。

第二节　国徽的具体管理

国徽代表着国家主权的形象。维护国徽尊严,需要构建完善的国徽制作、销售、日常管理、收回等全流程的监督管理制度。国徽可以运用于不同场景,其中悬挂国徽是国徽具体管理的重点。

一、悬挂国徽制作的监督管理

(一)悬挂国徽的指定制作

新中国成立初期,1950 年中华人民共和国国徽确定后,首批悬挂于各大行政区(军政委员会)的国徽统一在上海厂家定制。后由于考虑到各地所需国徽数量较多,且集中于上海一地制作不仅短期内不能迅速完成,且运往各地所需运费也较大,1950 年 10 月 25 日,中央人民政府委员会办公厅发出《关于省、市、县各级政府悬挂的国徽由各大行政区分区制造致东北人民政府,华东、中南、西北、西南军政委员会函》,要求各大行政区(军政委员会)负责统筹制作。① 此后,中央人民政府办公厅以及国务院办公厅都曾规定,县以上各级人民政府悬挂的国徽由中央人民政府、国务院统一制发,并对悬挂国徽的机关和各级政府悬挂的国徽尺寸作了具体规定。

1991年制定国徽法时,明确规定悬挂的国徽由国家指定的企业统一制作。2020年修改国徽法保留了该规定。1997年4月,国务院办公厅发文《关于指定北京印钞厂等四厂家为悬挂用国徽的制作企业的通知》,明确为认真贯彻国徽法,维护国徽尊严,保护国徽制作质量,指定北京印钞厂等四厂家为悬挂用国徽的制作企业。未经指定的企业不得制作悬挂用国徽。随着社会主义市场经济的发展,国徽的制作和管理出现了一些新的情况,需要对国徽制作企业重新进行指定。2006年2月,国务院办公厅发文《关于指定悬挂用国徽制作企业的通知》,指定6家企业为悬挂用国徽的制作企业。指定的企业要严格按照国徽法和国家标准制作悬挂用国徽,并切实做好售后服务工作。有关地区和部门要加强对国徽制作质量的监督和管理。对违反规定的,要取消其制作资格。未经指定的企业不得制作悬挂用国徽。

(二)悬挂国徽的制作标准

1994年6月,原国家技术监督局发布强制性国家标准《国徽》(GB 15093 – 1994)。经修改后,2008年6月,原国家质量监督检验检疫总局、中国国家标准化管理委员会发布强制性国家标准《国徽》(GB 15093 – 2008)。该标准规定了用于悬挂的国徽的技术要求、试验方法,检验规则、标志和包装。

该标准适用于以纤维增强塑料或铝合金制作的、用于悬挂的国徽。以印刷等工艺制作的其他材质的平面国徽图案亦应参照本标准相关要求执行。

该标准明确了三个概念。(1)国徽红,为国徽徽面上使用的,色度图上特定区域的红色。(2)国徽黄,为国徽徽面上使用的,色度图上特定区域的黄色。(3)国徽中心,为国徽图案中两麦稻穗组成正圆形环的中心。

关于技术要求。国徽形状和图案应符合《中华人民共和国国徽法》《中华人民共和国国徽图案制作说明》中的有关规定。该标准还附录了国徽图案。

关于标准国徽尺寸和允许误差。标准国徽各部分尺寸应符合《中华人民共和国国徽图案制作说明》中的有关规定。标准国徽各部分尺寸和允许误差应符合《中华人民共和国国徽法》《中华人民共和国国徽图案制作说明》中"方格墨

---

① 中央档案馆编:《中华人民共和国国旗国徽国歌档案》(下卷),中国文史出版社2014年版,第523—526页。

线图"的有关规定。该标准还明确标准国徽各部分尺寸及允许误差、国徽图形尺寸坐标图、国徽方格墨线图、国徽背面安装孔示意图。需要制作其他非标准尺寸国徽时,应按标准尺寸和允许误差成比例地放大或缩小。

关于国徽徽面颜色和允许误差。该标准规定了徽面颜色的色度坐标值。色度数据以 CIE 标准照明体 D65 和 CIE 1964 标准色度系统计算(不包含镜面反射)。该标准还明确国徽徽面色度坐标值。国徽徽面的黄色部分应采用贴金工艺制作。

该标准还明确了国徽徽体材质强度、国徽徽面外观评定要求。徽面外观"表面图案清晰、麦稻穗颗粒饱满,不应有缩孔、热裂、冷裂、变形、豁边、破边,不应有明显影响外观的沙粒、杂质、气孔等缺陷"。徽面颜色"不应有明显的污渍、搭色、色清等"。

该标准明确出厂检验和型式检验。关于出厂检验。每面国徽产品出厂时都应进行出厂检验。出厂检验内容包括国徽的形状、图案和各部分尺寸及徽面外观、颜色质量评定。出厂检验时,所有检验项目全部合格时,判定为合格品,否则为不合格品。不合格品不得出厂。当徽体材质、徽面漆配方、生产工艺发生变化时,应进行型式检验。该标准规定的所有质量要求全部合格时,判定为型式检验合格,允许正式生产。

国徽相关国家标准是市场监督管理部门对国徽的制作、销售监督管理的重要依据。标准化法规定,强制性标准,必须执行。不符合强制性标准的产品、服务,不得生产、销售、进口或者提供。标准化法规定,县级以上政府标准化行政主管部门、有关行政主管部门依据法定职责,对标准的制定进行指导和监督,对标准的实施进行监督检查。县级以上政府市场监督管理部门以及其他相关部门应当对国徽相关国家标准的实施进行监督管理。

二、国徽的日常监管

对于国徽的日常监管,不仅包括悬挂国徽,对于国徽的图案使用也需要具体部门负责。1950 年 9 月 20 日,中央人民政府公布中华人民共和国国徽的命令,同时公布国徽使用办法。国徽使用办法中规定,除该办法所列国徽使用的办法外,如尚有其他必要用途时,由使用机关报请中央人民政府委员会办公厅批准后,始能使用。实践中,国徽使用的重要事项须报中央人民政府委员会办公厅批准。1991 年国徽法第九条规定,在本法规定的范围以外需要悬挂国徽或者使用国徽图案的,由全国人民代表大会常务委员会办公厅或者国务院办公厅会同有关主管部门规定。第十四条规定,县级以上各级人民政府对国徽的使用,实施监督管理。制定国徽法后,国徽使用的重要事项须报国务院办公厅批准。

与国旗相比,国徽使用的主体主要是国家机关,多年以来实践情况基本上是好的。实践中各地方出台的规范性文件也相对较少,贵州省、青岛市、株洲市等地方出台了专门规范国徽使用管理的文件,其主要有几种情况:一是各行政主管部门、乡(镇)人民政府、街道办事处(社区)要做好对所辖区域内各单位悬挂国徽及其使用国徽图案的宣传、指导工作。二是政府办公厅负责综合督导检查工作。修改后关于县级人民政府确定的部门,可结合国旗法统筹考虑,由一个部门负责,加强对国徽使用的监督。考虑到在地方实践中,国徽日常的悬挂、使用和收回等,需要地方明确专门部门予以监管,2020 年修改国徽法,明确规定了由县级人民政府确定的部门实施监督管理。

除此以外,在监督管理国徽使用方面,其他相关部门也应当各司其职,各负其责。在商标、广告上使用国徽图案的,市场监管部门要及时进行监督纠正;在公共场合故意以焚烧、毁损、涂划、玷污、践踏方式侮辱国徽的,公安机关要及时介入调查,对相关人员立案侦查。

三、悬挂国徽的收回处置

悬挂国徽经过长时间使用后,需要定期更换,旧国徽需要以适当方式收回处理。1980 年 7 月 7 日,《国务院办公厅关于悬挂国徽等问题给湖北省人民政府办公厅的复函》明确,县以上各级人民政府悬挂的国徽由国务院统一制发。县以上地方各级人民政府的建制,由于行政区划的改变等原因而发生改变时,应将不再需要用的国徽缴回制发机关。后来,国徽由指定企业生产,县以上各级人民政府悬挂的国徽可以自行购买。1991 年制定的国徽法没有对国徽的收回进行明确。2020 年修改国徽法,增加规定县级人民政府确定的部门对本行政区域内国徽的悬挂、使用和收回实施监督管理。对于悬挂国徽的收回工作,需要县级人民政府确定的部门具体开展。例如,2020 年 9 月 25 日,河南省长垣市印发《关于做好国旗、国徽、国歌规范使用工作的通知》,明确机关事务服务中心负责全市有独立办公场地的各单位(含各乡镇、街道)的规范整改和日常监督检查管理工作,并负责旧国旗、旧国徽的收回处理工作。

一些地方还根据实践情况,增加国徽监督检查制度。例如,2021 年 6 月,宣城市人民政府办公室印发《关于规范国旗国徽使用管理的通知》明确,市政府办公室将会同有关单位对贯彻执行《中华人民共和国国旗法》《中华人民共和国国徽法》和落实国旗、国徽使用管理情况进行监督检查。2021 年 2 月,青海省人民政府办公厅印发《关于政府网站规范使用国徽的通知》明确,省政府信息与政务公开办公室将对省、市州、县级政府部门网站不按照通知使用国徽标准图案的整改情况进行检查,列入季度通报范围。

第三节 国徽的教育宣传

将国徽纳入宣传教育在我国由来已久。1994年中共中央《爱国主义教育实施纲要》将国旗、国徽、国歌教育作为爱国主义教育的重要组成部分,明确成年公民和小学三年级以上学生都能理解国徽的含义。2019年11月,中共中央、国务院《新时代爱国主义教育实施纲要》明确,认真贯彻执行国徽法,学习宣传基本知识和国徽使用礼仪。2020年修改国徽法,进一步明确规定,国徽应当作为爱国主义教育的重要内容。中小学应当教育学生了解国徽的历史和精神内涵。

一、中小学开展国徽教育的内容

中小学开展国徽教育不仅是要让中小学生认识国徽,更重要的是要通过国徽教育弘扬爱国主义精神,培育和践行社会主义核心价值观。

一是注重国徽的历史。国徽创作、确定的过程,充分体现了国徽象征国家的统一性、代表性。国家象征教育要让中小学生充分了解国家象征历史。中小学应当通过思想政治课、历史课等不同的课程详细介绍国徽确立的历史,让中小学生充分了解国徽创作的时代背景、国徽的由来、国徽的内涵。国徽在新的历史条件下继续鼓舞全国各族人民不断前进,建设一个繁荣富强的新中国。

二是注重国徽的精神内涵。国徽上的天安门、齿轮、麦稻穗等,蕴含着丰富的爱国主义精神和社会主义核心价值观,倾注着中华民族争取祖国独立、繁荣、富强的炽热感情,塑造了勤劳、勇敢、智慧的中国人民形象。天安门以代表"五四"民主运动发祥地、新中国的诞生地,以天安门作为民族精神的象征。用齿轮、麦稻穗象征工人阶级与农民阶级,用国旗上的五星代表中国共产党领导下的中国人民大团结。通过政治课、历史课等其他有关课程,让学生明白国徽并不是虚无的符号,而是国家的精神和国家荣誉的载体,让学生了解中华民族革命和建设的艰辛历程。

三是注重采取适应中小学生教育的方法。国徽教育应当突破一般课程侧重于知识和技能的传授,将国徽教育与爱国主义教育、社会主义核心价值观教育有效融合,充分发挥国家象征的感染力。采取适应中小学生教育的方法,利用中小学生可塑性最强的时期,将国徽教育融入中小学生的学习生活,教育学生理解国徽的精神内涵,激发学生的民族自豪感和责任感。

二、国徽的宣传

国家象征代表国家尊严和主权。我国的国家象征是中国人民用鲜血和生命谱写出来的,凝结着中国共产党领导中国各族人民为争取民族独立、人民解放和实现国家富强、人民富裕不屈不挠、英勇奋斗的精神,凝聚着各族人民实现中华民族伟大复兴的梦想。加强国家象征的宣传,普及国家象征礼仪知识,有利于激发人们的爱国热忱,激发公民的爱国主义和革命英雄主义精神。

国徽法第十五条第三款规定,新闻媒体应当积极宣传国徽知识,引导公民和组织正确使用国徽及其图案。按照国徽法的规定,新闻媒体应当宣传国徽的知识,引导公民和组织正确使用国旗、国歌、国徽。在我国,新闻、出版、广播、电影、电视等单位以及新兴媒体是向广大人民群众宣传国家各项方针政策、法律法规,传播社会主流价值观的主渠道。鉴于新闻媒体在宣传教育中具有重要的作用和广泛的影响,为了进一步加强国徽的宣传,国徽法规定新闻媒体应当积极开展对国徽的宣传。因此,各种新闻媒体应当运用多种宣传方式,积极开展国徽的宣传教育。

按照《新时代爱国主义教育实施纲要》的规定,各级党委和政府要承担起主体责任,加强对新时代爱国主义教育的组织领导。各级工会、共青团、妇联和文联、作协、科协、侨联、残联以及关工委等人民团体和群众组织,要发挥各自优势,面向所联系的领域和群体广泛开展爱国主义教育。宣传也是爱国主义教育的重要途径。各级党委、政府以及人民团体、群众组织在国家象征方面也负有重要责任。

第四节　国徽的知识产权

国徽作为国家标志通常以一定的色彩和图案相组合,反映出一个国家的政治特色和历史文化传统。由于国家象征的图案多表现为具有一定显著特征的标识,其知识产权问题成为很多国家法律的重要内容。知识产权最主要的三种知识产权是著作权、专利权和商标权。各国对于国徽的知识产权保护一般是禁止用于商标、专利。国际知识产权组织和很多国家法律对国旗、国徽、国家名称等国家标志的知识产权作了规定。《保护工业产权巴黎公约》第六条之三规定,本联盟各国同意,对未经主管机关许可,而将本联盟国家的国徽、国旗和其他的国家徽记、各该国用以表明监督和保证的官方符号和检验印章以及从徽章学的观点看来的任何仿制用作商标或商标的组成部分,拒绝注册或使其注册无效,并采取适当措施禁止使用。但已成为现行国际协定予以保护的徽章、旗、其他徽记、缩写和名称除外。有些国家对于国家象征的知识产权范围保护得较宽，包括商标权、版权、专利权、设计权等权利，如马来西亚、印度、菲律宾、特立尼达和多巴哥、新西兰等国。也有一些国家主要保护国家象征的商标权，如德国、加拿大等。就国徽的知识产权而言，基于各国历史文化、政治传统等因素，情况较为复杂。

一、国徽的知识产权主体

对于国徽的知识产权主体，按照"法律和其他官方文件也是作品，其作者，即法律和其他官方文件的制定者，也享有著作权中的人身权等权利，即署名权、修改权、发表权、保护作品完整权。但著作权人的用益权不受法律保护。法律和其他官方文件颁布后，公众可以自由使用，报纸刊登、电台广播等都无需征得著作权人许可，无需向其支付报酬。然而使用这类作品，不得侵犯作者的人身权，如不得将全国人大常委会颁布的法律写成是国务院发布的"①。按照这个理解，国徽是由 1950 年 9 月 20 日中央人民政府委员会办公厅公布的《中华人民共和国国徽图案制作说明》所确定的；1991 年国徽法将上述决定附在法律中，国徽图案是法律条文的内容，也是具有知识产权的。作为整体，国徽法是有知识产权的，法律的制定者即属于全国人大及其常委会，享有法人相关的人身权。

实际上，国徽图案的知识产权属于国家，其理由等同于国旗图案的知识产权属于国家的理由，具体阐释见第一编第七章第四节"国旗的知识产权"的分析。

二、著作权法不适用于国徽

在我国，国徽法、商标法直接规定了国徽不得用于商标，但没有涉及著作权问题。著作权法第五条规定，本法不适用于：法律、法规，国家机关的决议、决定、命令和其他具有立法、行政、司法性质的文件，及其官方正式译文。虽然著作权法没有直接排除国徽，但是国徽的图案是国徽的一部分。根据此规定，国徽的图案不具有著作权。因此，直接与国徽相关的作品也不能声称享有著作权。

虽然著作权法不适用于国徽，但是国徽作为特定物，本身也具有一定的权利。国徽由国家确定，由国家机构进行专门管理，代表国家。国徽属于国家所有，为了加强特殊保护，各国通常规定其使用不受私法（商标法、专利法等知识

① 胡康生主编：《中华人民共和国著作权法释义》，法律出版社 2002 年版，第 24 页。

产权法）约束，而主要受公法约束，并受到专门的国家象征法律的特别保护，如国徽法。

此外，对于以国徽图案为基础的官方标志是否具有著作权、以国徽图案为原型的改编是否具有著作权、国徽图案的摄影作品是否具有著作权的问题，与国旗处理这些问题的原理相同，具体阐释见第一编第七章第四节"国旗的知识产权"的分析。

第六章　法律责任

在我国，每一个公民和组织都应当尊重和爱护国徽。宪法第一百四十二条规定："中华人民共和国国徽，中间是五星照耀下的天安门，周围是谷穗和齿轮。"1950 年 9 月 20 日，中央人民政府委员会制定的《中华人民共和国国徽使用办法》未对违反使用办法的情况作出相应的法律责任规定。1990 年 6 月，第七届全国人大常委会第十四次会议通过了《关于惩治侮辱中华人民共和国国旗国徽罪的决定》，"对刑法补充规定：在公众场合故意以焚烧、毁损、涂划、玷污、践踏等方式侮辱中华人民共和国国旗、国徽的，处三年以下有期徒刑、拘役、管制或者剥夺政治权利"。将侮辱国徽的行为规定为犯罪，从而为宪法的贯彻实施提供了应有的法律保障，也为惩治侮辱国徽的犯罪行为提供了法律依据。1991年制定《中华人民共和国国徽法》采用了上述同样的规定，同时规定"情节较轻的……由公安机关处以十五日以下拘留"。1997 年修订的《中华人民共和国刑法》明确了侮辱国徽罪，对侮辱国徽的行为应当承担的法律责任作了具体规定。2017 年修改刑法，将"公众场合"统一修改为"公共场合"。

一、行政法律责任

国徽法第十八条规定，在公共场合故意以焚烧、毁损、涂划、玷污、践踏等方式侮辱中华人民共和国国徽的，依法追究刑事责任；情节较轻的，由公安机关处以十五日以下拘留。个人不得随意将国徽图案运用于不同情形。对于在公共场合故意以焚烧、毁损、涂划、玷污、践踏等方式侮辱我国国徽的，视情节应当依法追究其刑事责任或行政责任。例如，2003 年 7 月，有记者发现，个别网站销售"灌水许可证"等证件，落款都是中华人民共和国民政部，也有国徽。以戏谑的方式使用国徽图案，违反了国徽法的规定，应当承担行政法律责任。

二、刑事法律责任

国徽法第十八条规定，在公共场合故意以焚烧、毁损、涂划、玷污、践踏等方式侮辱中华人民共和国国徽的，依法追究刑事责任；情节较轻的，由公安机关处以十五日以下拘留。刑法第二百九十九条第一款规定，在公共场合，故意以焚烧、毁损、涂划、玷污、践踏等方式侮辱中华人民共和国国旗、国徽的,处三年以下有期徒刑、拘役、管制或者剥夺政治权利。对于在公共场合故意以焚烧、毁损、涂划、玷污、践踏等方式侮辱我国国徽的,应当依法追究其刑事法律责任。

（一）行为对象

侵犯的对象只限于中华人民共和国国徽,侮辱外国的国徽不构成本罪。关于中华人民共和国国徽的范围,包括根据国徽法、国徽图案制作说明规定由制定企业制作的国徽。对于是否还包括以印刷、手绘等方式制作的国徽图案,考虑到一些人为了发泄对国家、政府的不满,侮辱非标准制作的国徽,也象征了对国徽象征的国家尊严进行了侮辱,理应属于侮辱国徽罪的范围之内。

（二）行为内容

在客观方面,行为人必须具有在公共场合以焚烧、毁损、涂划、玷污、践踏等方式侮辱国徽的行为。

1. 侮辱国徽的行为方式主要表现为焚烧、毁损、涂划、玷污、践踏及其他形式。

2. 侮辱国徽的行为必须发生在公共场合。公共场合,指当众、公开的情境。既包括国家机构所在地,也包括具有重要政治意义的场所,还包括网络。侮辱国徽的行为必须带有公开性,且明目张胆地在众人在场或能使多人知晓的情况下进行侮辱。行为人如果将国徽受侮辱后呈现的不法状态呈现在能够使众人看到的地方并被众人知晓或可能被众人知晓的,也应视为具有公开侮辱的性质。

3. 侮辱国徽的行为应达到一定的程度才构成犯罪。国徽法第十八条规定,在公共场合故意以焚烧、毁损、涂划、玷污、践踏等方式侮辱中华人民共和国国徽的,依法追究刑事责任;情节较轻的,由公安机关处以十五日以下拘留。并非所有侮辱国徽的违法行为都构成犯罪,只有实施了侮辱国徽的行为,而又不属于情节显著轻微、危害不大及情节较轻的,才构成本罪。具体判断侮辱国徽行为的危害程度,可以从以下几个方面予以综合考虑:行为手段、动机、后果、次数、侮辱国徽的数量等,认为属于情节较轻或情节显著轻微、危害不大的,就不构成犯罪。

（三）主观目的

侮辱国徽的直接目的是毁损国徽的形象,损害国家的尊严。实际案例中行为人多数是为了发泄对国家的不满或者为了逞威风、寻求精神刺激而实施的,损害了国家尊严,构成侮辱国徽罪。当然,如果行为人以侮辱国徽为手段,辅之以其他行为,目的在于推翻我国国家政权和社会主义制度,颠覆人民政府,则此行为已构成危害国家安全罪,不能再以侮辱国徽罪论处。如果行为人在侮辱国徽的同时,寻衅滋事、扰乱社会秩序危害严重的,可以侮辱国徽罪和寻衅滋事罪、扰乱社会秩序罪并处。

附　录

中华人民共和国国旗法

（1990 年 6 月 28 日第七届全国人民代表大会常务委员会第十四次会议通过　根据 2009 年 8 月 27 日第十一届全国人民代表大会常务委员会第十次会议《关于修改部分法律的决定》第一次修正　根据 2020 年 10 月 17 日第十三届全国人民代表大会常务委员会第二十二次会议《关于修改〈中华人民共和国国旗法〉的决定》第二次修正）

第一条　为了维护国旗的尊严,规范国旗的使用,增强公民的国家观念,弘扬爱国主义精神,培育和践行社会主义核心价值观,根据宪法,制定本法。

第二条　中华人民共和国国旗是五星红旗。

中华人民共和国国旗按照中国人民政治协商会议第一届全体会议主席团公布的国旗制法说明制作。

第三条　国旗的通用尺度为国旗制法说明中所列明的五种尺度。特殊情况使用其他尺度的国旗,应当按照通用尺度成比例适当放大或者缩小。

国旗、旗杆的尺度比例应当适当,并与使用目的、周围建筑、周边环境相适应。

第四条　中华人民共和国国旗是中华人民共和国的象征和标志。

每个公民和组织,都应当尊重和爱护国旗。

第五条　下列场所或者机构所在地,应当每日升挂国旗:

（一）北京天安门广场、新华门;

（二）中国共产党中央委员会,全国人民代表大会常务委员会,国务院,中央军事委员会,中国共产党中央纪律检查委员会、国家监察委员会,最高人民法院,最高人民检察院;

中国人民政治协商会议全国委员会;

（三）外交部;

（四）出境入境的机场、港口、火车站和其他边境口岸,边防海防哨所。

第六条　下列机构所在地应当在工作日升挂国旗:

（一）中国共产党中央各部门和地方各级委员会;

（二）国务院各部门;

（三）地方各级人民代表大会常务委员会；

（四）地方各级人民政府；

（五）中国共产党地方各级纪律检查委员会、地方各级监察委员会；

（六）地方各级人民法院和专门人民法院；

（七）地方各级人民检察院和专门人民检察院；

（八）中国人民政治协商会议地方各级委员会；

（九）各民主党派、各人民团体；

（十）中央人民政府驻香港特别行政区有关机构、中央人民政府驻澳门特别行政区有关机构。

学校除寒假、暑假和休息日外，应当每日升挂国旗。有条件的幼儿园参照学校的规定升挂国旗。

图书馆、博物馆、文化馆、美术馆、科技馆、纪念馆、展览馆、体育馆、青少年宫等公共文化体育设施应当在开放日升挂、悬挂国旗。

第七条 国庆节、国际劳动节、元旦、春节和国家宪法日等重要节日、纪念日，各级国家机关、各人民团体以及大型广场、公园等公共活动场所应当升挂国旗；企业事业组织，村民委员会、居民委员会，居民院（楼、小区）有条件的应当升挂国旗。

民族自治地方在民族自治地方成立纪念日和主要传统民族节日应当升挂国旗。

举行宪法宣誓仪式时，应当在宣誓场所悬挂国旗。

第八条 举行重大庆祝、纪念活动，大型文化、体育活动，大型展览会，可以升挂国旗。

第九条 国家倡导公民和组织在适宜的场合使用国旗及其图案，表达爱国情感。

公民和组织在网络中使用国旗图案，应当遵守相关网络管理规定，不得损害国旗尊严。

网络使用的国旗图案标准版本在中国人大网和中国政府网上发布。

第十条 外交活动以及国家驻外使馆领馆和其他外交代表机构升挂、使用国旗的办法，由外交部规定。

第十一条 中国人民解放军和中国人民武装警察部队升挂、使用国旗的办法，由中央军事委员会规定。

第十二条 民用船舶和进入中国领水的外国船舶升挂国旗的办法，由国务院交通主管部门规定。

执行出入境边防检查、边境管理、治安任务的船舶升挂国旗的办法，由国务院公安部门规定。

国家综合性消防救援队伍的船舶升挂国旗的办法，由国务院应急管理部门规定。

第十三条　依照本法第五条、第六条、第七条的规定升挂国旗的,应当早晨升起,傍晚降下。

依照本法规定应当升挂国旗的,遇有恶劣天气,可以不升挂。

第十四条　升挂国旗时,可以举行升旗仪式。

举行升旗仪式时,应当奏唱国歌。在国旗升起的过程中,在场人员应当面向国旗肃立,行注目礼或者按照规定要求敬礼,不得有损害国旗尊严的行为。

北京天安门广场每日举行升旗仪式。

学校除假期外,每周举行一次升旗仪式。

第十五条　下列人士逝世,下半旗志哀:

(一)中华人民共和国主席、全国人民代表大会常务委员会委员长、国务院总理、中央军事委员会主席;

(二)中国人民政治协商会议全国委员会主席;

(三)对中华人民共和国作出杰出贡献的人;

(四)对世界和平或者人类进步事业作出杰出贡献的人。

举行国家公祭仪式或者发生严重自然灾害、突发公共卫生事件以及其他不幸事件造成特别重大伤亡的,可以在全国范围内下半旗志哀,也可以在部分地区或者特定场所下半旗志哀。

依照本条第一款第三项、第四项和第二款的规定下半旗,由国务院有关部门或者省、自治区、直辖市人民政府报国务院决定。

依照本条规定下半旗的日期和场所,由国家成立的治丧机构或者国务院决定。

第十六条　下列人士逝世,举行哀悼仪式时,其遗体、灵柩或者骨灰盒可以覆盖国旗:

(一)本法第十五条第一款第一项至第三项规定的人士;

(二)烈士;

(三)国家规定的其他人士。

覆盖国旗时,国旗不得触及地面,仪式结束后应当将国旗收回保存。

第十七条　升挂国旗,应当将国旗置于显著的位置。

列队举持国旗和其他旗帜行进时,国旗应当在其他旗帜之前。

国旗与其他旗帜同时升挂时,应当将国旗置于中心、较高或者突出的位置。

在外事活动中同时升挂两个以上国家的国旗时,应当按照外交部的规定或者国际惯例升挂。

第十八条　在直立的旗杆上升降国旗,应当徐徐升降。升起时,必须将国旗升至杆顶;降下时,不得使国旗落地。

下半旗时,应当先将国旗升至杆顶,然后降至旗顶与杆顶之间的距离为旗杆全长的三分之一处;降下时,应当先将国旗升至杆顶,然后再降下。

第十九条 不得升挂或者使用破损、污损、褪色或者不合规格的国旗,不得倒挂、倒插或者以其他有损国旗尊严的方式升挂、使用国旗。

不得随意丢弃国旗。破损、污损、褪色或者不合规格的国旗应当按照国家有关规定收回、处置。大型群众性活动结束后,活动主办方应当收回或者妥善处置活动现场使用的国旗。

第二十条 国旗及其图案不得用作商标、授予专利权的外观设计和商业广告,不得用于私人丧事活动等不适宜的情形。

第二十一条 国旗应当作为爱国主义教育的重要内容。

中小学应当教育学生了解国旗的历史和精神内涵、遵守国旗升挂使用规范和升旗仪式礼仪。

新闻媒体应当积极宣传国旗知识,引导公民和组织正确使用国旗及其图案。

第二十二条 国务院办公厅统筹协调全国范围内国旗管理有关工作。地方各级人民政府统筹协调本行政区域内国旗管理有关工作。

各级人民政府市场监督管理部门对国旗的制作和销售实施监督管理。

县级人民政府确定的部门对本行政区域内国旗的升挂、使用和收回实施监督管理。

外交部、国务院交通主管部门、中央军事委员会有关部门对各自管辖范围内国旗的升挂、使用和收回实施监督管理。

第二十三条 在公共场合故意以焚烧、毁损、涂划、玷污、践踏等方式侮辱中华人民共和国国旗的,依法追究刑事责任;情节较轻的,由公安机关处以十五日以下拘留。

第二十四条 本法自 1990 年 10 月 1 日起施行。

附:

国旗制法说明

(1949 年 9 月 28 日中国人民政治协商会议第一届全体会议主席团公布)

国旗的形状、颜色两面相同,旗上五星两面相对。为便利计,本件仅以旗杆在左之一面为说明之标准。对于旗杆在右之一面,凡本件所称左均应改右,所称右均应改左。

(一)旗面为红色,长方形,其长与高为三与二之比,旗面左上方缀黄色五角星五颗。一星较大,其外接圆直径为旗高十分之三,居左;四星较小,其外接圆直径为旗高十分之一,环拱于大星之右。旗杆套为白色。

(二)五星之位置与画法如下:

甲、为便于确定五星之位置,先将旗面对分为四个相等的长方形,将左上方之长方形上下划为十等分,左右划为十五等分。

乙、大五角星的中心点,在该长方形上五下五、左五右十之处。其画法为:以此点为圆心,以三等分为半径作一圆。在此圆周上,定出五个等距离的点,其一点须位于圆之正上方。然后将此五点中各相隔的两点相联,使各成一直线。此五直线所构成之外轮廓线,即为所需之大五角星。五角星之一个角尖正向上方。

丙、四颗小五角星的中心点,第一点在该长方形上二下八、左十右五之处,第二点在上四下六、左十二右三之处,第三点在上七下三、左十二右三之处,第四点在上九下一、左十右五之处。其画法为:以以上四点为圆心,各以一等分为半径,分别作四个圆。在每个圆上各定出五个等距离的点,其中均须各有一点位于大五角星中心点与以上四个圆心的各联结线上。然后用构成大五角星的同样方法,构成小五角星。此四颗小五角星均各有一个角尖正对大五角星的中心点。

(三)国旗之通用尺度定为如下五种,各界酌情选用:

甲、长 288 公分,高 192 公分。

乙、长 240 公分,高 160 公分。

丙、长 192 公分,高 128 公分。

丁、长 144 公分,高 96 公分。

戊、长 96 公分,高 64 公分。

国旗制法图案

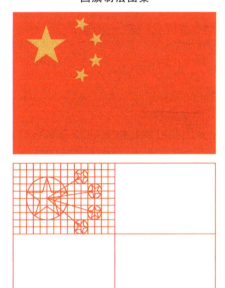

中华人民共和国国歌法

(2017 年 9 月 1 日第十二届全国人民代表大会常务委员会第二十九次会议通过)

第一条 为了维护国歌的尊严,规范国歌的奏唱、播放和使用,增强公民的国家观念,弘扬爱国主义精神,培育和践行社会主义核心价值观,根据宪法,制定本法。

第二条 中华人民共和国国歌是《义勇军进行曲》。

第三条 中华人民共和国国歌是中华人民共和国的象征和标志。

一切公民和组织都应当尊重国歌,维护国歌的尊严。

第四条 在下列场合,应当奏唱国歌:

(一)全国人民代表大会会议和地方各级人民代表大会会议的开幕、闭幕;中国人民政治协商会议全国委员会会议和地方各级委员会会议的开幕、闭幕;

(二)各政党、各人民团体的各级代表大会等;

(三)宪法宣誓仪式;

(四)升国旗仪式;

(五)各级机关举行或者组织的重大庆典、表彰、纪念仪式等;

(六)国家公祭仪式;

(七)重大外交活动;

(八)重大体育赛事;

(九)其他应当奏唱国歌的场合。

第五条 国家倡导公民和组织在适宜的场合奏唱国歌,表达爱国情感。

第六条 奏唱国歌,应当按照本法附件所载国歌的歌词和曲谱,不得采取有损国歌尊严的奏唱形式。

第七条 奏唱国歌时,在场人员应当肃立,举止庄重,不得有不尊重国歌的行为。

第八条 国歌不得用于或者变相用于商标、商业广告,不得在私人丧事活动等不适宜的场合使用,不得作为公共场所的背景音乐等。

第九条 外交活动中奏唱国歌的场合和礼仪,由外交部规定。

军队奏唱国歌的场合和礼仪,由中央军事委员会规定。

第十条　在本法第四条规定的场合奏唱国歌,应当使用国歌标准演奏曲谱或者国歌官方录音版本。

外交部及驻外外交机构应当向有关国家外交部门和有关国际组织提供国歌标准演奏曲谱和国歌官方录音版本,供外交活动中使用。

国务院体育行政部门应当向有关国际体育组织和赛会主办方提供国歌标准演奏曲谱和国歌官方录音版本,供国际体育赛会使用。

国歌标准演奏曲谱、国歌官方录音版本由国务院确定的部门组织审定、录制,并在中国人大网和中国政府网上发布。

第十一条　国歌纳入中小学教育。

中小学应当将国歌作为爱国主义教育的重要内容,组织学生学唱国歌,教育学生了解国歌的历史和精神内涵、遵守国歌奏唱礼仪。

第十二条　新闻媒体应当积极开展对国歌的宣传,普及国歌奏唱礼仪知识。

第十三条　国庆节、国际劳动节等重要的国家法定节日、纪念日,中央和省、自治区、直辖市的广播电台、电视台应当按照国务院广播电视主管部门规定的时点播放国歌。

第十四条　县级以上各级人民政府及其有关部门在各自职责范围内,对国歌的奏唱、播放和使用进行监督管理。

第十五条　在公共场合,故意篡改国歌歌词、曲谱,以歪曲、贬损方式奏唱国歌,或者以其他方式侮辱国歌的,由公安机关处以警告或者十五日以下拘留;构成犯罪的,依法追究刑事责任。

第十六条　本法自 2017 年 10 月 1 日起施行。

附件：

中华人民共和国国歌（五线谱版、简谱版）

中华人民共和国国歌

（义勇军进行曲）

田　汉作词
聂　耳作曲

中华人民共和国国歌

（义勇军进行曲）

1＝G 2/4　　　　　　　　　　　　　　　　　　田　汉作词

进行曲速度　　　　　　　　　　　　　　　　　聂　耳作曲

（1. 3 5 5 | 6 5 | 3. 1 5 5 5 | 3 1 | 5 5 5 5 5 5 | 1 ） 0 5 |

起

1. 1 | 1. 1 5 6 7 | 1 | 1 | 0 3 1 2 3 | 5 5 |

来！　不　愿 做 奴 隶 的　人　们！　　把 我 们 的 血 肉，

3. 3 1. 3 | 5. 3 2 | 2 － | 6 5 | 2 3 |

筑 成 我 们 新 的 长　城！　　中　华　民　族

5 3 0 5 | 3 2 3 1 | 3 0 | 5. 6 1 1 | 3. 3 5 5 |

到 了　最 危 险 的 时　候，　　每 个 人 被 迫 着 发 出

2 2 2 6 | 2. 5 | 1. 1 | 3. 3 5 － |

最 后 的 吼　声。　起 来！　起 来！　起 来！

1. 3 5 5 | 6 5 | 3. 1 5 5 5 | 3 0 1 0 | 5 1 |

我 们 万 众 一　心，　冒 着 敌 人 的 炮 火　前 进！

3. 1 5 5 5 | 3 0 1 0 | 5 1 | 5 1 | 5 1 | 1 0 ‖

冒 着 敌 人 的 炮 火　前 进！　前 进！　前 进！　进！

中华人民共和国国徽法

（1991 年 3 月 2 日第七届全国人民代表大会常务委员会第十八次会议通过　根据 2009 年 8 月 27 日第十一届全国人民代表大会常务委员会第十次会议《关于修改部分法律的决定》第一次修正　根据 2020 年 10 月 17 日第十三届全国人民代表大会常务委员会第二十二次会议《关于修改〈中华人民共和国国徽法〉的决定》第二次修正）

第一条　为了维护国徽的尊严，正确使用国徽，增强公民的国家观念，弘扬爱国主义精神，培育和践行社会主义核心价值观，根据宪法，制定本法。

第二条　中华人民共和国国徽，中间是五星照耀下的天安门，周围是谷穗和齿轮。

中华人民共和国国徽按照 1950 年中央人民政府委员会通过的《中华人民共和国国徽图案》和中央人民政府委员会办公厅公布的《中华人民共和国国徽图案制作说明》制作。

第三条　中华人民共和国国徽是中华人民共和国的象征和标志。

一切组织和公民，都应当尊重和爱护国徽。

第四条　下列机构应当悬挂国徽：

（一）各级人民代表大会常务委员会；

（二）各级人民政府；

（三）中央军事委员会；

（四）各级监察委员会；

（五）各级人民法院和专门人民法院；

（六）各级人民检察院和专门人民检察院；

（七）外交部；

（八）国家驻外使馆、领馆和其他外交代表机构；

（九）中央人民政府驻香港特别行政区有关机构、中央人民政府驻澳门特别行政区有关机构。

国徽应当悬挂在机关正门上方正中处。

第五条　下列场所应当悬挂国徽：

（一）北京天安门城楼、人民大会堂；

（二）县级以上各级人民代表大会及其常务委员会会议厅，乡、民族乡、镇的人民代表大会会场；

（三）各级人民法院和专门人民法院的审判庭；

（四）宪法宣誓场所；

（五）出境入境口岸的适当场所。

第六条　下列机构的印章应当刻有国徽图案：

（一）全国人民代表大会常务委员会，国务院，中央军事委员会，国家监察委员会，最高人民法院，最高人民检察院；

（二）全国人民代表大会各专门委员会和全国人民代表大会常务委员会办公厅、工作委员会，国务院各部、各委员会、各直属机构、国务院办公厅以及国务院规定应当使用刻有国徽图案印章的办事机构，中央军事委员会办公厅以及中央军事委员会规定应当使用刻有国徽图案印章的其他机构；

（三）县级以上地方各级人民代表大会常务委员会、人民政府、监察委员会、人民法院、人民检察院，专门人民法院，专门人民检察院；

（四）国家驻外使馆、领馆和其他外交代表机构。

第七条　本法第六条规定的机构应当在其网站首页显著位置使用国徽图案。

网站使用的国徽图案标准版本在中国人大网和中国政府网上发布。

第八条　下列文书、出版物等应当印有国徽图案：

（一）全国人民代表大会常务委员会、中华人民共和国主席和国务院颁发的荣誉证书、任命书、外交文书；

（二）中华人民共和国主席、副主席，全国人民代表大会常务委员会委员长、副委员长，国务院总理、副总理、国务委员，中央军事委员会主席、副主席，国家监察委员会主任，最高人民法院院长和最高人民检察院检察长以职务名义对外使用的信封、信笺、请柬等；

（三）全国人民代表大会常务委员会公报、国务院公报、最高人民法院公报和最高人民检察院公报的封面；

（四）国家出版的法律、法规正式版本的封面。

第九条　标示国界线的界桩、界碑和标示领海基点方位的标志碑以及其他用于显示国家主权的标志物可以使用国徽图案。

中国人民银行发行的法定货币可以使用国徽图案。

第十条　下列证件、证照可以使用国徽图案：

（一）国家机关工作人员的工作证件、执法证件等；

（二）国家机关颁发的营业执照、许可证书、批准证书、资格证书、权利证书等；

（三）居民身份证，中华人民共和国护照等法定出入境证件。

国家机关和武装力量的徽章可以将国徽图案作为核心图案。

公民在庄重的场合可以佩戴国徽徽章，表达爱国情感。

第十一条 外事活动和国家驻外使馆、领馆以及其他外交代表机构对外使用国徽图案的办法，由外交部规定，报国务院批准后施行。

第十二条 在本法规定的范围以外需要悬挂国徽或者使用国徽图案的，由全国人民代表大会常务委员会办公厅或者国务院办公厅会同有关主管部门规定。

第十三条 国徽及其图案不得用于：

（一）商标、授予专利权的外观设计、商业广告；

（二）日常用品、日常生活的陈设布置；

（三）私人庆吊活动；

（四）国务院办公厅规定不得使用国徽及其图案的其他场合。

第十四条 不得悬挂破损、污损或者不合规格的国徽。

第十五条 国徽应当作为爱国主义教育的重要内容。

中小学应当教育学生了解国徽的历史和精神内涵。

新闻媒体应当积极宣传国徽知识，引导公民和组织正确使用国徽及其图案。

第十六条 悬挂的国徽由国家指定的企业统一制作，其直径的通用尺度为下列三种：

（一）一百厘米；

（二）八十厘米；

（三）六十厘米。

需要悬挂非通用尺度国徽的，应当按照通用尺度成比例适当放大或者缩小，并与使用目的、所在建筑物、周边环境相适应。

第十七条 国务院办公厅统筹协调全国范围内国徽管理有关工作。地方各级人民政府统筹协调本行政区域内国徽管理有关工作。

各级人民政府市场监督管理部门对国徽的制作和销售实施监督管理。

县级人民政府确定的部门对本行政区域内国徽的悬挂、使用和收回实施监督管理。

第十八条 在公共场合故意以焚烧、毁损、涂划、玷污、践踏等方式侮辱中华人民共和国国徽的，依法追究刑事责任；情节较轻的，由公安机关处以十五日以下拘留。

第十九条 本法自 1991 年 10 月 1 日起施行。

附件：

中华人民共和国国徽图案

（1950 年 6 月 28 日中央人民政府委员会第八次会议通过）

说明：国徽的内容为国旗、天安门、齿轮和麦稻穗，象征中国人民自"五四"运动以来的新民主主义革命斗争和工人阶级领导的以工农联盟为基础的人民民主专政的新中国的诞生。

中华人民共和国国徽图案制作说明

（1950 年 9 月 20 日中央人民政府委员会办公厅公布）

一、两把麦稻组成正圆形的环。齿轮安在下方麦稻杆的交叉点上。齿轮的中心交结着红绶。红绶向左右绾住麦稻而下垂，把齿轮分成上下两部。

二、从图案正中垂直画一直线，其左右两部分，完全对称。

三、图案各部分之地位、尺寸，可根据方格墨线图之比例，放大或缩小。

四、如制作浮雕，其各部位之高低，可根据断面图之比例放大或缩小。

五、国徽之涂色为金红二色：麦稻、五星、天安门、齿轮为金色，圆环内之底子及垂绶为红色；红为正红（同于国旗），金为大赤金（淡色而有光泽之金）。

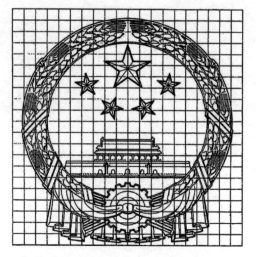

中华人民共和国国徽方格墨线图

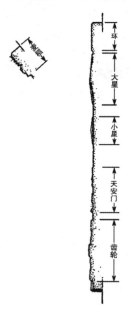

中华人民共和国国徽纵断面图

主要参考文献

一、中文著作

1. 中央档案馆编:《中华人民共和国国旗国徽国歌档案》,中国文史出版社 2014 年版。

2. 武增主编:《中华人民共和国国旗法、国歌法、国徽法导读与释义》,中国民主法制出版社 2021 年版。

3. 本书编写组:《中国共产党党旗党徽使用规则》,中共中央党校出版社 2009 年版。

4. 政协全国委员会办公厅编:《中华人民共和国国旗国歌国徽诞生》,中国文史出版社 2019 年版。

5. 余凌云:《中国宪法史上的国旗、国歌、国徽》,江苏人民出版社 2016 年版。

6. 王海洲:《政治仪式:权力生产和再生产的政治文化分析》,江苏人民出版社 2016 年版。

7. 李重光:《基本乐理》,湖南文艺出版社 2009 年版。

8.［德］里奥巴·沙夫尼茨勒等:《旗帜巡礼》,高建中译,湖北教育出版社 2010 年版。

9.［英］斯莱特:《纹章插图百科:探讨纹章的世界历史及其当代应用的权威指南》,王心洁等译,汕头大学出版社 2009 年版。

10.［英］埃里克·霍布斯鲍姆:《民族与民族主义》,李金梅译,上海人民出版社 2006 年版。

11.［法］爱弥尔·涂尔干:《宗教生活的基本形式》,渠东、汲喆译,上海人民出版社 1999 年版。

12.［法］迪迪埃·法兰克福:《国歌:欧洲民族国家在音乐中的形成》,郭昌京译,上海文化出版社 2019 年版。

二、中文论文

1. 国晓光:《国歌塑造认同:超越政体类型学的国家认同建构——基于对 121 国国歌的政治学分析》,载《新疆大学学报(哲学·人文社会科学版)》2020 年第 2 期。

2. 王新霞、高建兰、闫波:《宪法爱国主义的规范意涵及实践路径》,载《发展》2020 年第 9 期。

3. 王冬梅、赵志强:《从古文献看中国古代的旗帜》,载《兰台世界》2009 年第 5 期。

4. 哈战荣:《新中国成立以来天安门升旗仪式的历史演进及其规整化研究》,载《世纪桥》2019 年第 3 期。

5. 肖巧平:《论我国下半旗志哀法律制度的完善——从下半旗志哀的政治功能说起》,载《时代法学》2007 年第 4 期。

6. 姜鸣:《清末龙旗研究——以文献、图像和实物为中心》,载《中国国家博物馆馆刊》2022 年第 4 期。

7. 郑宏:《天安门广场国旗旗杆高度设计研究》,载《北京规划建设》2012 年第 6 期。

后　记

　　2022年恰逢现行宪法颁布40周年,能够在此时得到国家出版基金支持,出版国家象征法律制度理论研究丛书,深感幸运!

　　为了进一步加强我国国家象征法律制度的了解,作为探索,本书依据现行国旗法、国歌法、国徽法,尝试系统地概括国家象征法律制度的基本理论,尝试概括梳理每一项法律制度的基本概念、基本框架、基本制度内容等,以期能够抛砖引玉。本书作为国家象征法律制度研究丛书的一部分,定位在于梳理介绍我国国家象征法律制度的历史沿革、制度主要内容,特别是从立法角度对相关法条的立法理由进行了阐释。

　　国家象征立法任务是极富有挑战性的。近年来,我国国家象征法律制度取得重要进步。在习近平总书记的批示下,国歌法得以制定,国旗法和国徽法得以修改完善。面对国家象征法律制度众多空白,全国人大常委会法制工作委员会沈春耀主任、郑淑娜副主任、武增副主任,国家法室领导童卫东、王曙光、陈国刚、蔡人俊,三处陈亦超、周秋生、唐亚、谭喻、喻晓川、黄琴凌、李玉娇、王正斌、梁菲、陈宇博、韩屹青,以及黄宇菲、王历磊、郑全红、张晶、闫然、龙晓杰、陶慧等立法人士对国旗法、国歌法、国徽法三部法律的修改制定付出了大量心血。本书的成稿也得益于上述领导和同事的指导帮助。

　　本书撰写过程中得到博士生导师焦洪昌教授、硕士生导师刘杨教授的关心和指导,还得到李树忠、王人博、姚国建、谢立斌、秦奥蕾、朱祥海、朱峥、林淡秋等老师的热心指导和帮助,在此一并致谢。本书书稿还曾专门请焦洪昌教授、马岭教授、张翔教授、刘小妹教授进行阅审,并请博士同学曹舒、周玉超仔细校对,在此特别表示谢意!

　　特别感谢国歌法制定、国旗法和国歌法修改的参与者,法学家包括韩大元、莫纪宏、焦洪昌、湛中乐、余凌云、王锡锌、何海波、郑贤君、马岭、李忠、张翔、王旭、郑毅、尹好鹏、翟国强、秦奥蕾、白斌、江辉等;艺术家包括李思成、项阳、殷秀梅、李大康、吴碧霞、王建朗、艾克拜尔·米吉提、靳灵展、莫蕴慧、雷蕾、王和声、郑宏、孟中洋、张西南等;国歌的传播者解放军军乐团原团长于海、升国旗礼仪标准化的推动者原国旗班班长赵新风等。

　　本书的出版得到中国民主法制出版社刘海涛社长、贾萌萌编辑、袁月编辑、董理编辑等的支持,在此一并表示感谢!

　　本书对我国国家象征法律制度进行了初步的梳理,但是由于学术水平有限,加之时间原因,还有很多实践问题没来得及梳理,很多理论问题研究得还不够深入,期待各位方家朋友批评指正。